建築史

増補改訂版

藤岡通夫
渡辺保忠
桐敷真次郎
平井　聖
河東義之
齊藤　哲之也

市ヶ谷出版社

桂　離　宮
　桂離宮は，八條宮初代智仁親王と2代智忠親王の父子がつくられたが，中書院・新御殿などは，2代のときに建てられている。数寄屋風が加味された軽快な意匠の書院造りの好例である。桂川の氾濫にそなえて床を高くしているが，外側の障子とともに近代的な感覚が満ちあふれている。

リンカン大会堂（イギリス）
　12〜14世紀。イギリスのゴシック大会堂では，正面に大きなスクリーンをつけたものが多い。このような傾向が，装飾式ゴシックを生みだすもととなった。

伊勢神宮内宮正殿

唐招提寺金堂

姫路城

パルテノン

コロセウム

サン-ピエトロ大会堂

アミアン大会堂内部

まえがき

　大学などの建築学科の科目のなかに，建築史という講義がある。工学に関係のある諸学科の中で，歴史を講義しているのは建築学科だけであろう。この建築史についても，以前からその効用性についていろいろと論議があり，その不必要を唱える人もあった。しかし，われわれが社会生活を行うには，一般教養として歴史学を学ぶことが必要とされている。それは歴史を通して，社会人としての常識を養い，その基盤の上に立ってものを考え，行動する必要があるためであるが，まったく同じことが建築史の場合にも考えられる。すなわち，建築史を学ぶ目的は，学生が建築家ならびに建築技術者として必要な常識を養い，その基盤に立ってみずからの進路を開くために考える基礎とすることにある。

　そのための建築史は，建築の変遷の大きな流れを正しく理解することが必要である。ところが従来の建築史は，とかく遺構の解説が大きな部分を占めており，全体の流れを知る上には必ずしも適切でなかった。これは，歴史学が未発達な段階においては，どの分野にも現われる現象で，やむを得ぬことであった。

　本書は，このような理由によって，次のような方針によって編集されている。

(1)　現在の段階で可能なかぎり，建築の歴史的な流れを大きくとらえることができるように努力した。

(2)　建築史も歴史学の一環である以上，政治・経済・社会・文化などあらゆる分野と関連して考える必要があるので，単なる様式史に陥らないように努めた。

(3)　しかし建築様式について知ることも必要である。様式を説明するうえに，実在する遺構を利用しなければならないが，個々の遺構の解説

まえがき

は別の本（たとえば日本建築学会編の『日本建築史圖集』）に譲って，避ける方針をとった．それらと併せて読まれることを切望する．
(4) 時代と遺構の関係は忘れることのできない重要なものなので，各章のはじめに，その章に該当する対比年表を設け，重要な遺構が歴史の流れの中のどの位置を占めているかを理解できるように努めた．

　　昭和 42 年 1 月 10 日　　　　　　　　　　　　　藤　岡　通　夫

増補改訂にあたって

　今回の増補改訂の目的は，現代建築の章を新しく加えたことにある．その編修の趣旨は，この『建築史』を最初に書き下ろした時に「歴史的な流れを大きくとらえることができるよう努力した」とあるのとは違い，現代建築の「収録にあたって」に示した通りで，まだ説の固まらない現代建築について，あえて流れを文章で示すのを避けている．しかし，流れを全く無視して選ぶのは不可能で，取り上げた個々の建築には，その裏に編者の考えが見え隠れしている．このような趣旨から，現代建築の章はカラー印刷を用い，従来の部分と一見してわかるようになっている．
　従来からの部分は，その記述を尊重して改変は行わず，国名，地名，建築名，建築家名等の表記を，公に定められているものはその基準に従い，そのほかは広く通用しているものに改めるのにとどめている．そのうえで，それらにもとづいて索引の充実に努めている．

　　平成 22 年 9 月　　　　　　　　　　　　　　　　平　井　聖

目 次

建築の発生と発達の要因 ……………………………………………………… 1
  1）狩猟時代の住居 (1)   2）原始農村の住居 (3)
  3）記念建築のあけぼの (4) 4）外部の影響 (6)
  5）建築様式の系統 (6)

日 本 建 築 史

第1章　日本古代の建築 ……………………………………………………… 11

§1. 神社建築の成立 ………………………………………………………… 12
  1）神社の起源 (12)   2）神殿の形式 (13)

§2. 飛鳥・奈良時代の仏寺建築 ………………………………………… 14
  1）工人の渡来と仏寺の建設 (14) 2）法隆寺の様式 (17)
  3）奈良時代の仏寺 (18)   4）仏寺の構造 (19)

§3. 都城の制 ………………………………………………………………… 21
  1）あいつぐ都城の建設 (21) 2）都城の制 (22)
  3）中国の都城と日本の都 (23)

§4. 古代の住宅建築 ………………………………………………………… 24
  1）宮殿 (24)   2）古代の住宅様式 (25)
  3）古代の庶民住宅 (28)

§5. 平安時代の仏寺建築 …………………………………………………… 29
  1）密教の伝来と密教建築 (29) 2）密教から浄土信仰へ (31)
  3）浄土教の仏寺 (31)   4）架構の発達 (34)

§6. 神社建築の発展 ………………………………………………………… 35
  1）神と仏 (35)   2）奈良時代の神社建築 (35)
  3）平安時代の神社建築 (37)

第2章　日本中世の建築 ……………………………………………………… 39

§1. 新しい仏寺建築様式 …………………………………………………… 40
  1）東大寺の再興 (40)   2）大仏殿の新様式 (40)
  3）禅宗の伝来 (42)   4）禅宗伽藍の制 (43)
  5）禅宗建築の新様式 (44)

§2. 和様と新様式の影響 ………………………………………………………… 47
  1) 中世初期における和様 (47)　　2) 和様と新様式の混合 (48)
  3) 構造の発達 (50)

§3. 中世の住宅建築 ……………………………………………………………… 52
  1) 中世における寝殿造り (52)　　2) 庭園と庭園建築 (53)
  3) 中世の住宅様式 (54)　　　　　4) 庶民の住まい (56)

第3章　日本近世の建築 ……………………………………………………… 58

§1. 城郭建築 ……………………………………………………………………… 59
  1) 日本の城 (59)　　　　　　　　2) 天守の発達 (60)
  3) 江戸時代の城 (62)

§2. 近世の住宅 …………………………………………………………………… 62
  1) 近世住宅の展開 (62)　　　　　2) 桃山時代の住宅 (63)
  3) 江戸時代の住宅 (64)　　　　　4) 庭園 (68)

§3. 数奇屋建築 …………………………………………………………………… 68
  1) 茶道の成立 (68)　　　　　　　2) 書院の茶と草庵茶室 (69)
  3) 露地の成立 (70)　　　　　　　4) 茶室の構成 (70)
  5) 数奇屋風の住宅 (72)

§4. 城下町 ………………………………………………………………………… 73
  1) 城下町の構成 (73)　　　　　　2) 武家の町 (74)
  3) 町人の町と住まい (74)

§5. 霊廟と宗教建築 ……………………………………………………………… 77
  1) 近世における仏寺と霊廟 (77)　2) 霊廟建築 (78)
  3) 神社建築 (79)　　　　　　　　4) 仏寺建築 (80)

§6. 聖堂と学校建築 ……………………………………………………………… 82
  1) 学校建築 (82)　　　　　　　　2) 聖堂の建築 (84)

§7. 能舞台と劇場建築 …………………………………………………………… 84
  1) 能舞台 (84)　　　　　　　　　2) 劇場 (85)

§8. 農家の発達 …………………………………………………………………… 86
  1) 中世以前の農家 (86)　　　　　2) 近世の農家 (86)
  3) 武家住宅の影響 (87)　　　　　4) 形式にみられる地方性 (88)

§9. 技術の発達 …………………………………………………………………… 89
  1) 近世の大工 (89)　　　　　　　2) 大工の組織 (90)
  3) 大工の技術 (91)　　　　　　　4) 工具の発達 (92)

目　　次

西 洋 建 築 史

第1章　西洋古代の建築 ……………………………………………… 95

　§1.　エジプト建築 ………………………………………………… 96
　　　1) エジプト建築の特質　(96)　　　2) 墳墓の発展過程　(97)
　　　3) エジプト神殿の形式　(99)　　　4) 古代エジプト建築の構築技術　(100)
　　　5) エジプト建築の形態と装飾　(101)　6) 都市と住宅　(101)

　§2.　オリエントの建築 …………………………………………… 102
　　　1) 初期のメソポタミア　(102)　　2) アッシリア帝国の建築　(103)
　　　3) 新バビロニア王国の建築　(104)　4) アケメネス朝ペルシアの建築　(104)
　　　5) オリエントの建築技術　(105)

　§3.　ギリシア建築 ………………………………………………… 107
　　　1) エーゲ海建築　(107)　　　　　2) 初期のギリシア建築　(108)
　　　3) ドリス式神殿　(109)
　　　4) イオニア式とコリント式のオーダー　(110)
　　　5) 都市と住宅　(112)　　　　　　6) ギリシア建築の史的意義　(112)
　　　7) ヘレニズムの建築　(113)

　§4.　ロ ー マ 建 築 ……………………………………………… 114
　　　1) ローマ建築の特質　(114)
　　　2) ローマのレンガとコンクリート　(115)
　　　3) 都市建築の発展　(117)　　　　4) 都市広場と公共建築物　(120)
　　　5) 宮殿と城郭　(123)　　　　　　6) ローマのオーダー　(125)
　　　7) 初期キリスト教建築　(126)　　8) ローマの建築書　(128)
　　　9) ローマ建築の史的意義　(129)

第2章　西洋中世の建築 ……………………………………………… 130

　§1.　ビザンチン建築 ……………………………………………… 131
　　　1) ビザンチン建築の課題　(131)　2) ペンデンティブ-ドーム　(132)
　　　3) ビザンチン建築の概観　(133)　4) ビザンチン建築の装飾　(135)

　§2.　イスラム建築 ………………………………………………… 135
　　　1) イスラム建築の特質　(135)　　2) イスラム建築の装飾　(136)
　　　3) 列柱ホール型モスク　(138)　　4) イスラム建築の概観　(139)

　§3.　ロマネスク建築 ……………………………………………… 141
　　　1) プリロマネスク建築　(141)　　2) ロマネスク建築　(142)
　　　3) ヴォールト天井の発達　(143)　4) ロマネスク建築の概観　(144)
　　　5) 中世の西欧とビザンチン・イスラム　(148)

§4. ゴシック建築 ·· 149
　　1) ゴシック建築の特色 (149)　　2) ゴシック建築の発生 (150)
　　3) 初期ゴシック建築 (151)　　　4) 盛期ゴシック建築 (152)
　　5) ゴシック大聖堂の内部と外観 (154)　6) 後期ゴシック建築の展開 (156)
　　7) ゴシック建築の構造と装飾 (158)　8) 各国ゴシック建築の特色 (159)
　　9) 市庁舎・邸宅・城郭 (160)　　10) 中世の都市 (161)

第3章　西洋近世の建築 ·· 163

§1. ルネサンス建築 ·· 164
　　1) ルネサンス建築の特色 (164)　　2) 建築界の変革 (165)
　　3) ルネサンスの建築家 (165)　　　4) ルネサンスの建築理論 (167)
　　5) ルネサンス建築の構造 (170)
　　6) ルネサンス建築のオーダーと装飾 (173)
　　7) ルネサンスの都市計画 (174)　　8) イタリア初期ルネサンス建築 (176)
　　9) イタリア盛期ルネサンス建築 (176)　10) マニエリスム (177)
　　11) フランスのルネサンス建築 (178)
　　12) ベルギー・オランダ・ドイツのルネサンス建築 (179)
　　13) スペインのルネサンス建築 (180)　14) イギリスのルネサンス建築 (181)
　　15) ルネサンス建築の普遍的特質 (182)

§2. バロック建築 ·· 184
　　1) バロック建築の発生 (184)　　2) バロック建築の特色 (185)
　　3) バロック建築の構造と装飾 (186)　4) バロックの建築家 (190)
　　5) バロックの都市計画 (193)　　6) イタリアのバロック建築 (194)
　　7) 17世紀のフランス建築 (196)　8) 17世紀のイギリス建築 (197)
　　9) ドイツ・オーストリアのバロック建築 (199)
　　10) スペインのバロック建築 (201)

§3. ロココ建築 ·· 202
　　1) ロココの発生 (202)　　　　2) ロココの室内装飾 (202)
　　3) ロココ建築の特色 (204)　　4) ロココ建築の影響 (206)

§4. ネオクラシシズム建築 ·· 207
　　1) ネオクラシシズムの古典主義 (207)　2) ネオクラシシズム建築 (208)
　　3) 独創的様式の開拓 (210)

§5. ピクチャレスク建築 ·· 211
　　1) ピクチャレスクの発生 (211)　2) ピクチャレスクの建築 (211)
　　3) ゴシック-リヴァイヴァル (212)

§6. ネオルネサンスとネオバロック ·· 214
　　1) ネオルネサンス建築 (214)　　2) ネオバロック建築 (215)
　　3) 19世紀建築の衰退 (216)　　4) 西洋近世建築の史的意義 (217)

目　次

近代建築史

第1章　近代建築の発生 …………………………………… 221

§1. 産業革命と建築 ………………………………………… 221
　　1) 新構法とエンジニア (222)　　2) 鉄骨造建築の発達 (223)

§2. 近代建築運動のはじまり …………………………… 224
　　1) 近代建築運動の発生 (224)
　　2) ウィリアム＝モリスの工芸運動 (224)
　　3) アールヌーボー (225)　　4) 各国の新芸術運動 (226)

§3. 近代建築の造形的開拓 ………………………………… 227
　　1) ワグナーの建築理論 (227)　　2) ゼツェッション (229)
　　3) 近代的造形の先駆 (229)
　　4) 保守的傾向における合理主義 (231)

§4. 近代建築様式の確立 …………………………………… 232
　　1) 芸術と産業の融合 (232)　　2) 建築表現の革新 (232)
　　3) 鉄筋コンクリート造の開拓者 (234)

第2章　近代建築の発展 …………………………………… 237

§1. 第一次世界大戦後の近代建築 ……………………… 237
　　1) 第一次世界大戦後の社会と建築 (237)
　　2) 表現主義の建築 (238)　　3) 表現主義建築の意義 (239)
　　4) 工業主義的近代建築の造形理論 (240)
　　5) デ-スティール (240)　　6) バウハウス (241)
　　7) エスプリ-ヌーボーとル＝コルビュジェ (242)

§2. 国際建築の発展 ………………………………………… 243
　　1) バウハウスと国際建築 (243)　　2) 近代建築家の国際的交流 (244)
　　3) シアム (245)　　4) 住宅問題と建築の工業化 (245)
　　5) 生活最小限住居 (247)　　6) 新しい都市像への提案 (248)
　　7) 近代建築の造形的発展 (249)

§3. 1930年代の近代建築 …………………………………… 250
　　1) 近代建築の普及 (250)　　2) イギリスの状況 (250)
　　3) 北欧における地方主義 (251)
　　4) イタリアとスイスのエンジニア (252)
　　5) アメリカ合衆国の状況 (253)　　6) 反国際建築の動き (254)
　　7) ライトと有機的建築 (255)

§4. 第二次世界大戦後の近代建築 ··· 257
　　　　1) 新時代の到来　(257)
　　　　2) アメリカ合衆国と工業主義の建築　(257)
　　　　3) 現代建築の諸傾向　(259)

第3章　日本の近代建築 ·· 263
　　§1. 産業革命と洋風建築 ··· 263
　　　　1) 産業革命と洋風化　(263)　　2) 洋風建築の伝来　(264)
　　　　3) 外人技師の活動　(266)
　　　　4) コンドルの来日と日本人建築家の育成　(267)
　　　　5) 19世紀様式建築の消化　(270)
　　§2. 耐震建築構造の発展 ··· 270
　　　　1) 新構法の導入と耐震構造のくふう　(270)
　　　　2) 耐震設計理論の研究　(271)
　　§3. 近代建築思潮と国際建築様式の展開 ······································ 272
　　　　1) 西欧近代建築思潮の影響　(272)　　2) 分離派建築会　(272)
　　　　3) 関東大震災後の公共建築　(273)　　4) 近代建築思想の普及　(274)
　　　　5) 国際建築様式の展開　(275)　　　　6) 様式主義建築の近代化　(276)
　　　　7) 伝統と近代建築との交錯　(277)　　8) 和風と洋風との統合　(279)
　　§4. 第二次世界大戦後の傾向 ·· 281
　　　　1) 産業の発展と近代建築の普及　(281)　　2) 戦後の代表作品の傾向　(282)
　　　　3) 都市問題と建築家　(286)

現 代 建 築

§1. 日本の現代建築 ·· 292

§2. 西洋の現代建築 ·· 307

索　引 ·· 323
　　　建物・項目索引　(323)
　　　人名索引　(331)
　　　地名索引　(333)

建築の発生と発達の要因

　原始時代には，人類はまず，自然のきびしさと猛獣などの外敵から身を守ることを考えた。人知が未発達の段階では，自然の洞窟を利用するのが最も簡単であり，世界の各地には最も原始的な洞窟住居の遺跡が残されている。次いで，手近に得られる材料を使ってできるだけ簡単な家をつくることを考えたから，地域的な条件による多少の差はあっても，住居には共通的な形成がみられる。たとえば，日本の原始時代には竪穴住居が多く用いられたが，竪穴を掘って屋根をかけた住居はヨーロッパにもあって，その考え方に大きな差はなかった。

　原始時代の人類は，石器とその後にあらわれた初期金属器など，きわめて不備な道具しかもたなかったので，ひとりひとりの力では自然や猛獣と戦うこともできなかったし，また，住居を建てることも困難であった。かれらは常に集団的に住んで，協力して働き，原始的な村落共同体をつくっていたが，その集落の中では，各住居は多少の変化はあっても本質的には差がないのがふつうで，階級の分化を示すような住居形式の多様性はまだなかった。

1) 狩猟時代の住居　氷河時代末期の人類は，冬は洞窟の住居にこもり，夏は獲物を追って移動した。岩陰を利用したり，木の枝や草で臨時の小屋を建てたこともあろうが，トナカイやマンモスなどの狩猟者たちは，動物

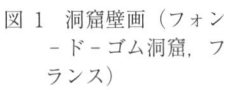
図1　洞窟壁画（フォ－ド－ゴム洞窟，フランス）
氷河時代の壁画で，テントの家といわれる。

図 2　ゲル（包）
平面は円形をなし，8〜10畳ほどの広さをもち，立面は円筒形の壁体にドーム状の屋根をかぶせる。やなぎの枝などの骨組に羊毛のフエルトが張ってある。

の皮でつくってテントを張って移動した。

　氷河時代の壁画の中に，テントと家と思われるものが描かれている（図1）。蒙古人がいまでも使用しているゲル（包，図 2）は，移動式テント生活の名残りといえよう。

　氷河が北へ退いて，人類の定住する地域が北方に拡大されると，人々はよい猟場を求めて移動し，定住した。

　この場合，冷たい風を内に入れず，炉のたき火で暖められた空気を逃がさないようにするには，住居が地上に露出しているよりも，地中にもぐったほうが効果が大きい。また，当時の道具では精密な加工はできないから，風のはいらないように竪穴を掘って大地を壁にした閉鎖的な住居が耐寒上有利である。つまり，竪穴住居は寒い地方に発達した住居形式とみられる。

　竪穴住居は，世界の各地で遺跡が発見されているが，日本でも全国的に発掘されている。日本の竪穴住居は，縄文時代のはじめから古代に及び，後進的な地方では中世まで用いられていた。縄文時代の竪穴住居は，洪積層の台地に，貝塚などを伴って，集落をなして発見されるものが多い。床は地表から50cmほど掘り下げ，直径5〜7mくらいの円形あるいはすみをまるくした方形平面をつくる。床には4〜5個の柱穴を残すものが多く，床の中央近くに炉の跡がある（図 3）。

復元した竪穴住居(図3, 4)をみると, 4本の柱を梁と桁で結び, 棟木をのせるため叉首を組み, 周囲から木の枝や竹などの棰木をさしかけ, 草で葺き, 妻に煙出しを設けている。

2) 原始農村の住居 日本では農耕が普及した弥生時代になっても竪穴住居は用いられ, その中期以降には, 木や竹の皮を積み重ねた上に, 葦のようなものを敷いて床とした遺跡もある。

集落は, 農耕に適した低湿地につくられることが多くなったため, 集落全体に排水溝をめぐらすほか, 住居にも床を設けたり, 土を盛って, 竪穴内部の土止めとして矢板を用いたりして, 居住性を高める試みがなされている。この時代の竪穴の周囲に, 細かく並んだ垂直の穴が発見された例や, このような穴が竪穴の両側にみい出されたものがあって, 周囲全体にわたって壁をもつものや, 妻を壁にした切妻屋根の形式も認められる。静岡県の登呂遺跡は, 低湿地に土を盛り上げて竪穴を掘った住居の集落で, 2世紀ころの遺跡と考えられる。

図3 登呂竪穴住居跡(登呂2号住居跡, 静岡)

登呂遺跡では, 水田遺跡を前に弥生式後期集落が発掘された。発見された住居跡は, 12箇所で長径7.5m, 短径6mのだ円形のほぼ一定の規模である。

①柱を立て, 梁と桁をのせる。　②叉首を組む。　③棰木を放射状に配り, 叉首の上に棟木をのせる。

一方，このころに用いられた高床の建物は，香川県出土と伝えられる銅鐸（紀元前後）や，奈良県唐古出土の弥生式土器（1～2世紀）に描かれている原始的な絵画によって知られる（図5）。この形式は南方で現在も用いられてい

図4 登呂竪穴住居（静岡県，復原：関野克）

る家と似ており，稲の伝来とともに黒潮にのって，南方の形式が伝えられたと考えられていたが，近年，日本の農業は紀元前4～3世紀のころ大陸より伝えられたとする説が有力で，高床形式が直接に南方より伝わったとする説は疑わしい。銅鐸に描かれた高床家屋は，屋根は切妻造りで，棟持柱をもっている。この形式のものは住居でなく倉庫であるとみられており，登呂からも高床の倉庫とみられる遺跡が発見されている（図6）。

ヨーロッパに農耕の技術がはいったのは，紀元前3000年ころとみられているが，集落も湖沼地帯から発見されることが多い。ドイツやスイスの沼沢地や湖岸から，杭の上に建てられた杭上住居（図7）の集落の遺跡が発見されているが，これは敵襲に対する考慮もあったとみられる。

3) 記念建築のあけぼの 日本では3世紀後半になると，近畿地方に古

図5 高床家屋図 （左)伝香川県出土銅鐸 （右)奈良県唐古出土弥生式土器

墳がみられるようになった。

　古墳は、そのころ出現した強大な豪族の権威を象徴するために、支配される人々の労働によって築かれたものである。古墳（図8）が墓としての用途以外に、記念的な意味をもったことは、それまでにはみられなかった重要な特徴である。また、古墳からは、埴輪の家屋（図9）が発見され、また、いくつかの形式の異なった家屋が描かれた鏡（図10）も出土し、豪族の住居が一般民とは異なった形式と建物の数によって階級の相違を示すようになったことをあらわしている。

　建造物が実用以外に記念性をもつようになった例は、紀元前3000年～2700年ごろからエジプトのピラミッドにすでにあらわれていた。アッシリア人の大帝国では、紀元前8世紀に宮殿・神殿・ジグラット（103ページ）など記念性をもった建造物がつくられた。原始的な段階の住居を除いて、人類の間に階級が芽ばえてから、建築は実用上の目的を越え、象徴的な意味を強く示す建造物があらわれるようになった。こうした建造物を、記念物・記念碑に限らず、記念建築（モニュメント）あるいは

図6　登呂高床家屋（静岡、復原：関野克）

図7　杭上住居（復原。上はフェーテル湖村、下はボーデン湖村。ともに紀元前2000年ころ）

モニュメンタルな建築とよぶ。これが現在の建築の母胎となったといえよう。

原始的な建築には多少の差はあっても，世界各地ともその考え方に共通点がみられるが，文化が進むにつれて世界各地の建築は，それぞれ独自な形式のものへと発展した。これは，建築が，その土地の自然的条件とそこに住んでいる人間の社会的条件とを基底におい

図 8　仁徳天皇陵（大阪）
代表的な前方後円墳。墳丘の長さ480m，前方部正面305m，後円部直径245m，高さ35m。

て発達するからである。したがって，ある地方の建築を知るためには，まず，その自然的条件と社会的条件とを知る必要がある。自然的条件とは緯度や周囲の地形・天候，土地から産する建築材料などの条件であり，社会的条件とは宗教・思想・趣味・嗜好・階級・生活様式などの条件である。

4）外部の影響　建築がこの自然的・社会的条件だけを基底にして発達する限り，その発達はきわめておそいのがふつうである。たとえば，民家の発達をみても，他種の建築ほど年代のわりに大きな変遷の跡はみられない。ところが，ひとたび外国や他民族などの建築が移入されると急激に大きな変化をもたらす。

5）建築様式の系統　建築は，自然的・社会的条件を基底におき，外部

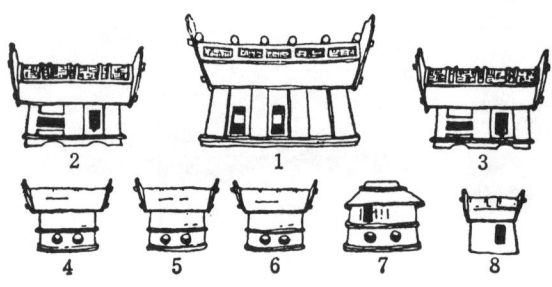

図 9　埴輪家屋（群馬県茶臼山古墳出土）
1．主屋　2〜3．副屋
4〜7．高床の倉
8．納屋

の影響も受けて世界各地でいろいろの独自な様式をつくり出しているが、その発達の経緯を大きく分けてみると、次の四つの主要な系統が考えられる。

1) **ヨーロッパ系** ヨーロッパ，アメリカその他の諸国に及ぶ系統。

2) **イスラム系** 中央アジアから北アフリカ，ヨーロッパの一部，西パキスタン，インドにまで広がった宗教的色彩の強い系統。

3) **インド系** インドを中心とする東南アジア方面の系統。

4) **シナ系** 中国を中心とする系統で，日本の建築も含まれる。

なお，これらの系統にははいらないものにシベリア・アフリカその他の原始的建築や，メキシコ・ペルーなどのかなり発達した古代アメリカ建築などがある（図11に系統図を示す）。

図10 家屋文鏡の家屋図（奈良県佐味田古墳出土，3世紀ころ）

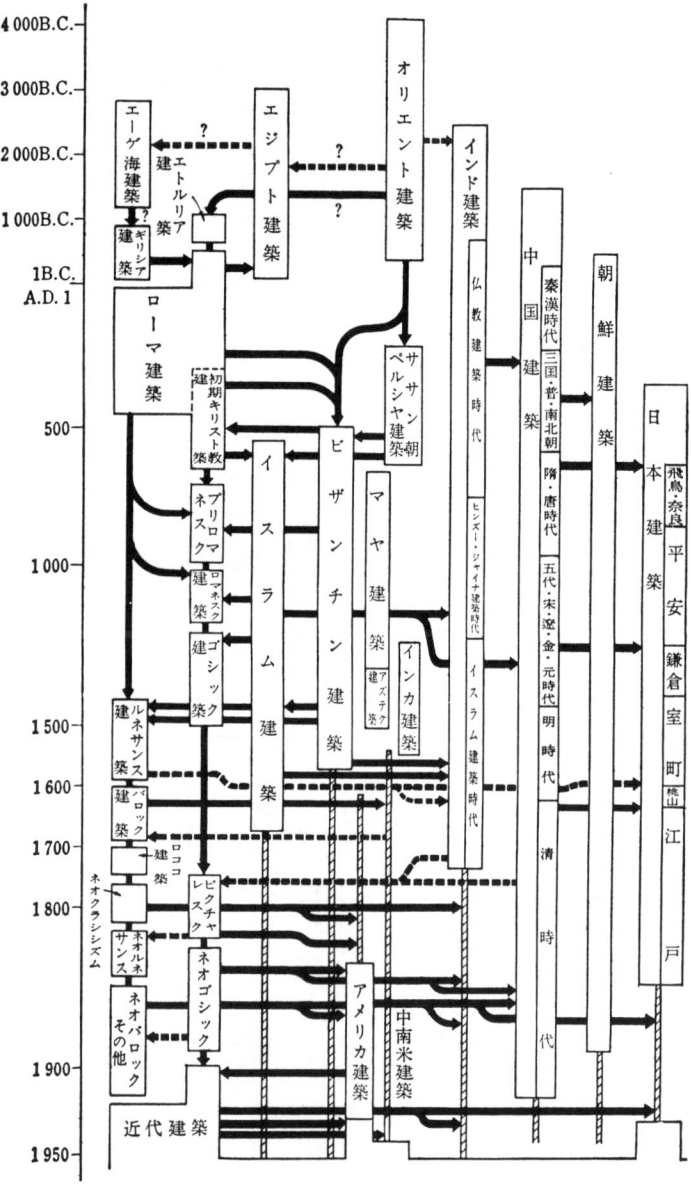

図 11 建築様式の系統図

日本建築史

薬師寺東塔

第1章　日本古代の建築

　日本の古代建築は，仏教の伝来に伴って朝鮮半島から渡来した工匠によって，仏寺を建てる技術が伝えられたときにはじまる。

　仏教伝来から古代を通じて，建築の中心は仏寺にあり，多くの仏寺が，大和平野をはじめ各地につくられた。これらの仏寺を建設するために，朝鮮半島や中国大陸から移住した工匠によって，わが国に進んだ建築技術が伝えられ，その後もさまざまな発展を遂げた。奈良・平安時代には仏寺・宮殿の建設のために，国家の組織である木工寮(むくりょう)・内匠寮(たくみりょう)・修理職(しゅりしき)が設けられ，国ごとにつくられた国分寺をはじめ，中央から遠く離れた地方に至るまで，この組織のもとにある技術者によって多くの仏寺がつくられた。さらに，大きな仏寺の造営や都城の建設には，造薬師寺司や造平城京司のような臨時の組織が設置された。しかし，このような官営の造営組織は，古代末期になると，公家勢力の衰退から，しだいに崩壊していった。平安時

一　　般　　史		時代	世紀	建　　築　　史	
538	仏教伝来（一説 552）	飛鳥	6		
				588	飛鳥寺創建
				607	法隆寺創建
645	大化の改新		7	670	法隆寺火災
		（白鳳）奈		685	法起寺塔
694	藤原京に遷都				
701	大宝律令制定				
710	平城京に遷都	良	8	708	法隆寺再建このころ
		（天平）		730	薬師寺東塔
				739	法隆寺東院
				751	東大寺大仏殿なる
794	平安京に遷都			759	唐招提寺金堂
894	遣唐使の廃止		9		
		平安	10	952	醍醐寺五重塔
				1053	平等院鳳凰堂
1086	院政はじまる		11	1075	法勝寺創建
				1096	石山寺本堂
				1107	浄瑠璃寺本堂
1156	保元の乱		12	1124	中尊寺金色堂
1159	平治の乱			1180	東大寺・興福寺焼く

代にはいると,伝来した建築技術に日本人独自の好みを加えた優雅な建築様式をつくり出した。

古代につくられた建築のうち,8世紀のはじめまでに建てられた法隆寺の中心堂塔およびこれに次ぐ二十数棟の木造建築を,約1300年を経た今日まで残していることは,世界に類例をみないことである。

§1. 神社建築の成立

1) 神社の起源　初期の神社は,原始時代にまでさかのぼり,磐境(いわさか)とよばれるいくつかの石を集めたものや,山などの聖域を拝することが多く,建築的な施設はなかった。また,農耕の作業に結びついた祭りに際して,神霊を仮の神殿に迎えることが行われたが恒久的な建物はなかった。神殿の建築が資料によって実在を裏づけられるのは奈良時代以降である。

特別な祭のたびに仮設の神殿をつくるという,神社建築の発生を思わせる建物は,歴代の天皇が即位のあと,神と食事をともにする大嘗会(だいじょうえ)の建物

図 12　住吉大社本殿および平面図(1810年,大阪)

現在の建物は,江戸時代後期のもので,屋根の上の千木が置千木で,形式的になり,木部も大陸風に丹(に)で塗っている。回り縁・高欄をつけてないことやまったく反(そ)りのない屋根などは古制を伝えている。

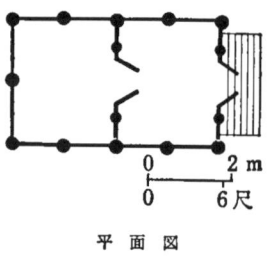

平 面 図

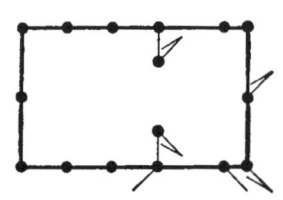

図 13　大嘗会正殿平面図

§1. 神社建築の成立

(図 13) に伝統的に残され，いまもみることができる。その正殿は木の皮のついた（黒木）柱を掘立て，草葺きの切妻屋根を葺いていた。柱の間には葦のすだれをかけ，むしろ障子で壁をつくり，床は土間に草を敷き，竹のすのこを置いた。

2) 神殿の形式 大嘗会正殿に似た形式をみせるのは住吉神社で，住吉造（図 12）とよばれ，現存する神殿の形式のうちで，最も古い形式のひとつを伝えると考えられている。

出雲大社に伝えられる大社造（図 14）もそのひとつである。2間*四方の平面で，正面の片方の柱間を入口とした非対称の形式をもつ。出雲大社や同じ形式の神魂神社（島根）では，正面・背面の妻側中央の柱を壁面からわずかに外に配して，この柱が棟持柱であったことを示している。棟持柱は，棟木を直接受けるために設けられる柱で，原始的な手法である。わが国では，大社造のほか，神明造の神殿（図 15）と二，三の出土遺物にこの手法がみられる。

神明造（図 15）は，以上の二種

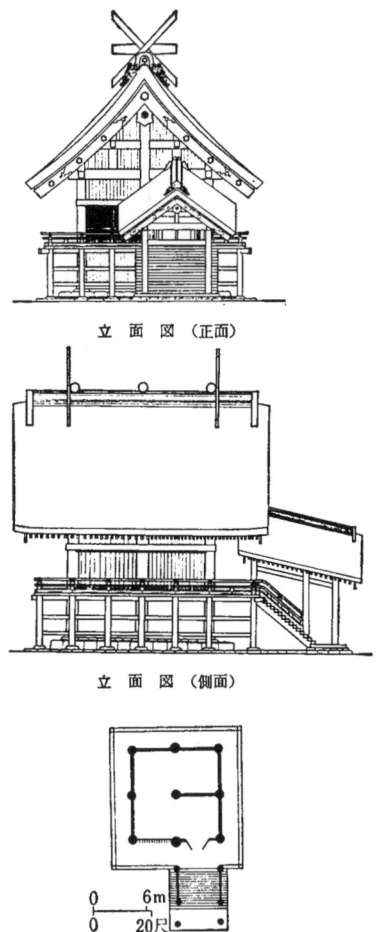

図 14 出雲大社本殿（1744年，島根）
屋根の反り，置千木などは後世の改変によるものであるが，全体としてよく古制を伝えている。1248年に改築されるまで，非常に大きかったと伝えられ，社伝には高さ16丈（約48m）としるされてある。

＊間というのは，柱間の数である。2間とは柱間の数が2という意味で，長さとは直接関係はない。

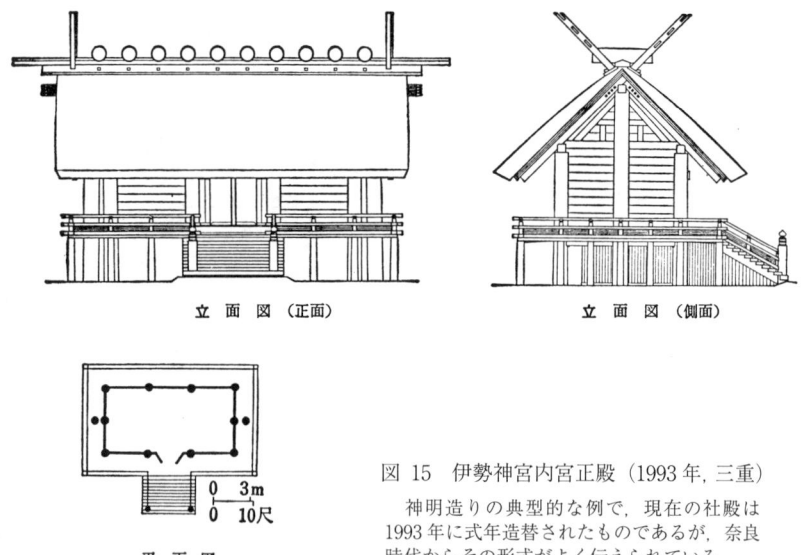

図 15　伊勢神宮内宮正殿（1993年，三重）
　神明造りの典型的な例で，現在の社殿は1993年に式年造替されたものであるが，奈良時代からその形式がよく伝えられている。

の神殿形式とともに，わが国における最も古いもののひとつと考えられている。平入りの平面で，妻側の壁から離れて棟持柱を立てている。

　神明造の古い形式は板校倉（いたあぜくら）で，また遺構や遺物の文様に類似の形式の建物がいくつかみい出されている。

　それらの多くは倉庫と考えられていて妻入りであった。農耕文化のもとで重要な意味をもつ穀庫として用いられていた高床切妻屋根の建物が，神を祭る建物に転用され，神明造の原型になったと思われる。

§2.　飛鳥・奈良時代の仏寺建築

1)　工人の渡来と仏寺の建設　仏教は，6世紀中ごろ朝鮮半島の百済から伝えられて大和朝廷に受け入れられ，国の保護を得たためしだいに広まっていった。仏教とともに，577年（敏達天皇6年）に仏工・造寺工が、さらに588年（崇峻天皇1年）には造寺工のほか画工・鑪盤博士（ろばんはかせ）・瓦博士が百済から渡来して，朝廷や蘇我氏をはじめとする豪族のための仏寺の建

§2. 飛鳥・奈良時代の仏寺建築　　15

設に当たった。

　飛鳥時代の仏寺は，さまざまなものがつくられたが（図 16），なかでも蘇我氏の発願(ほつがん)で建てられた飛鳥寺（図 16）は，その基本とみなされている。飛鳥寺は，塔とそれを囲む北および東西の3金堂の周囲に回廊をめぐらし，回廊の南中央に中門，さらにその南に南大門を，回廊の北に講堂を配して，これを中核としていた。現在は本尊しか当時のものを残していないが，発掘された金堂の二重基壇の構造は，百済・高句麗時代の朝鮮の仏寺と同様の手法をとどめていて，この寺が百済工人の手になったことを示している。そのほかの仏寺には，四天王寺（図 16），現在の法隆寺の前身である若草伽藍などにみられる塔と金堂を中軸線上に配した形式や，塔と2棟の金堂，あるいは塔と金堂を左右に並べた非対称の形式がある。これらのうち非対称の形式は，仏寺の建築がわが国に伝えられてから派生したと考えられている。

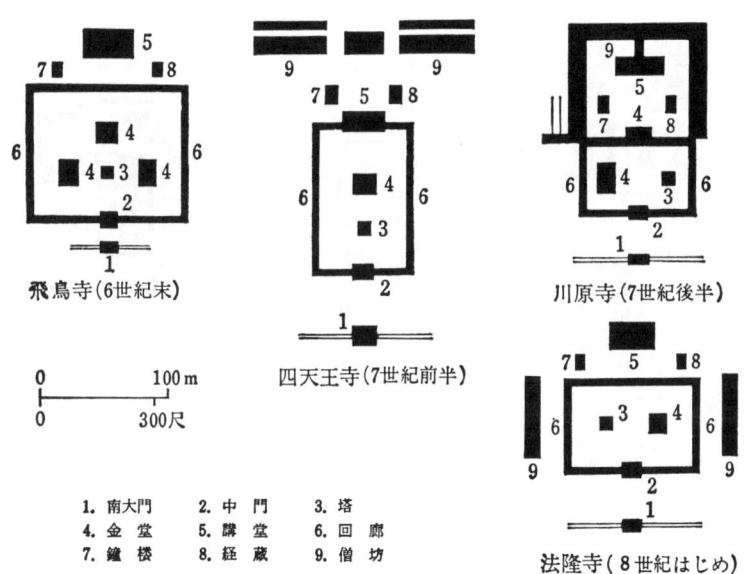

図 16　古代仏寺の伽藍配置位(1)

当時の仏寺は，いずれも回廊が塔・金堂を中心とする聖境を囲み，仏の世界と俗界とを画していた。平常は供養を行う僧侶でも回廊までしか立ち入ることができず，また，仏像を安置する金堂は仏のための建築で，礼拝は，金堂の外から行われたので，母屋いっぱいに須弥壇をつくり，周囲にはわずかな余地しか残していない。塔は心柱の礎石に仏舎利を納め，その象徴として頂部に高く相輪を立てた*。これは，仏寺が一般の参拝のためでなく，豪族の発願によって仏のためにつくられた事情をはっきりと示している。

　これらの仏寺の建築は，配置だけでなく，細部にまで伝来の様式が用いられた。すなわち，基壇の上に礎石を置き，丹で塗った柱を立て，丹・黄色の組物，緑にいろどられた連子窓，白く塗った壁，極彩色の壁画，反りをもった瓦葺きの一重あるいは二重の屋根などによって構成された。これらの建築は，それまでの建築にはまったくみられなかった美観を展開し，

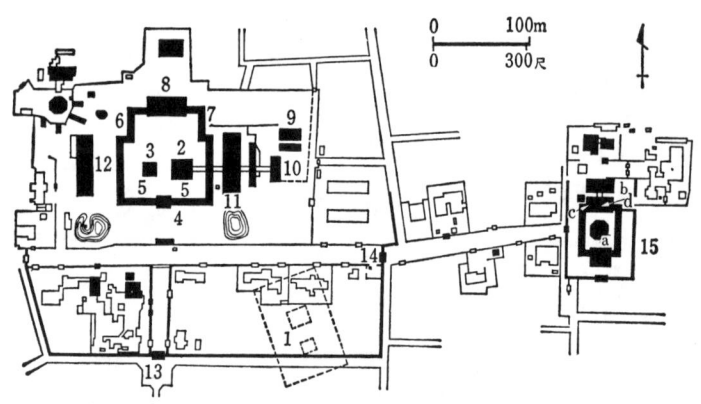

図 17　法隆寺の現状配置図

　1．若草伽藍跡　2．金堂　3．五重塔　4．中門　5．回廊　6．鐘楼　7．経蔵
　8．講堂　9．食堂　10．細殿　11．聖霊院・東室　12．三経院・西室　13．南大門
　14．東大門　15．東院　a．夢殿　b．伝法堂　c．絵殿　d．舎利殿
　（2．3．4．5．7．9．14．15．のa．b．は奈良時代，6．8．は平安時代，10．11．12．15．のc．d．は鎌倉時代，13．は室町時代）

＊後には仏舎利を相輪に納めるようになった。

§2. 飛鳥・奈良時代の仏寺建築

平面図

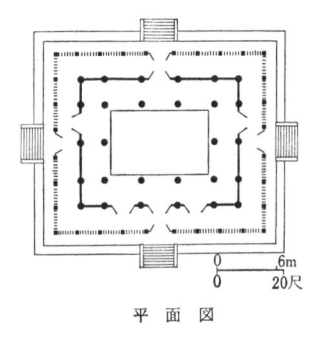

図 18　法隆寺金堂

　金堂は，桁行5間，梁間4間で，創建以来たびたび修理されたが，昭和の修理でほぼ復原した。もこしは創建当時にはなかったと考えられる。現在の軒の支柱は江戸時代のものである。

当時の人々を驚かしたと想像される。

2) 法隆寺の様式　現在，この時代の様式を伝える仏寺に法隆寺がある。法隆寺には，670年（天智天皇9年）の罹災のあと，再建されたとされている中門・金堂・五重塔・回廊がある（図17）。これらの建物は，様式的には，金堂（図18）で代表されるが，強い胴張のある円柱，その上にのる皿板のついた大斗，軒をささえる一木から刻み出した雲形の組物，卍くずしの組子を入れた高欄や人字形の割束（図19）が，様式を構成する代表的な要素となっている（図20）。金堂内部には太い，胴張のある円柱が立ち並び，直線的な天蓋や天井の支輪とともに，そぼくな力強い緊張感をつくり出している。このような様式は，中国において6世紀中ごろの石窟にみられる。現在の法隆寺の堂塔は，8世紀はじめころまでに建てられたとき，これに先だつ飛鳥時代に建てられた若草伽藍の様式を受け継いだと考えられている。

　飛鳥時代に建てられた仏寺の様式は，飛鳥寺の基壇の形式や，四天王寺から発掘された放射状にかけた棰木の手法など

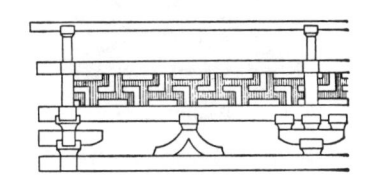

図 19　法隆寺金堂上層部高欄細部
　　　卍くずしの組子，人字形の割束

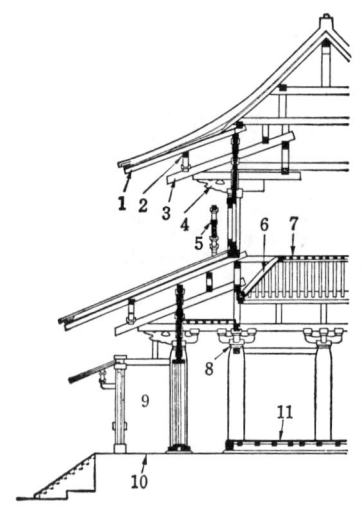

図 20 法隆寺金堂現状断面図
1．椎木　2．丸桁（がんぎょう）
3．尾椎木　4．雲形の組物　5．高欄
6．支輪　7．組入天井　8．大斗
9．もこし　10．基壇　11．須弥壇

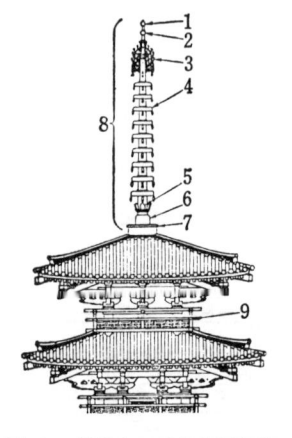

図 21 法隆寺五重塔復原細部
1．宝珠　2．竜車　3．水煙　4．宝輪(九輪)　5．受花　6．伏鉢　7．露盤　8．相輪　9．高欄

からみて，法隆寺にみられる様式と異なったものもあったと思われる。

3) 奈良時代の仏寺　奈良時代にはいった後も，法隆寺のように前時代の遺風を残した仏寺もつくられたが，大勢は隋・唐の影響のもとに，しだいに仏寺の建築様式として，ひとつの共通の形に近づきつつあった。藤原京に建てられ，平城京に移されるに当たって，同じ様式でつくられた薬師寺（図 22）は，その先駆をなすものである。

薬師寺は金堂の前方左右に 2 基の塔を配し，金堂の背後に建てられた講堂から左右にのびた回廊でこれらを囲んでいた。金堂と 2 基の塔を中心とする構成は，奈良時代に建てられた仏寺の基本的な配置で，飛鳥時代の仏寺と異なった景観をつくり出している。規模の大きな仏寺では，塔は回廊の外につくられるようになり，金堂の前庭が礼拝の場として，供養・会式に際して重要な役割を果たすようになった。

聖武天皇は鎮護国家の目的のもとに，全国に国分寺をつくり，その総国分寺として，平城京に東大寺（図 22）を建てた。東大寺の金堂は，総国分寺にふさわしく，正面 11 間（約 86m），側面 7 間（約 50.5m），高さ約 45m の規模をもち，中

§2. 飛鳥・奈良時代の仏寺建築

に高さ約 16m の大仏（盧遮那仏）を安置していた。金堂の前庭には，舞楽を奉納する舞台が設けられ，五穀の豊作や国家の安泰を祈るために，導師をはじめ多くの僧の座を設け，盛大な会式が行われた。金堂の後方には講堂とそれを三方に囲む僧坊（三面僧坊）を配し，山を開き谷を埋めた広大な境内には高さ 100m にも及ぶ2基の七重塔をはじめ，戒壇院・正倉院などが配置されていた。

平城京には東大寺・大安寺・薬師寺などの官寺のほか，藤原氏の氏寺である興福寺や，唐の僧鑑真を開祖とする唐招提寺（図 23）などがあった。

4) 仏寺の構造 奈良時代までに朝鮮半島および中国大陸からわが国に伝えられた仏寺の建築様式は多様であった。しかし，これらは，古代末までに，わが国で発達し，ひとつの様式となった。平安時代に日本化した過程をも含めてこの様式を，中世になって中国大陸から伝えられた様式に対して和様とよんでいる。

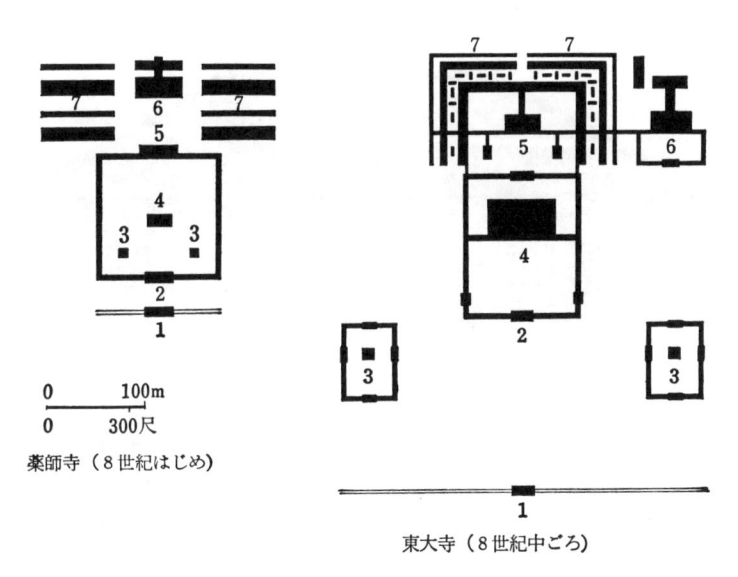

薬師寺（8世紀はじめ）　　東大寺（8世紀中ごろ）

1. 南大門　2. 中門　3. 塔　4. 金堂　5. 講堂　6. 食堂　7. 僧坊

図 22　古代仏寺の伽藍配置(2)

和様の仏寺建築のなかで，奈良時代にしだいに整えられ，意匠的にも重要な要素を占めたものに柱上の組物があった。和様の組物には，直接，桁を柱上にかける方式をはじめ，大斗肘木・三斗組・一手先（出組）・三手先の手法があり，この時代の規模の大きな仏寺には最も複雑な三手先が用いられた。

現存する遺構のうち，三手先の手法を残す最も古い例に，薬師寺東塔（図24）がある。柱上の大斗から外へ2段に出た肘木の先端の斗に尾棰木をかけ，その先にのせた秤肘木で丸桁を受け，軒先をささえる手法で，尾棰木の出やこう配をかえることによって，軒をささえる秤肘木の位置を自由に選ぶことができ，最もすぐれた架構法であった。

薬師寺に続く唐招提寺金堂（図24）では，斗の位置が規則的に整い，鬼斗が考案され，軒支輪があらわれて三手先組が一応完成した。

屋根をささえる構造として古代には，梁をかけ，束を立てる方式と叉首による架構法があった。梁と束による架構は，露出する場合，二重虹梁・

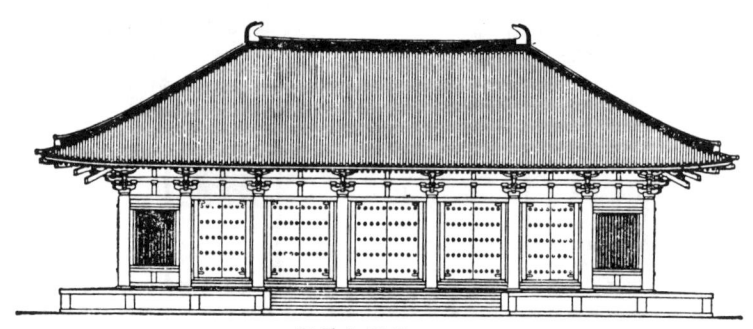

図23 唐招提寺金堂（759年，奈良。復原：浅野清）
　当初のものは，かわら屋根のこう配がゆるかった。現状は口絵参照。

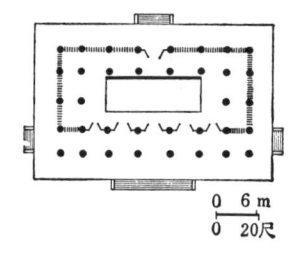

復原立面図

平面図

§3. 都城の制

図24 和様軸組の細部
1. 茅負（かやおい）
2. 飛檐垂木
3. 木負
4. 地垂木
5. 丸桁
6. 軒天井
7. 尾垂木
8. 斗
9. 肘木
10. 大斗
11. 軒支輪

薬師寺東塔の三手先組では，まだ軒支輪はなく，斗は，肘木の先端にのるもののほかは自由に配置されている。
　尾垂木先端の組物の秤肘木は，壁つきの枠肘木の長さとはまだ関係がない。
　唐招提寺金堂では，軒支輪があらわれ，斗も上下必ず重なって，整備された三手先組がみられる。

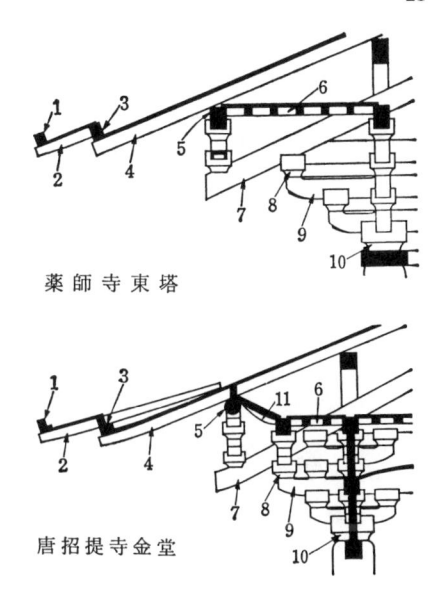

薬師寺東塔

唐招提寺金堂

蟇股（かえるまた）の形式となる。この方法は，組み上げられる高さに限度があり，梁間の増大に対応できないので，唐招提寺金堂のように，天蓋が全面に及び，天井となって屋根架構をその裏に隠すようになると，天井梁の上に束を立て，自由に架構を組み上げるようになった。

　奈良時代の仏寺には経典・宝物を収納する倉庫が校倉（あぜくら）の手法を用いて建てられ，湿度などの害を防ぐため床を高くとっていた。

§3. 都城の制

1) あいつぐ都城の建設　都は，これまで引き続き置かれていた大和平野から，645年（大化1年）難波（なにわ）に移された。大化の改新によって人心を一新し，都を移して唐にならった制度のもとに新政を断行する意図であった。したがって，都も唐風の条坊制によって建設された。この難波京（なにわのきょう）は，わが国における最初の計画された都市である。

　続いて都は大津に移されたが，まもなく再び大和の地に帰り，690年（持統天皇4年），持統天皇は大和平野の南，藤原の地に都を定めた。藤原京

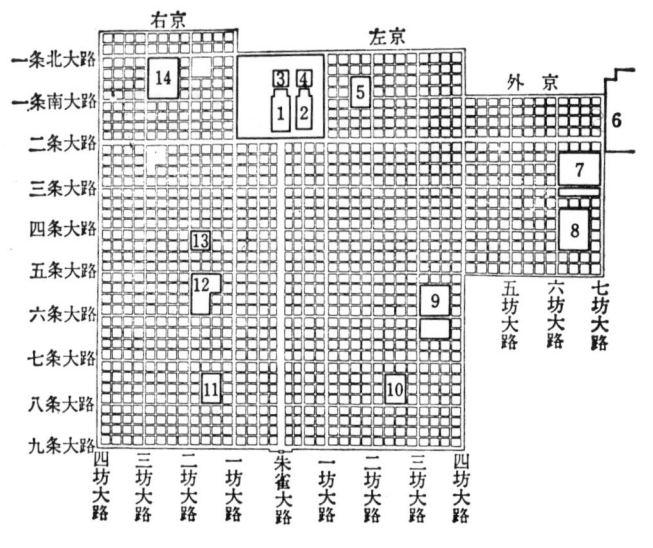

図 25 平城京条坊図
1. 朝堂院(一次)　2. 同(二次)　3. 内裏(一次)　4. 同(二次)　5. 法華寺　6. 東大寺
7. 興福寺　8. 元興寺　9. 大安寺　10. 東市　11. 西市　12. 薬師寺　13. 唐招提寺
14. 西大寺

は16年間，都となったが，708年（和銅1年），元明天皇は大和平野の北部に，朝廷の権威にふさわしい雄大な都平城京の造営に着手した。建設は造平城京司のもとに3年の月日を要し，710年（和銅3年）に都が移された後も工事は続けられた。平城京ではさきの藤原京と同様に条坊制のもとに南北9条，東西8坊が区画されていた（図25）。

　75年の間，平城京は都として栄えたが，しだいにくずれた律令制を立て直し，人心を一新するために，784年（延暦3年），都は長岡に移された。長岡京の造営は10年にも及んだが，完成をみないまま廃され，794年（延暦13年）平安京が建設された（図26）。

　2) 都城の制　古代の都は，いずれも唐の制により，そのころ繁栄していた唐の都長安に範がとられた。南北に走る朱雀大路を中央に，平城京では40丈（約120m）の碁盤目が引かれ，これをもとに大路・小路を配し，中央朱雀大路の北端に大内裏を置いた。

§3. 都城の制

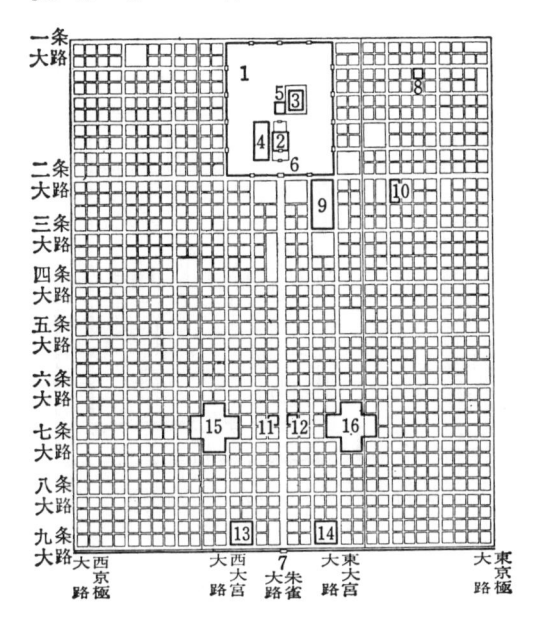

図 26 平安京条坊図

1. 大内裏　　　9. 神泉苑
2. 朝堂院　　 10. 東三条殿
3. 内裏　　　 11. 西鴻臚館
4. 豊楽院　　 12. 東　〃
5. 中和院　　 13. 西　寺
6. 朱雀門　　 14. 東　寺
7. 羅城門　　 15. 西　市
8. 土御門殿　 16. 東　市
(現在の京都御所の位置)

平城京は道路幅に関係なく条坊の基準線を引いているので，特に広い大路に面する坊の面積は狭くなる。
平安京では，道路幅を1坊の面積とは別にとっているので，各坊の面積は均等である。

　続く平安京の構成も基本的には平城京の制を受け継いだ。大路に囲まれた1区画を坊とよび，坊の一辺をそれぞれ4等分して 1/16 の面積を町と名づけた。1町は40丈四方（約 14000m²）であった。平安京では，大路の道幅を40丈四方の1町とは別にとっていた。

　都の中のおもな施設として，藤原京以降，左京・右京にそれぞれ1箇所の市が置かれた。東市・西市は，ともに市の司の管理のもとに日用品が売買された。都の内には仏寺も数多く配されていた。

　古代に都として基礎を固めた平安京は，東は東山を控えて高燥であるのに対し，西は低湿な土地であったためにさびれ，しだいに東に発展し，市街は加茂川の東にまで及んだ。かつて東大寺大仏殿・出雲大社とともに，高大さを誇った大極殿も3度の火災の後，造営をみず，条坊のもとに計画された古代の都城は，崩壊の一途をたどった。

3) 中国の都城と日本の都　平城京・平安京では，宮城から南に通じる朱雀大路の南端に，羅城門がそびえていた。羅城門は都を取り巻く城壁の門

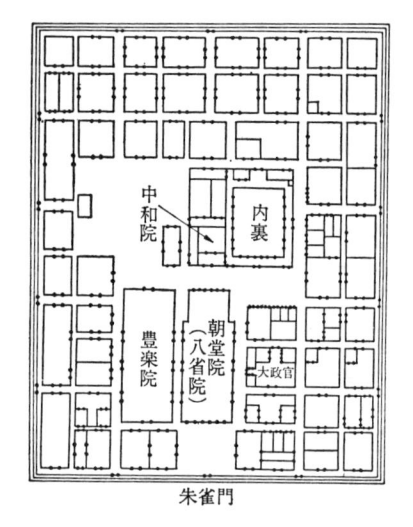

図 27 平安京大内裏

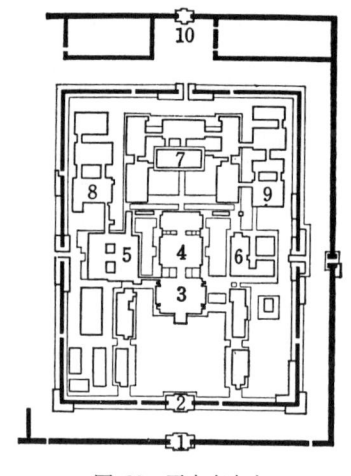

図 28 平安京内裏
1. 建礼門　2. 承明門　3. 紫宸殿
4. 仁寿殿　5. 清涼殿　6. 綾綺殿
7. 常寧殿　8. 飛香舎　9. 昭陽舎
10. 朔平門

を意味している。その源は、古代の都城の範となった大陸の都城の周囲を取り巻く、高い城壁に由来している。中国では絶え間ない内戦や、土匪(どひ)から領民を守るために、都を城壁で取り囲んだが、その必要のないわが国では平安京のように、都の南端九条通の南側にだけ、わずかに土壁をめぐらしていた程度で、都の外周に目だった区画を設けなかった。したがって、羅城門は都市の入口を守る意味ではなく、都の象徴として建てられていた。

§4. 古代の住宅建築

1) 宮　　殿　都城の中心建築は、北部中央の大内裏(図27)であった。大内裏は、諸官庁と朝儀を行う朝堂院(図29)と天皇の住まいである内裏(図28)とからなり、全体を築地で囲み、14の門を開いていた。

大極殿を正殿とする朝堂院や諸官庁は、いずれも唐の制にならい、瓦を葺き、丸柱で構成された土間の建物であった。これに対し、平城京の内裏の正殿は、掘立て柱を用い、木造の床のある建物で、古くからの様式によ

§4. 古代の住宅建築

る宮殿であった。

平安京の内裏は,正殿である紫宸殿を中心に,その北に天皇常住の御殿である仁寿殿(じじゅうでん),その東西に綾綺殿(りょうきでん)・清涼殿*があり(図 28, 31, 32),それらの北部に後宮である常寧殿・飛香舎(ひぎょうしゃ)・昭陽舎などがあった。これらの建物は,軸部を彩色せず,桧皮葺(ひわだぶき)で,床板を張っていた。ただ紫宸殿の南庭では唐式の儀式が行われたので,それを取り囲む廊や門などは木部を丹土で塗り,土庇(つちびさし)のある建物であった。

2) 古代の住宅様式　奈良時代の貴族住宅は,掘立て柱を用い,桧皮葺あるいは板葺の屋根をかけた化粧屋根裏・板敷床の建物であったが,仏寺や官庁に比べて見劣りがするので,五位以上の人の住宅は,布令によって,瓦を葺き,軸部を丹で塗ることが奨励された。当時の状況を示す遺構は,屋根や軒に反りをもち,住宅にも大陸の建築様式が強く影響を与えて

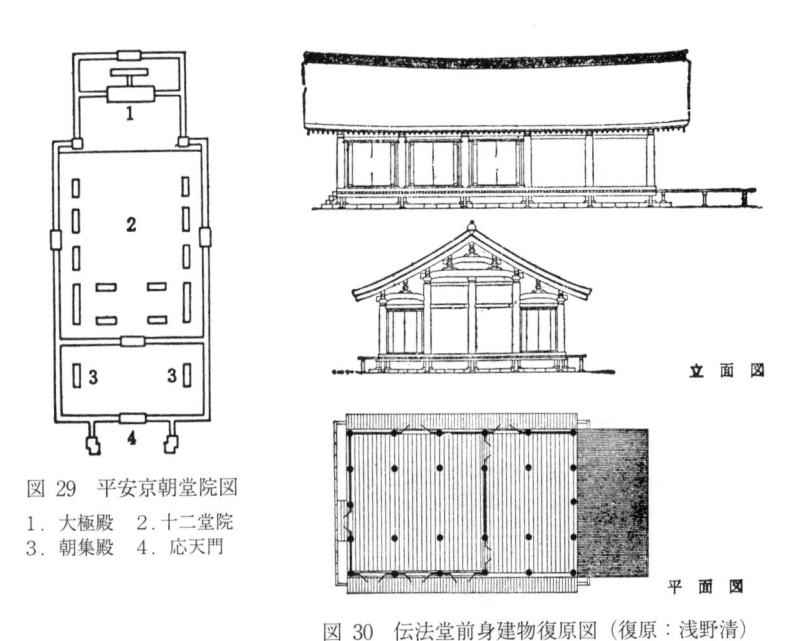

図 29　平安京朝堂院図
1. 大極殿　2. 十二堂院
3. 朝集殿　4. 応天門

立面図

平面図

図 30　伝法堂前身建物復原図(復原:浅野清)

*清涼殿は,後に仁寿殿にかわって天皇の常住の御殿となった。

いたことを示している（図30）。

これらの住宅は，記録によると，板床のある主屋と一，二の副屋に，別棟になった台所・倉庫を配した程度であった。

平安京の上層公家住宅（図33）は，敷地としてはじめ方1町を占めていたが，広いものも東西1町，南北2町ほどであった。屋敷の中心には主人の住まいである寝殿があり，寝殿とその南に開けた平庭が，儀式の式場となった。

図31 清涼殿内部（京都御所）

平庭である南庭の南には，広い池を掘り，中島を築いた。庭には，うめ・さくら・まつなどさまざまな樹木が植えられ，美しい庭園をつくり出した。寝殿の左右やうしろには対の屋が配され，これらは互いに渡り廊下（渡廊，渡殿）によって結ばれていた。左右の対の屋からは南に向かって中門廊がのび，先端の池に臨むところに釣殿が設けられた。また，中門廊の中間に中門があり，中門に相対して表門が屋敷を囲む築地に開かれ，付近に主人の乗物を納める車宿，家臣がつめる殿上・随身所などが並んでいた。

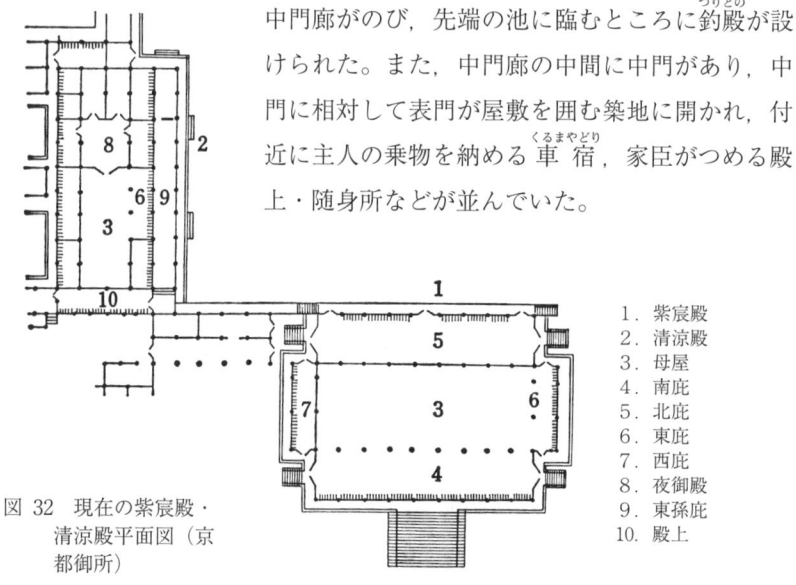

図32 現在の紫宸殿・清涼殿平面図（京都御所）

1. 紫宸殿
2. 清涼殿
3. 母屋
4. 南庇
5. 北庇
6. 東庇
7. 西庇
8. 夜御殿
9. 東孫庇
10. 殿上

§4. 古代の住宅建築

図 33 法住寺殿復原模型（復原：藤原研究室）

これらの配置は，基本的には内裏にみられたように，中軸線上に主要な殿舎を配した左右対称なものであった。しかし，南庭の南に築山・池が設けられ，東西いずれか主要な通りに面する入口におもに用いるようになって，配置の対称性がくずれていった。

　主人の住まいであった寝殿は，奥行2間，間口5〜7間ほどの母屋の四周に庇を設けた板敷の建物で，母屋の一部を板壁で囲って寝所に当たる夜御殿としていた。柱は丸柱で，周囲の柱間に蔀をつり，出入口に当たる妻

図 34 寝殿造り（年中行事絵巻）

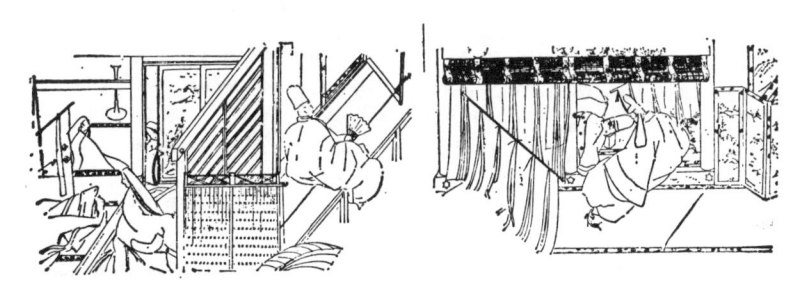

図 35 寝殿造りの部分（源氏物語絵巻）

側には板扉を入れ，簾を吊るほかは，間仕切りはなく，軟障・几帳・びょうぶ（屏風）を用いて区画していた。置畳・円座などによって座をつくり，手近に厨子棚・二階棚を置いて手回り品を納めていた。対の屋の平面も寝殿と基本的には同様であった。はじめは日常生活の場であった寝殿の母屋・南庇で儀式も行われていたが，古代末になると，しだいに両者を分けて，日常生活を北庇に移し，北庇にさらに北孫庇を設けて，日常の居所とし，ここに夜御殿にかわる帳を置くようになった。この住宅様式を寝殿造りとよびならわしている。

　3)　**古代の庶民住宅**　平城京では庶民のための町割りとして，方40丈の1町を16等分し，間口5丈，奥行20丈の土地を1戸主とよんで基準としたが，平安京では奥行が10丈になった。町はずれの余裕のある場所では，道に面して家を建て，周囲のあき地を耕作するものもあった（図36）が，市の付近をはじめ町の中では，道に面して家が軒を連ねていた（図37）。

図36　古代の民家（信貴山縁起）

図37　古代の町のありさま（年中行事絵巻）

町屋は，間口の一方の端に入口の奥まで土間を通し，土間に面して部屋を並べていて，今日の町屋の平面形式をすでにみい出すことができる。店も同じ造りで，表に台を出して商品を並べていた。構造は，中央2間の母屋の前後に庇を設けた平入りで，板で屋根を葺いた。掘立て柱に板壁あるいは土壁を用い，床の一部は板敷で，むしろを敷くこともあった。いなかでは草葺屋根がみられ，ところによって竪穴形式も引き続き用いられていた。

§5. 平安時代の仏寺建築

1) 密教の伝来と密教建築 平安京遷都によって，因襲の束縛からのがれ，新しい時代を迎えるとともに，仏教にも沈滞した南都六宗にかわる新しい宗派が求められた。このような時代の要求にこたえて興ったのが，最澄による天台宗と，空海による真言宗であった。これらはいずれも密教の経典を伝え，南都仏教から独立し，修行のため俗界を離れ，静寂な山中に寺地を選んだ。山中の建物はいずれも草庵風のもので，大きな建物は修行の妨げになるとして建てなかった。したがって，配置に定まった形式は

図 38 室生寺五重塔(780年ころ，奈良)
室生寺は，興福寺の末寺として建てられたが，山中に地形にあわせて堂塔が配置されている。

図 39 三仏寺投入堂(平安時代末期，鳥取)
修験道場として三徳山中に営まれた三仏寺の奥の院で，岩山のかげに建てられている。

図 40　根来寺多宝塔(1429〜1547年, 和歌山)
この建物は年代は下がるが, 古式をよく残している。

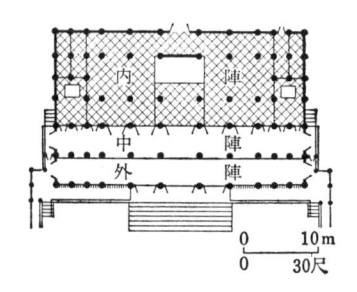

図 41　延暦寺根本中堂平面図
　　　（1642年, 滋賀）
現在の建物は江戸時代のものであるが, 平面には密教寺院の特徴をよく残している。

みられない。*最澄は比叡山に比叡山寺**, 空海は高野山に金剛峯寺を建てたが, いずれも寺としての体裁を整えたのは, 最澄・空海の没後のことであった。これまでの仏寺と異なって, 密教建築に新しくつくられた建物に多宝塔（図40）がある。多宝塔は, 円形平面のまんじゅう形の塔身の上に, 方形の屋根をかけ, 相輪を立てた宝塔に裳階をつけたもので***, 後には円形平面は失われ, 裳階の上にまんじゅう形を残すだけとなった。

天台・真言両宗は, これまでの宗派にない独自の儀式を行い, 仏寺の中心となる堂を天台宗では中堂（図41）, 真言宗では金堂とよんだ。両界曼荼羅を相対してかけたうす暗い堂で, 神秘的な堂の内部は, 加持祈祷を行う僧侶以外はいることが許されなかった。したがって, 堂の前面にその他の人々の座として別棟の礼堂が建てられるようになった。仏堂と礼堂を並

---

　*一方, 都市においても寺院が建立された。中には, はじめ南都の宗派によって建てられたものをあとで改めたものもあり, 平地における伽藍配置には, 中軸線をもったものが多くみられた。
　**最澄の没後, 官寺となり延暦寺の寺号を賜わった。
　***多宝塔の相輪は層塔のものと多少異なり, 水煙・竜車のかわりに四葉・六葉・八葉を用い, 頂部から屋根の四隅に鎖をかけてある。

§5. 平安時代の仏寺建築

び建てた双堂(ならびどう)の形式*の密教仏寺の堂は失われて伝わらず，鎌倉時代につくられた堂では，礼堂をひとつの屋根の内に納めるようになっている。

2) 密教から浄土信仰へ 平安時代の仏教の中で，建築に大きな影響を与えたのは浄土信仰であった。浄土信仰は天台宗から興り，阿弥陀仏を念ずれば人間すべて極楽に往生できるという教えであった。この教えは人々に深い影響を与え，貴族をはじめ，これまで仏教に縁のなかった庶民にいたるまで幅広く広まっていった。貴族の邸宅には持仏堂が設けられて，信仰する仏像の前で朝夕念仏が唱えられた。

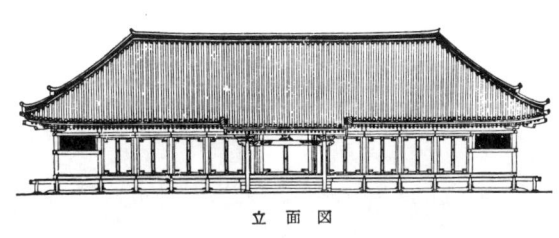

図 42 浄瑠璃寺本堂（1170年，京都）
九体阿弥陀堂の例である。

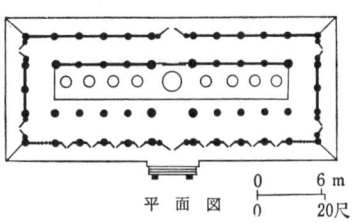

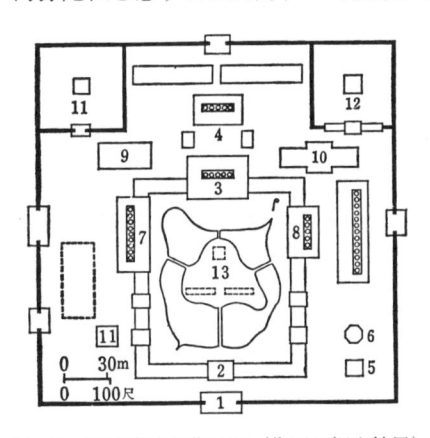

図 43 法成寺伽藍復原図（復原：福山敏男）
1. 南大門 2. 南中門 3. 金堂
4. 講堂 5. 塔 6. 八角堂
7. 阿弥陀堂 8. 五大堂 9. 十斎堂
10. 釈迦堂 11. 法華三昧堂 12. 常行三昧堂
13. 中島
　金堂と五大堂には密教の仏像を，阿弥陀堂には九体の阿弥陀像を安置した。

3) 浄土教の仏寺 平安貴族のうちで，現世の栄達をきわめた藤原道長も極楽往生を願って，日ごろ阿弥陀仏の加護を念じていた。ことに大病にかかってから，丈六の阿弥陀仏九体を安置する九体(くたい)阿弥陀堂（図

＊仏殿の前面に礼堂が軒を接して並び建った双堂の形式は，奈良時代にすでにみることができる。

図 44　平等院鳳凰堂（1053年，京都）

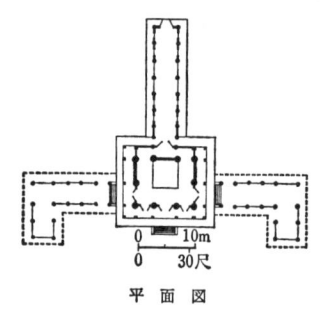

平 面 図

42）をつくり，これを中心に多くの堂を建て法成寺（図 43）とよんだ。法成寺の九体阿弥陀堂は，扉に九品来迎図を描き格子をうるしで塗り，金ぱくを置き，螺鈿をちりばめるなど華美をきわめた装飾が施してあった。

　浄土思想のもとに建てられた仏堂は，貴族の屋敷内につくられたものもあり，また，仏寺には貴族の参籠する堂が建てられたので，しだいに仏寺に寝殿造りの手法や配置が取り入れられるようになった。

　藤原頼道も父道長にならって，宇治の別邸を寺として平等院とよんだ。1052年（永承7年），まず本堂の供養が行われ，後に阿弥陀堂をはじめ多くの堂塔が加わって，体裁が整った。その阿弥陀堂が鳳凰堂（図 44）である。鳳凰堂は，池の中島に東を向いて建ち，その名のように左右に翼廊を備えた建物で，極楽浄土の宮殿を夢みて形づくられた。内部は極彩色にいろどられ，定朝作の丈六の金色に輝く阿弥陀像を中心に，四周には九品来迎図が描かれ，天井を螺鈿・鏡などで飾り，小壁には木彫りの五十二体の雲中供養仏がかけられていて，当時は他に並ぶものがないほどの美しさであった（図 45）。

　平安時代の末期には，浄土思想は京はもちろん地方の豪族にも広く普

§5. 平安時代の仏寺建築

及し，九州や東北に至るまで当時の仏像がいまなお多く伝えられていて，仏堂が数多くつくられたことを知ることができる（図46）。なかでも11世紀末，平泉の藤原氏は京との交流のもとに，その文化を移すことに努めた。京風の整然とした町並の平泉にも，浄土思想のもとに仏寺が建てられた。なかでも中尊寺は，その阿弥陀堂である金色堂（図47）を残し，鳳凰堂に匹敵する美しさを示している。

図45 鳳凰堂内部文様（復原）

また，仏教のうえでそのころ末法の時代にはいったとする考えが広まり，阿弥陀仏だけが救いの仏として信仰されるようになった。そのため広く各地に，阿弥陀堂がつくられた。当時の人々は末法の世に対するあきらめから，阿弥陀仏によって救われる遠い未来に望みをかけて暮していた。

奈良時代の仏寺は，国家の事業として官の造営組織によって画一的に全国につくられたために，技術水準が平均していたが，個々には意匠的な変化に乏しかったのに対し，浄土信仰によってつくられた平安時代の仏寺

平 面 図

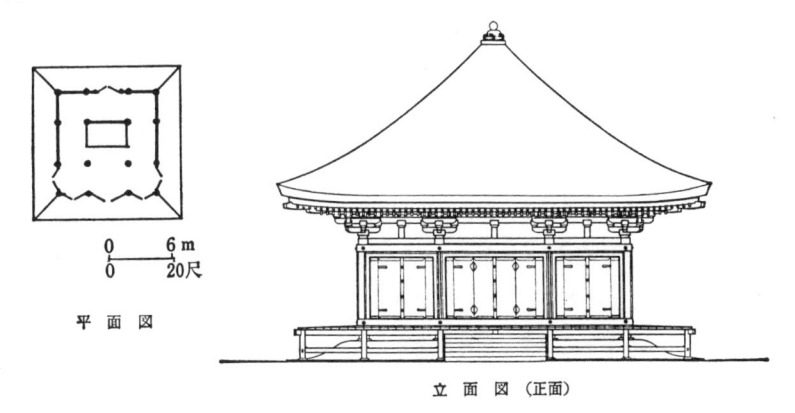

立 面 図（正面）

図46 願成寺阿弥陀堂（1160年，福島）

1間四方の母屋の四周に庇を設けた堂の形式は，平安時代後半から阿弥陀仏を安置した仏堂に多くみられる。密教の常行堂に発した形式である。

図 47　中尊寺金色堂内部（1124年，岩手）（右上 内部柱文様，右下 内部須弥壇文様）

は，国家の手を離れ，公家個々の発願（ほつがん）によって個人のために建てられたので，それぞれ施主であった公家の意図を反映し，あるいは住宅が寺とされたこともあって，住宅風の繊細優美な姿となった。また，意匠ばかりでなく組物を使わない簡素な架構や，前面に池を掘り，仏堂を廊下でつないだ配置にも，住宅建築の影響が認められる。

　4) 架構の発達　平安時代の仏寺建築は，奈良時代の手法を受け継いでいたが，仏教そのものがわが国に定着し，日本化したのにつれて，様式のうえでも日本的な様相を呈しはじめた。

　奈良時代の仏寺は多く瓦葺で，露出した棰木の上に，直接野地板を張り，不連続な棰木の曲線を，土をのせてこう配を整えながら，瓦を葺いていた。平安時代にはいると，桧皮葺が好んで用いられるようになった。桧皮葺では，野地板の上にさらに葺下地（ふきしたじ）である野屋根を必要とした。桧皮葺を仏寺の建築に用いることによって，野屋根を生じ，野屋根をつくることによって，梁間の広い庇に，ゆるいこう配の棰木をかけることが可能になった（図48）。したがって，急な屋根こう配で軒を大きく出しても軒先が下

§6. 神社建築の発展

図48 小屋組断面図
1. 野棰木 2. 茅負 3. 飛檐棰木 4. 木負 5. 地棰木 6. 丸桁 7. つなぎ虹梁 8. 大斗 9. 頭貫 10. 内法なげし

野棰木によってつくった屋根面を野屋根という。はじめはこの図のように，下からみえる化粧棰木（地棰木と飛檐棰木）の上に短い束を立てて，母屋をささえ，野棰木を並べた。野棰木を用いることによって地棰木をゆるいこう配にすることができ，大きく軒を出すことが可能になった。

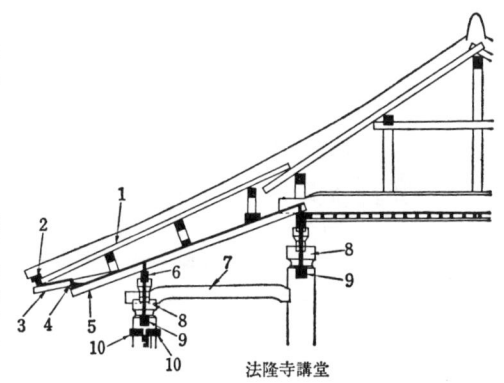

法隆寺講堂

がりすぎることがなく，外にあらわれた雄大な屋根とは無関係に，平らに天井を張って内部の意匠を考慮することができるようになった。

また，奈良時代にひとまず完成した三手先の組物は，隅部で枠肘木・秤肘木が交錯し連続して，整った形式が生まれた。平等院鳳凰堂の三手先組は，和様の組物の完成した姿を示すもので，和様の組物はこれ以後大きな変化はみられない。

§6. 神社建築の発展

1) 神 と 仏　奈良時代，すでに，神が仏法を擁護するという神仏習合の考えがあって，仏寺と神社との結びつきのきざしがあった。平安時代にはいって怨霊思想が広く行われるようになると，神社は怨霊のたたりをしずめるために御霊会を行い，その勢力を広げていった。このような信仰に基づいて，神は仏や菩薩が人々を救うために，姿をかえてあらわれたとする本地垂迹の説が説かれ，神社には仏師の手になる仏像の手法を用いた神像が祭られるようになった。神社に神宮寺が，仏寺に鎮守社が設けられるようになって，神社建築に仏寺建築の様式が取り入れられるようになった。

2) 奈良時代の神社建築　奈良時代に創建された神社の多くは，仏寺建

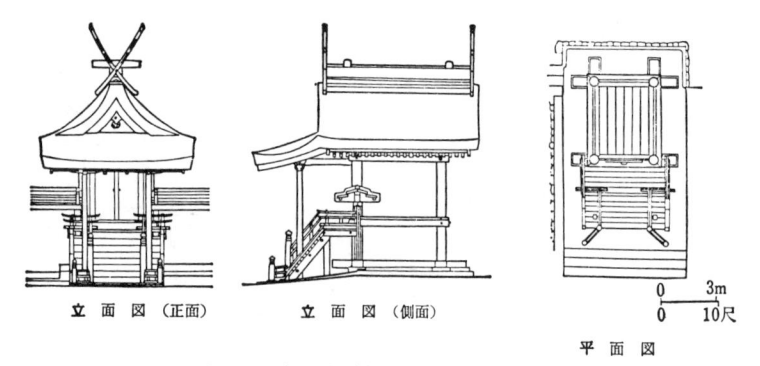

図 49 春日造（春日神社本殿, 奈良）

春日神社の中門と回廊は，平安時代の末に現在の形となった。現在の本殿は1863年に式年造替された。

築の影響から屋根に反りをつけ，なかには軸部を丹に，壁を白く塗ったものもあった。柱も古い神社の掘立て柱と異なって，土台の上に建てるようになった。

また，本殿は神を祭るところのほかに，神に奉仕する人々の場として階の下には浜床を張り，浜床と階を保護する目的もあって，階の上に階隠を設けた。

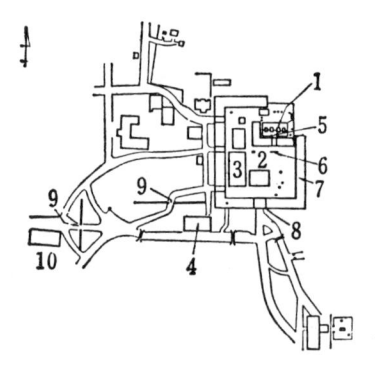

図 50 春日神社配置図

1. 本　殿　2. 幣　殿　3. 直会殿
4. 着到殿　5. 中　門　6. 稲　垣
7. 回　廊　8. 南　門　9. 鳥　居
10. 車　宿

このような本殿の形式に，春日神社に用いられた妻入りの春日造（図49）と，加茂御祖神社・加茂別雷神社の両社の本殿を代表例とする平入りの流造（図51）がある。流れ造りは，この時代以後神社の本殿の形式として最も多く用いられている。

さらに仏寺における双堂の形式を取り入れ，前後に軒を接して平入りの社殿を並び建てた八幡造（図52）も，この時代につくられるようになった。しかし，この形式を伝え

§6. 神社建築の発展

る宇佐神宮の社殿は，仏殿における双堂と違い，前殿は拝殿ではなく，一体化された本殿である。

3) 平安時代の神社建築

本地垂迹（ほんじすいじゃく）の思想によって，それぞれの神社は祭神の本地仏を定め，本地仏の力によって神社の霊験を強め，参拝者を集めようとした。このため神社建築は，いっそう仏寺化し，本殿の形式だけでなく，丹塗りの回廊で囲み，楼門を設け，塔を建てるなど，仏寺との差異は，ほとんど認められないまでになった。平安後期の神社建築では，仏寺建築の様式のうち，浄土思想に基づく住宅風の優美な様式を取り入れたものが多く，流れるような桧皮葺の屋根，渡り廊下で結ばれた諸殿の姿は，厳島神社（図53）に最もよく残されている。

また，本殿の周囲に庇を設けて平面を拡大し，祭りの場としたものや，拝殿を再建に当たってひとつの屋根に取り込み，さらに周囲に庇・孫庇を設けて，本殿を取り巻く祭祀の場をつく

図 51 流造（加茂御祖神社，京都）

加茂別雷神社とともに平安京鎮護の神として崇敬を集めた。
現在の本殿は，1863年に式年造替されたもの。

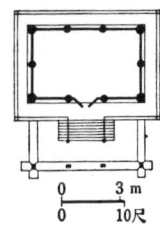

図 52 八幡造（宇佐神宮，大分）

本殿が3棟並んでいる。
現在の本殿は，1855〜1861年に式年造替されたもの。

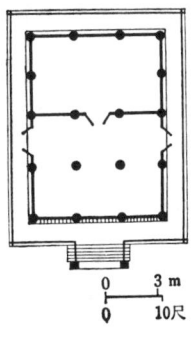

図53 厳島神社拝殿(1241年再建,広島)

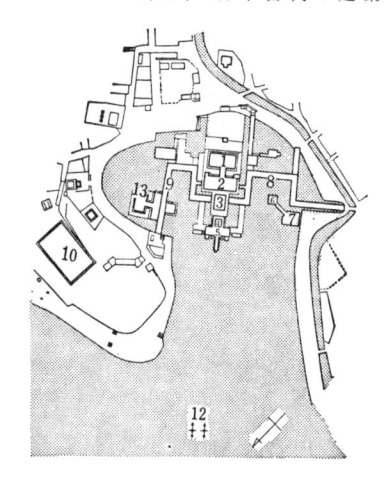

図54 厳島神社配置図
1. 本殿 2. 拝殿 3. 祓(はらい)殿
4. 高舞台 5. 平舞台 6. 能舞台
7. 楽屋 8. 西回廊 9. 東回廊
10. 千畳閣 11. 五重塔 12. 大鳥居
13. 客人(まろうど)神社

客人神社を除く大部分は,室町時代末から桃山時代にかけて改築された。

り出したものもある。このような本殿は,いずれも入母屋形式の桧皮葺の屋根をかけ,正面7間,側面6間にも及ぶこともあり,これまでの本殿と異なり,仏殿とかわりないものとなった。

　神社建築は,神殿の形式をはじめ,拝殿・楼門・回廊など,その構成要素のすべてが古代にそろい,基本的には完成され,中世以降はわずかに特殊な形式の出現を除いて,そのまま受け継がれた。

#　第2章　日本中世の建築

　古代末から，公家にかわって地方武士が荘園を支配し，実力をたくわえてきた。このため，これまで中央に集中していた宮殿・神社・仏寺など，すべての分野の建築がしだいに全国に広まり，同時に地方の技術が高まった。仏寺には新しい気運のもとに大陸から新様式が伝わり，古代の南都仏教にはじまる伝統的な様式・技法に，この新しい様式が加味されたりして，さまざまな新鮮な意匠・技術が創造された。

　また，住宅の分野においては，公家と，公家の風を重んじた将軍家には古代の様式がいぜんとして受け継がれていたが，しかし，武士階級の台頭によって，中心は儀式や行事を重んじた公家から，対人関係を重んじた武家に移り，接客を重要な機能として考慮した住宅様式がつくられるようになった。

一般史		時代	世紀	建築史	
1192	鎌倉幕府開く	鎌倉	12	1192	浄土寺浄土堂
				1194	石山寺多宝塔
				1195	東大寺大仏殿再建
				1199	東大寺南大門
1221	承久の変			1202	建仁寺創建
1232	御成敗式目制定		13	1266	蓮華王院本堂(三十三間堂)
1274	文永の役				
1281	弘安の役				
1333	建武の中興	室町		1314	永保寺観音堂
1336	南北朝の対立はじまる			1339	西芳寺庭園
1336	室町幕府成立		14		
1393	南北朝の合一			1397	鶴林寺本堂
				1398	北山殿に舎利殿(金閣)創建
				1425	吉備津神社本殿
1467	応仁の乱(～1477)		15	1426	興福寺五重塔
1485	山城国一揆起こる			1442	瑠璃光寺五重塔
				1483	東山殿・東求堂(1485)・観音殿(銀閣，1489)
1543	鉄砲伝来			1513	大仙院本堂
1549	サビエル，キリスト教を伝える		16	1547	根来寺多宝塔
1573	室町幕府滅亡				

§1. 新しい仏寺建築様式

1) 東大寺の再興 聖武天皇によって建てられた東大寺は，1180年（治承4年）平重衡の兵火にかかって焼け落ちた。争いが治まり，源氏の天下になると，源頼朝は政略上，南都諸寺の再興をはかった。東大寺は1181年（養和1年）俊乗坊重源＊を造東大寺大勧進職に補した。重源は全国をめぐり勧進を行い，宋から渡来した陳和卿らとともに，多くの難題をかかえた再建を政治的にも技術的にも解決し，15年の歳月を費して再興の大事業を遂げた。

2) 大仏殿の新様式 重源は大仏殿を再建するに当たり，それまでの仏寺建築の様式である和様と異なった手法を用いた。

新しい手法は，肘木を柱に直接さす，挿肘木(さしひじき)を用いた。その組物は左右

図55 浄土寺浄土堂
（1192年，兵庫）

東大寺の寺領に建てられた仏寺のひとつで，天竺様（てんじく）を伝える最も古い建物である。方3間の柱間はいずれも等しく，軒反りもない。
内部は構造が露出し，これまでにない表現である。

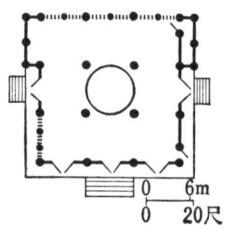

平面図

＊重源は，醍醐寺で真言を修めた後，宋に3度渡って中国の諸寺をたずね，中国で建築の工事に直接携わったことのある僧であった。

§1. 新しい仏寺建築様式

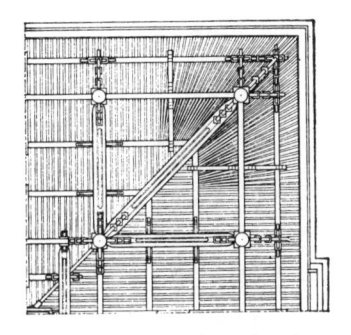

図 56 小屋組（たる木はすみ扇：浄土寺浄土堂）

図 57 木ばなとさら斗（東大寺南大門）

に広がらず，前方へだけ差し出したので，左右のふれを，通し肘木でつないで止めた。円形断面の梁を用い，その上に円束を立て，柱を互いに緊結するのに貫(ぬき)を多く用いた。棰木は隅の部分を放射状にして，隅屋根の荷重を合理的に受けている。そのほか，さら斗を用い，板扉にかわって桟唐戸(さんからど)をわら座でささえ，天井を張らないで架構をそのまま室内に露出していることなどが，この様式の特徴となっている*（図 55～59）。この様式は，その他の仏寺建築の様式と非常に異なっていて，天竺様(てんじく)（大仏様）（図 58）とよばれている。このころ建てられた遺構が，いずれも構造を素直にあらわし，装飾はほとんどなく，太い柱，丸い梁で構成されているのは，簡潔・豪快であるが，一面粗野な感じを受ける。

このとき天竺様で再建された東大寺大仏殿は，1567年（永禄10年），兵火によって再び焼けた（図117）。

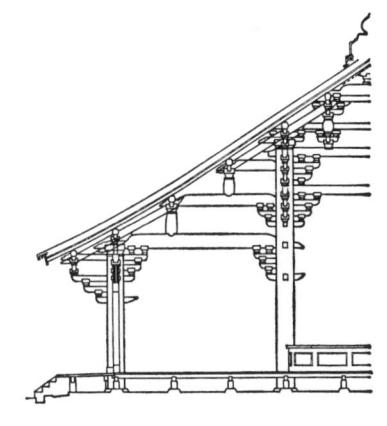

図 58 天竺様細部（浄土寺浄土堂断面）

＊この様式は，重源が入宋したときに学んだもので，浙江・福建あたりから伝えられたと考えられるが，原形は明らかでない。

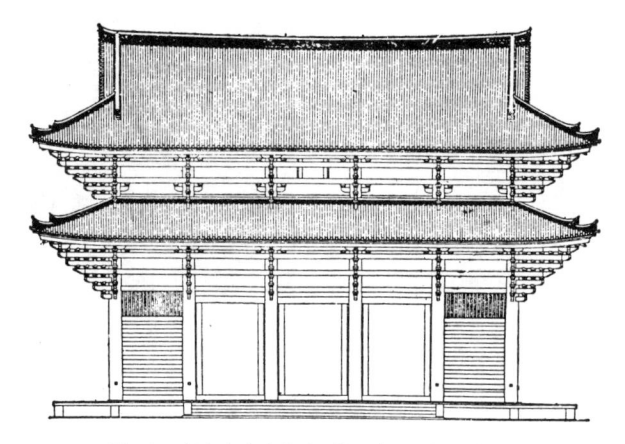

図 59 東大寺南大門立面図 (1199年, 奈良)

　東大寺の再建に用いられた天竺様（図 59）は，同時に重源によって東大寺の寺領における建築にも用いられた。しかし東大寺は，奈良時代以来の華厳宗の本拠であり，伝統が強く支配していた奈良にあった。また，再興に当たって源頼朝の援助を得たけれども，これは人心を集めるための政治上の目的から行われたものであった。このような背景に立った天竺様は，重源の死後急速に衰退し，その合理的な手法と意匠上の特徴は，他の様式の中に吸収された。

3) 禅宗の伝来　重源によって大仏殿の再建が進められていた同じころに，禅宗が宋から伝えられた。

　この新しい宗派は，勢力を得るにつれ従来の宗派の迫害にあい，あるいはその訴えで禁止の勅命が下るなど，圧迫を強く受けた。臨済宗の開祖である栄西は，鎌倉におもむいて将軍源頼家の帰依を受け，鎌倉に寺を開き京都にも本拠を構えるに至った。もうひとつの宗派である曹洞宗の開祖道元は，越前の豪族波多野氏をたよって都を下り，永平寺を開いた。

　この新興宗派が禅宗として確立したのは，蒙古に襲われた南宋から禅僧が次々に渡来して，鎌倉・京都に寺を開いたことからである。執権北条時頼がこれらの渡来した禅僧に傾倒したので，禅宗はさらに発展していった。

§1. 新しい仏寺建築様式　　　　　　　　　　　　　　　　　　　　　　　　　43

その後も地方武士の招きを受けて禅僧が多く渡来し，広く普及するに至った。

　室町時代には，夢窓疎石の唱える禅が，室町幕府の高位の武士に受け入れられ，天皇をはじめ公家も帰依したので，著しく発展した。

4) 禅宗伽藍の制　栄西が京都に建てた建仁寺は，当初は，はっきり禅宗として確立した寺ではなく，天台宗の別院として建立された。しかし，建仁寺の古制を伝える指図によると，三門(図61, 62)・仏殿・法堂(はっとう)(図64)が中心線上に並び，これを回廊が取り巻く対称形の配置になっていて，明らかに禅宗伽藍の配置をとっていた。

　シナ風な整った伽藍配置が広くみられるようになったのは，禅宗が確立してから後，すなわち13世紀後半で，大陸から渡来した禅僧によって開かれた鎌倉の諸寺が規範となった(図60)。その伽藍配置は，左右対称の整然としたもので，総門・三門・仏殿と仏の大法を説く法堂が中心線上に並び，その後方には住持の住まいであり，かつ儀礼を行う大小両方丈があった。回廊は三門から仏殿に至り，東西に僧堂・東司(とうす)・厨庫・浴室など修行僧のための建物が相

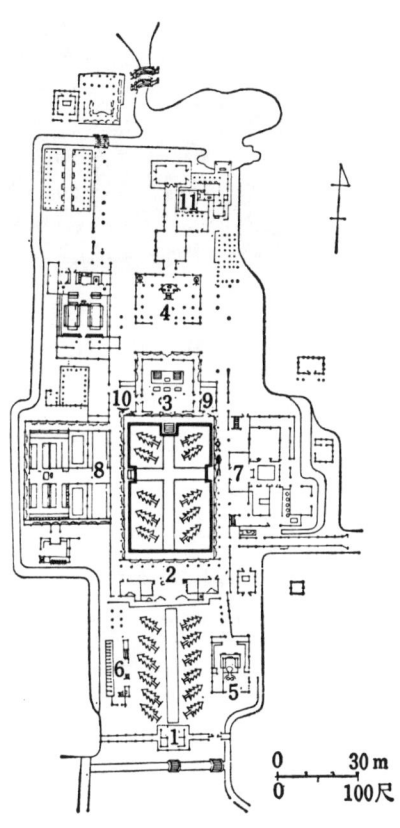

図60　建長寺(1253年創建，鎌倉)
　　　伽藍配置古図

1. 総門　　2. 三門　　3. 仏殿
4. 法堂　　5. 浴室　　6. 西浄
7. 庫院　　8. 大僧堂　9. 土地堂
10. 祖師堂　11. 大客殿

原図には元弘元年(1331年)と記入されている。鎌倉時代末の建長寺の様子を伝える古図で，禅宗伽藍の古制を伝える貴重な指図である。

図 61　東福寺三門（1239 年，京都）
三門は三解脱門の略。一般に上階に釈迦像，十六羅漢像を安置し，単なる門ではない。

対していた。

　13 世紀はじめに建てられた京都東山の泉涌寺の記録には，宋の制を模したことがしるされていて，大陸の伽藍の制を写すことを心がけたことがわかる。

　禅宗は，わが国に伝えられた後も固くその教義を守り，建築様式のうえでは引き続き大陸の様式を用いていた。その中で日本化したのは方丈（図63）である。方丈は住持が常住する建物であったから，当初から和風が用いられたと考えられている。はじめは古代の住宅様式を用い，木造の床を張り，床に畳を敷き，住持のためにいすが置かれていた。後には中の間の奥に仏壇を設けるようになった。

5）　禅宗建築の新様式

　天竺様と同様，禅宗伽藍の諸道に使われた様式も，和様と異なった点が多い。

　天竺様が，配置・規模の概

図 62　東福寺三門上層内部

§1. 新しい仏寺建築様式

要がすでに定まっていた東大寺の再興に用いられて、架構法や細部手法にだけ特色をみせたのと異なり、この様式は、新しい教義に基づいて、新しい伽藍配置のもとに、それぞれの堂舎にも特有の平面・構造などをみせた（図64）。

すなわち、禅宗の諸堂の床は土間で、多く瓦を四半に敷いた。柱は礎盤の上に立ち、上下に粽をつけ、互いに貫や台輪*で連ねられていた。組物は柱の上ばかりでなくその間にも置いた。これを詰組という。尾棰木には、強い反りがあり、肘木の曲線は円弧で、軒の反りが強かった。棰木は中心から扇状に配した扇棰木である。堂内には棰木が露出し、中央の部分だけ鏡天井を張った（図65）。架構は柱の上に虹梁をかけ、大へい束を立てて上部の梁を受け、蟇股は用いなかった。高さの違う母屋柱と裳階柱のつなぎには、海老虹梁をかけた。

虹梁には、まゆ・そで切り・錫杖彫があり、木鼻・実肘木・などに絵様・繰形をつけ、扉は桟唐戸をわら座でさえ、窓を花頭窓とし、壁には板を縦に張った。

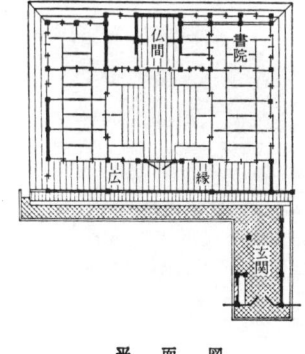

図63 大徳寺大仙院本堂（1513年、京都）

禅宗が伝わった当初の方丈は現在ひとつも残っていない。この本堂は方丈形式の古い一例である。

平面図

---

*和様でも用いた例があるが、唐様では必ず使われる。

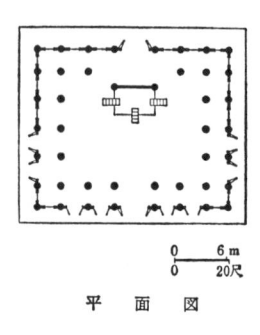

図 64 大徳寺法堂（1636年，京都）
平　面　図

中世に建てられた法堂は現存しない。大徳寺・妙心寺などは近世はじめのものである。大徳寺の法堂は，正面7間，奥行6間で周囲1間はもこしである。床は瓦敷で，屋内上部は中央に鏡天井を張り，その他唐様の特色をよく示している。

禅宗の諸建築では，これらの特徴がどの建物にもよく守られ，禅宗建築の様式になっている。この様式は唐様（禅宗様）とよばれている（図66）。

唐様の建築は，天竺様や従来の仏寺建築の様式に比べて，それぞれの部材が細い。そのためにこれまでにみられなかった構成を示し，引き締まった均整を見せている。ほとんど彩色しないことも，唐様の特色である。現在残されているこの様式の建物が，いずれも非常に整った完成された姿を示していることは，それが宋の直伝ではなく，

図 65　正福寺地蔵堂内部

§2. 和様と新様式の影響   47

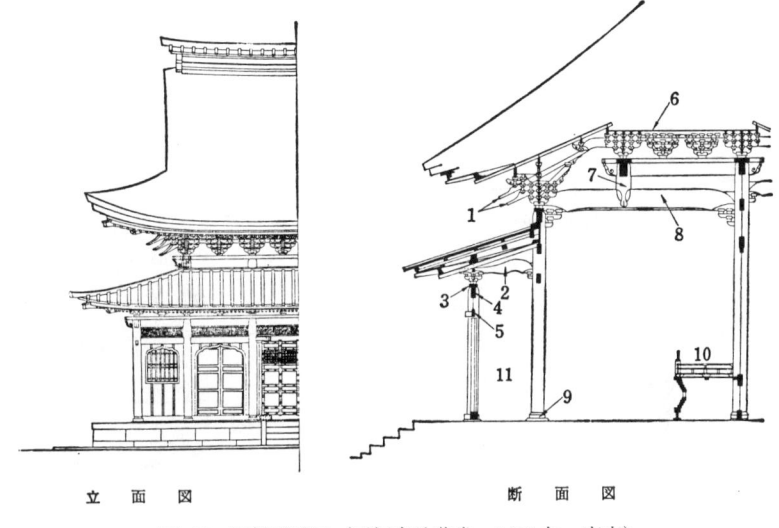

立 面 図   断 面 図

図 66　唐様説明図（正福寺地蔵堂, 1407 年, 東京）
1. 尾棰木　2. 海老虹梁　3. 台輪　4. 頭貫　5. 飛貫
6. 鏡天井　7. 大へい束　8. 虹梁　9. 礎盤　10. 須弥壇
11. もこし

わが国のすぐれた工匠によって，すでに日本化したことを物語っているといえよう。宋から伝わった当初の禅宗諸堂がどのようなものであったかを知ることは，当初の建物がまったく伝わっていない今日では困難である。

§2. 和様と新様式の影響

1) 中世初期における和様　中世にはいって，和様による最初の最も大きな仏寺の造営は，東大寺とともに平重衡の兵火にかかって焼け落ちた興福寺の再建であった。東大寺が，新興勢力であった源氏の援助を得て，俊乗坊重源のもとに新様式によって再建されたのとは対称的に，興福寺は藤原氏の氏寺であったことから，中門・金堂・講堂・僧坊など主要部分は藤原氏の一族が造営費を受け持ち，官の大工，興福寺に属する大工らによって工事が行われた。現存する北円堂（図 67）と三重塔（図 68）からわかる限りではその様式は伝統の色が濃い。

図 67 興福寺北円堂（1210年ころ，奈良）
奈良時代の礎石を利用して建てられた北円堂は，太い木割りで古風な手法を残し，繊細な三重塔と対照的である。

鎌倉時代に建てられた仏寺の大部分は，興福寺堂塔と同様に，奈良大工の系統による奈良時代以来の雄大な気宇のものと，京で公家文化のもとに優雅な姿をつくり出した京大工の系統によるものとであった。

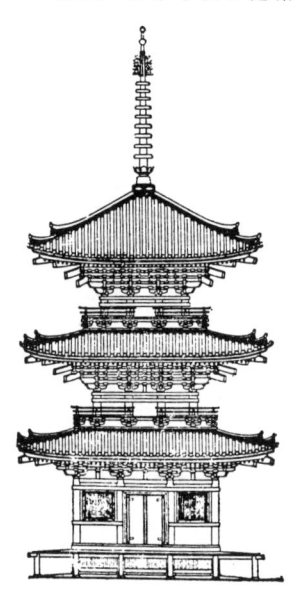

図 68 興福寺三重塔 （1180年ころ，奈良）

2) **和様と新様式の混合**　京でつくり出された繊細な意匠は，美しい日本化された仏寺の姿を東山のなだらかな起伏を背景に描き出していたが，法成寺・法勝寺をはじめ，多くの仏寺は鎌倉時代にはいって，次々に倒壊した。美しい姿を追求するあまり，構造的なむりが生じたことによると考えられている。

しかし，このような繊細優美な建築をつくることを技術的に解決しようとする努力も払われ，新しい構造上の手法が生まれてきた。また，鎌倉時代も末になると，天竺様の手法を会得した奈良の大工や，唐様の仏寺を建てた京の大工は，それぞれ伝統的な和様に新しい様式のもつ合理的な手法を取り入れるようになった。鎌倉時代末以降の堂塔をみると，伝統ある和様を基調にし，細部の木鼻や，実肘木に天竺様の繰形が使われ，貫が多用

§2. 和様と新様式の影響

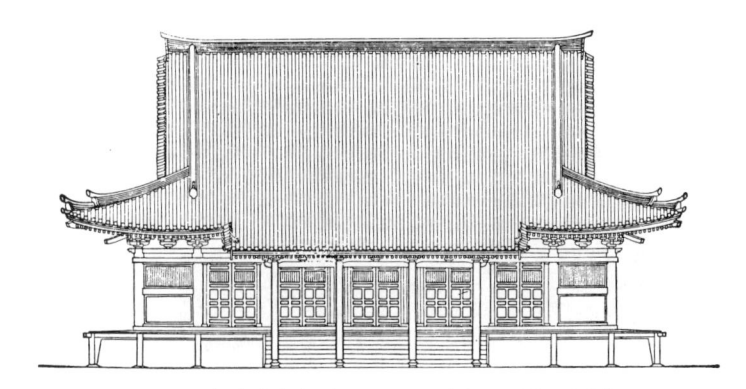

図 69 観心寺金堂（1375〜1378 年ころ再建，大阪）
密教寺院の本堂として内・外陣に分かれた平面をとる。和様を主体とし，中備（なかぞなえ）の二つ斗，向拝柱の基盤，虹梁・大へい束・海老虹梁など，唐様の手法を用いている。

され，扉に従来の板扉にかわって，桟唐戸が用いられるなど，新しく伝来した様式の影響が少なからず認められる（図 69, 70）。この和様を主体として天竺様や唐様の細部を取り入れた様式を，それまでの和様と区別して折衷様とよんでいるが，この時代以降，和様は多かれ少なかれ折衷様の様相を帯びるようになった。

鎌倉時代の仏寺の造営は，平安時代までのように，朝廷または藤原氏を中心とする公家によって，一元的に行われていたのと違い，それぞれ新興の武士や地方の豪族の保護のもとに行われ，ときには勧進にたよっていたので，工匠や施主の側に統一的な制約がなく，それぞれの建築について比較的自由に様式の選択が行われ，個性のある意匠がつくりあげられていった。この鎌倉時代後半の，新様式への活発な動きの時代を経て，室町時代にはいると再び様式が固定していった。

中世の神社建築の主流は，流造と春日

図 70 折衷様（鶴林寺本堂細部）

図 71 吉備津神社（1425 年再建，岡山）

外観は入母屋の屋根を二つ前後に並べた比翼入母屋である。平面は内陣を中心に，周囲は二重に庇をめぐらした形式で仏寺建築の影響を受けている。

造で，古代の様式を受け継いでいた。しかし，比較的自由な様式の選択性を反映して，中世には吉備津神社（図 71）や土佐神社の社殿，石上神宮摂社出雲健雄神社の拝殿，建水分神社（図 72）のような個々の神社に特有の形式が生まれた。

3) **構 造 の 発 達**　古代末には，公家勢力の衰退から官営の造営組織は，しだいに崩壊していった。中世になると，作事は荘園領主や武家あるいは寺院を中心に行われ，これに伴って建築職人が集まり，建築の特権的職業組織である座が，おもに寺院に属して発生した。一方，大工職は小さな血縁関係の集団をつくるようになり，世襲制のもとに木割書がつくられ，大工の家系に伝えられるようになった。

中世にはいると，手近なところで大きな木材が得られなくなって，奈良時代のような木割りの太い建築は少なくなった。これに伴って，地震・風などの力に対して，長押・貫・筋違によって補強することを考慮するようになった。古代においても，貫や長押は用いられていたが，貫は柱の頂部をつなぐだけで，構造的には大きな役割を果たしていなかった。中世にはいると細くなった柱を，互いに貫によってつなぎ固めるようになった。貫を多く用いる構造は，天竺様にみられる手法である。筋違は，1219 年（承久 1 年）に建てられた法隆寺の絵殿・舎利殿に用いられているのが，現存する最も古い例であるが，一般にはあまり用いられず，もっぱら貫が用いられていた。

§2. 和様と新様式の影響

図72 建水分神社（1334年，大阪）

軒の組物（図73）は，古代に三手先組が完成して以来，大きな変化はなかったが，棰木と組物の間に一定の関係が生じてきた。軒はまた，古代に発生した野屋根と化粧棰木の間に桔木(はねぎ)を入れることによって，より長くすることができるようになった。桔木を小屋裏でささえることによって，軒先の荷重の大半は，化粧棰木や組物に関係なく，直接柱に伝えられるようになった。

中世には，仏堂にも広く天井が張られるようになったため，梁の上に自由に小屋束を立てることが可能となり，また，桔木の末端をも隠すことができた。

中世に多く用いられるようになった貫や，唐様建築の壁などに用いられた薄い板は，中世になって考案されたおが（大鋸）や台がんな（台鉋）に

図73 屋根構造断面図（大報恩寺本堂）

中世にはいって，軒の重量をささえるために野棰木と化粧棰木との間に桔木を入れ，野屋根をささえるとともに，化粧棰木を先端で吊り上げ，化粧棰木に荷重がかからないようにし，軒のたれるのを防ぐようになった。大報恩寺本堂は1227年に建てられたもので，桔木を用いた古い例である。

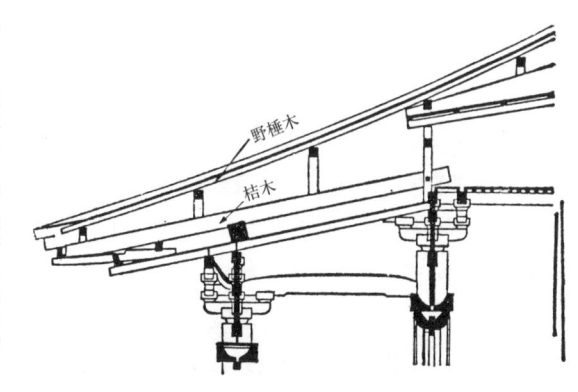

図 74 中世の木工技術（春日権現霊験記）

よって，容易につくられるようになった。のこぎりは，古代にすでに存在していたが，横引きのもので，柱・板の製材はすべて素材にくさびを打ち，材を割り，ちょうなとやりがんなで仕上げたから，多くの手間を要した（図 74）。

おがや台がんなの出現は，木取りを容易にし，仕上げの手間を著しく軽減した。しかし，これらが広く一般に用いられるようになったのは，中世末のことである。

§3. 中世の住宅建築

1) 中世における寝殿造り　中世の武家住宅は，いずれも古代の流れを汲むものであった。源氏の正統が絶えた後，執権北条氏は名目上，鎌倉に公家の将軍を迎えたし，また，御家人から将軍になった足利氏は，京都の室町に幕府を開き，公家の伝統を基礎に武家の儀式典礼を定めたから，これらの将軍の屋敷（図 75）は，いずれも寝殿を中心とした古代住宅の様式を受け継いでいた。

しかし，すでに古代末から寝殿は，儀式の場と居住の場が南と北とに分かれていた。中世の将軍や摂家に受け継がれた寝殿では，南北に殿内を二

§3. 中世の住宅建築

1. 四足門　2. 車宿・随身所
3. 中門　　4. 中門廊
5. 公卿の間　6. 寝殿
7. 常居所

室町殿の中心の寝殿部分。邸内には寝殿のほかに常御所・対の屋3むね・御厨所・会所・泉殿・南向会所・新会所・観音殿・持仏堂があった。
寝殿は儀式行事に使われたが，中央で南北に区画し，北側に常居所を確立している。

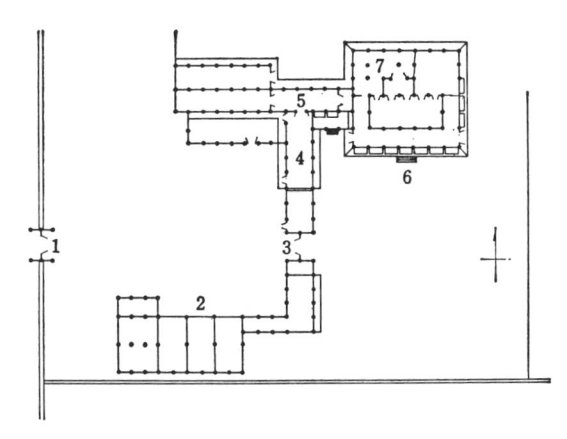

図 75　足利義教の室町殿配置図（1432年，室町殿御亭大饗図による）

分する恒久的な間仕切によって，寝殿内の機能の分化が，さらに明確になった。また，会所・常御所など，接客や居住のための殿舎も，独立して構えられるようにさえなっていた。

2) 庭園と庭園建築　3代将軍足利義満は，室町に花の御所とよばれる壮麗な邸宅を構えた。当時の京のありさまを描いた洛中洛外図屏風には，桧皮葺の棟を連ねた室町将軍邸を描いている（図76）。室町時代末期の将軍邸は殿舎の前面いっぱいに庭園を築き，中島にかける橋には橋殿もつくられていた。このような洛中の屋敷とともに，歴代の将軍は洛外に別荘を

図 76　洛中洛外図屏風（室町時代末，町田氏蔵）にみられる将軍邸

つくった。別荘は，広大な敷地に殿舎を構え，地形を利用して，洛中の限られた屋敷内ではあらわすことができない雄大な庭園を築いた。

室町時代の武家の文化は，禅宗文化の影響を強く受けて形成されたが，当時の作庭には禅僧の活躍がめざましく，将軍の山荘における庭園も禅宗の影響の強いものであった。これらの庭内には，従来の庭園にみられた橋殿・亭のような小さな建築とは異なって，規模の大きな重層の庭園建築がつくられるようになった。

足利義満が洛北に構えた北山殿につくられた舎利殿（金閣）（図 77）は，3 層の楼閣で，最上階を仏寺風にして唐様の手法を用いた。また，慈照寺の銀閣は，義政の東山殿に観音殿として建てられたものであった。

3) **中世の住宅様式**　中世のはじめの公家の住宅は，日記や絵巻で概形をうかがうことができる。これによると，南に表門を構え，屋敷の中心となる寝殿は，母屋の周囲に庇を設け，2 間ほどの中門廊を突き出している程度で，屋敷内には寝殿のほか，侍所・車宿・持仏堂などが配されていた。

絵巻にあらわれる地方武士の屋敷（図 78）は，これとほぼ同様で，短い中門廊を突き出した間口 5 間，奥行 4 間ほどの主屋に台所と馬小屋を配

図 77　鹿苑寺舎利殿（金閣：1398 年ころ創建，1955 年再建，京都）

§3. 中世の住宅建築

していた。

一般の公家や新たに興った武家は，摂家と違い，南庭を使う儀式や行事をほとんど行わなかったので，儀式用の広庭はない。主屋の平面は南北を区画し，南を接客対面に，北を居住に当てている。同様の形式の殿舎は，仏寺に付属する塔頭の建物にもみられた。これらの諸殿舎は，いずれも突き出した短い中門廊をもち，表の妻側の軒に唐破風を設ける車寄せをつけ，柱間に蔀を吊り，連子窓をつけるなど，簡略化された寝殿の形式であるが，一方では，外まわりの建具として遣戸2本・明り障子1本を組み合わせ，柱に角柱を用いていた。

室内は，しだいにふすま障子あるいは壁によって区画され，床に畳が敷きつめられるようになった。床を一段高くした上段ができ，床・違棚・付書院・帳台構など，近世の住宅の主室を飾るものとして欠くことのできない要素が，個々に形づくられていった（図79〜82）。

床は古くは押板とよばれ，はじめは仏具を置くため10cmほどの高さの机をすえたものがしだいに固定化したと考えられ，15世紀のはじめ，すでにあらわれている。

違棚は，古代に寝殿の母屋に畳を置いた座の後に，日用品をのせて並べ

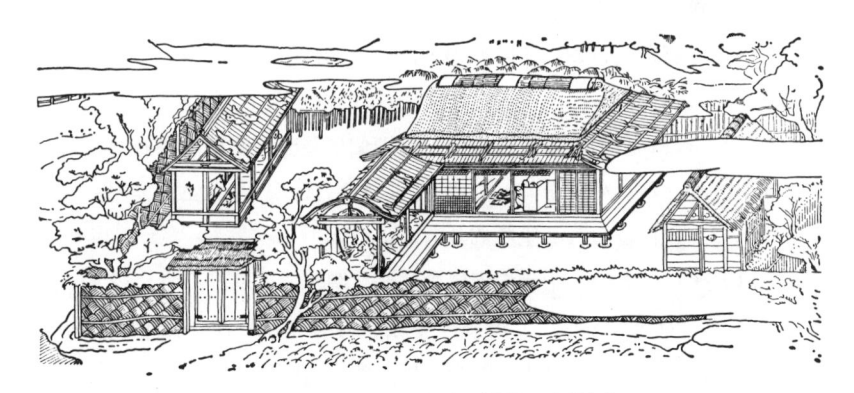

図78 地方武士の住宅（法然上人絵伝）
美作国久米南条稲岡庄の押領使漆時国の屋敷。室内は畳が敷かれ，ふすま障子で仕切られている。外まわりの蔀戸に加えて一部には，遣戸が用いられている。

図79　仏画の前にすえた机（慕帰絵）　　図80　棚（春日権現霊験記）

図81　床（慕帰絵）　　図82　書院（法然上人絵伝）

た厨子棚・二階棚が原形で，15世紀後半にはつくりつけになった。
　付書院は，出文机ともよばれ，はじめ禅僧の書斎の一隅につくりつけられた読書の机であったが，後に文具などを装飾として飾るようになった。
　帳台構は，寝殿造における寝室の入口を原形にしたものが，しだいに装飾化されたものである。
　主室を飾るこれらの要素は，中世には別個に装飾と実用を兼ねて，ふすまや壁で区画された小室を飾っていた。これらは，しだいに主要な一室に集められて，今日みられる座敷飾りとなった。
　4）庶民の住まい　中世の庶民の住居に関する資料は非常に乏しく，わずかに京洛の様子を描いた屏風絵や絵巻物（図83）から類推するほかはない。これによると中世末の京都では，多くの町屋は間口を二つに分け，

───────
＊書院ともよばれる。付書院を当初さしていた書院ということばは，その後，私室や対面のための建物へと，しだいに内容が変化する。

§3. 中世の住宅建築

図 83 中世末の京の町屋（洛中洛外図屏風：室町時代末，町田氏蔵）

一方を土間の入口とし，他方を店や窓にしていた。ところどころ二階屋もみられたが，古代に比べて大きな変化はない。これらの図に描かれた町屋の規模が小さいのは，応仁の乱で焼けたあとに建てられたためで，京の庶民が疲弊していたことを示していよう。

第3章　日本近世の建築

　近世の文化は，戦国の乱世統一の基礎を築いた織田信長にはじまり，豊臣秀吉の全国平定，これに続く徳川家康の統一によって，全国各地に広まった。

　近世建築の特色は，仏教建築が建築界の中心から遠ざかり，住宅・城郭などの建築が脚光を浴びてきたことである。

　桃山時代初期には，武将の意図を反映して，豪快な意匠が城郭に力強く表現され，他方では洗練された意匠の草庵茶室が，千利休によって完成された。

　続く江戸時代初期には，桃山時代の感覚を受けていっそう華麗となったが，しだいに社寺建築の意匠は落ち着き，住宅にも一定の形式ができて，その後大きな変化をみせなくなった。

一般史		時代	世紀	建築史	
		桃山	16	1576	信長安土城を築く，丸岡城天守
				1582	妙喜庵数寄屋このころ
				1587	聚楽第
1590	豊臣秀吉の全国統一			1594	伏見城
1597	慶長の役			1597	松本城
1600	関が原の戦い			1600	犬山城・勧学院客殿
1603	徳川家康征夷大将軍となり江戸幕府を開く				
				1609	姫路城・瑞巌寺本堂
1615	大阪夏の陣，豊臣氏滅ぶ			1615	如庵このころ
			17	1626	二条城二の丸御殿
				1630	西本願寺書院このころ
				1633	清水寺本堂
1637	島原の乱	江戸		1636	日光東照宮
1639	鎖国令			1646	崇福寺大雄宝殿
1657	明暦の大火（江戸）			1659	修学院離宮
				1701	閑谷黌講堂
1716	享保の改革はじまる		18	1707	善光寺本堂
1783	天明の大飢饉			1709	東大寺金堂（大仏殿）
1787	寛政の改革はじまる				
				1855	京都御所
1867	江戸幕府終わる		19		

§1. 城郭建築

　江戸時代にはいって，建築工匠が大名の統制のもとに組み入れられ，封建体制の中に定着したことと，木割書を伝える世襲制となったことによって，意匠上画一的な建築となった。そのような中で，新たに草庵茶室の意匠が基礎となった数奇屋風の住宅が，広く用いられるようになったことは，清新の風を感じさせる。

　一方，庶民階級の台頭は，都市の繁栄をもたらし，歌舞伎の劇場など庶民の娯楽のための建築や，大衆が参拝するための仏寺建築が生まれたのも，近世の特色である。

§1. 城郭建築

1) 日本の城　すでに，中世の実戦的な城は構えられていたが，近世になると，城はその地方の政治・経済の中心に築かれ，大名の政庁としての性格を備え，急速に大規模になった。

　鉄砲の伝来によって，大規模な組織的戦法がとられるようになると，城

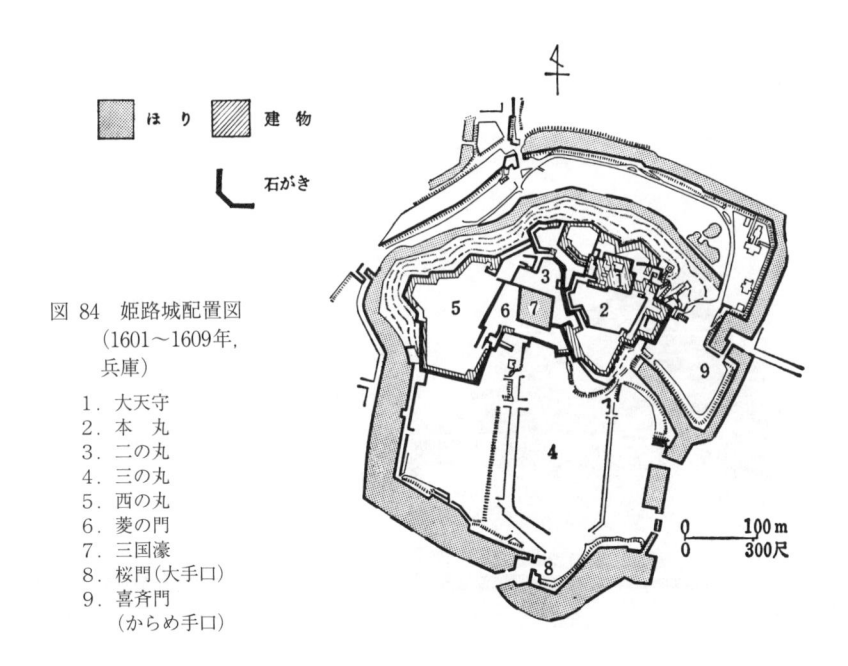

図 84　姫路城配置図
　　　　（1601～1609年，
　　　　兵庫）
　1．大天守
　2．本　丸
　3．二の丸
　4．三の丸
　5．西の丸
　6．菱の門
　7．三国濠
　8．桜門（大手口）
　9．喜斉門
　　　（からめ手口）

だけを堅固にした中世的な山城は，活動に不便であり，政治・経済の中心としても不向きであることから，平野にのぞむ小高い丘の上に城が築かれるようになり，領民に対する権威の象徴としての性格を強く帯びるようになった。

城を築くに当たり最も重要なのは，天然の地形を生かした平面計画を行うことで，これを縄張(図84)とよんだ。近世になると縄張りが発達し，天守(図85〜89)を擁する本丸を中心に，これを取り巻いて二の丸，三の丸以下の曲輪を配し，これらを二重・三重あるいはらせん形に石垣や堀で囲み，石垣の上には多聞櫓を立て，要所に隅櫓を設けた。したがって，本丸へ至る道筋は曲折し，石垣の間に設けられた門や堀にさえぎられ，櫓や塀にあけられた狭間からの弓矢・銃火にさらされていた。石垣の間に設けられた城の入口も，枡形という曲折した通路の門をつくり，守りを固めた。

図85　丸岡城天守(1576年，福井)

図86　松本城天守(1597年，長野)

2) 天守の発達　天守は，室町時代の末期からすでにつくられていたが，象徴的な意義をもつ近世城郭の大規模な天守は，信長が天下統一の雄図をもって，琵琶湖畔に築いた安土城の天守がはじめであるといわれる。1576年(大正4年)から3年の

§1. 城郭建築

図87 姫路城天守（西小天守・大天守）（1690年，兵庫）

歳月をかけたこの天守は，穴蔵を含めて内部7階を数え，山上にそびえる容姿は，信長の威光を広く内外に示すもので，戦時における物見にすぎなかったそれまでの天守の性格を一変させるものであった。

信長に続く秀吉も，天守によって威光を天下に示したが，秀吉の築いた大坂城・伏見城では，天守内の座敷がなくなり，天守の外容が政治的な意図をもって飾られるようになった。

1609年（慶長14年），池田輝政によって築かれた姫路城（図87）は，3基の小天守を従えた白壁の大天守が，播磨平野にのぞむ小高い丘の上にそびえ，天守の最も完成した姿を今日に伝えている。天守は，一方では防備を固め，他方ではいっそう

図88 名古屋城大天守（1612年，戦災焼失，愛知）

図 89 宇和島城天守（1665年，愛媛）

その偉容を増すために，大天守に小天守を配して，渡櫓でつないでいたが，姫路城では，さらに小天守の数を加え，大小4基の天守からなる完成した姿を現出した。天守には，構造上，破風が必要であったが，破風はしだいに偉容を整えるための装飾的な目的から配置されるようになった（図88, 89）。

3）**江戸時代の城** 豊臣氏が滅ぶと江戸幕府は一国一城の令を出し，また，武家諸法度によって，城の新築および修築には，幕府の許可を必要とすることとした。これらの法令は，いずれも幕府の体制を固めるうえにつごうよく運用され，各藩によって寛厳の差があった。

江戸時代の城郭建築，なかでも天守は，泰平の世相を反映して，その作事は歳月をかけ，念を入れて行われた。このため，構造法が発達し，上・下層を一体化するようにくふうされ，燧梁・筋違などが多く用いられるようになった。

§2. 近世の住宅

1）**近世住宅の展開** 近世初頭の武家の住宅（図90）は，中世の武家を中心として発達した住宅形式をもとに，豪壮かつ華麗な装飾を伴った権威を象徴するものであったと思われる。安定政権を樹立した3代将軍徳川家光のころには華麗さは頂点に達したが，幕藩体制も固まり，泰平の世が続くと，住宅にはしだいにひとつの形式ができあがった。幕府はそのころ，上下の秩序を守るために，格式によって建築の形式を定めたり，禁令

§2. 近世の住宅

によって制限を加えた。一方，大工技術は木割や，立体幾何を応用した軒(のき)反(そ)りなどの設計法である規矩術が発達し，設計の法則が大工の家系によって，家伝として伝えられたために，様式は画一的になった。

2) 桃山時代の住宅 秀吉が京の屋敷として築いた聚楽第(じゅらくだい)や江戸幕府の本拠江戸城，その城下に構えた諸大名の邸宅は，広間とよぶ建物を中心としていた。近世のはじめに，江戸幕府の大棟梁となった大工平内家(へいのうち)の伝書「匠明」は，現存する最も古い整った木割書であるが，このうち，当時の屋敷の様子を伝える指図がある（図90）。その屋敷は，南に中門をもち，車寄せに軒から破風を設けた広間を中心としている。邸内は大半を接客のために用いる御殿が占め，居住のための御殿が独立し，両者に連絡して台所があり，台所を囲んで下働きのものたちのための建物が建てられていた。このような屋敷の構成は，従来の住宅にみられなかった，この時代の特色である。

対面に用いる御殿は，主室に床(とこ)・違棚(ちがいだな)・付書院(つけしょいん)・帳台構(ちょうだいがまえ)を備え，すべて

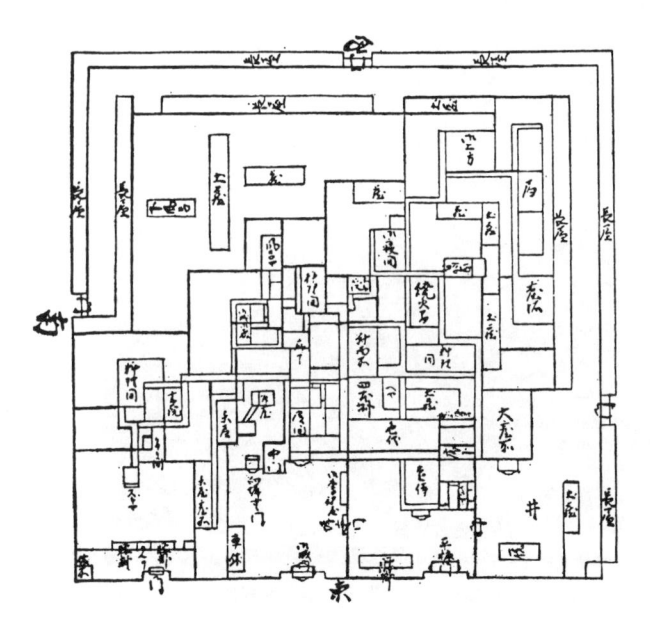

図 90 「匠明」屋敷図

1608 年にしるされた「匠明」5 巻のうち，住宅に関するものを集めた殿屋集の巻末にこの図が描かれている。

当時の武家屋敷の一典型として描いたものと考えられる。

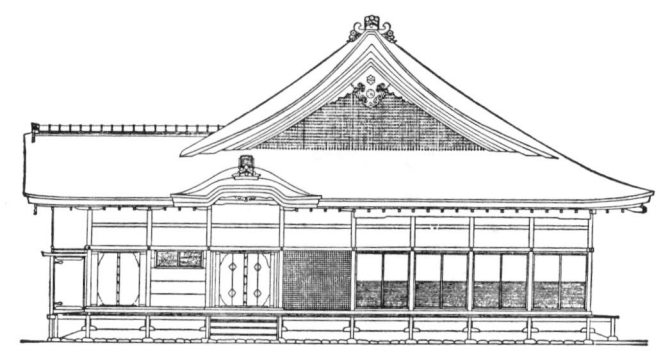

図 91　園城寺勧学院客殿立面図（1600年，滋賀）

金地に極彩色の障壁画で飾り，欄間に彩色された豪華な丸彫りの彫刻を用いるなど，近世初頭の武将の性格を反映して豪華な意匠であった。

この床・違棚・付書院・帳台構を主室に配した住宅の様式を一般に書院造とよんでいる。当時の城郭内に設けられた殿舎の遺構は，現在ほとんど残されていないが，その影響を受けて寺院につくられた客殿によって，当時の住宅様式をみることができる。園城寺勧学院客殿（図 91）・同光浄院客殿（図 92）は，桃山時代の書院造の一例とされている。

3）江戸時代の住宅　徳川氏の治世になると，江戸城の殿舎はしだいに整備され，諸大名以下の住宅の規範になった。江戸幕府の初期の殿舎は明らかではないが，3代将軍家光のころにその構成は一応完成され，以後大

図 92　園城寺光浄院客殿（1601年，滋賀）

§2. 近世の住宅

図 93　二条城（1603 年創建，1626 年改築，京都）
現在は瓦葺の屋根であるが，当初はうすい木の板で葺いたこけら葺であった。

きな変化はなくなった。

　江戸城内の殿舎は，大きく分けて表・中奥・大奥の三つの部分からなっていた。表は最も重要な接客の場で，対面が行われるとともに，宴席ともなった。正殿である大広間では，接客のための能が，その前庭に設けられた能舞台で行われた。大広間には，江戸時代初期まで一般の武家住宅に用いられていた中門や軒から破風をつけた車寄せなどを設けた形式が，江戸時代を通じて用いられた。伝統をもたない徳川氏が，儀式の場に古式としてこの形式を採用したためと思われる。また，表には接客のために大規模な台所が付属していた。

　中奥は，将軍が政務をみたり生活をした場所であり，中奥と1本の廊下で結ばれた大奥は，夫人と夫人に仕える人々の生活する場所であった。

図 94　二条城大広間内部

江戸城の殿舎は現存しないが，家光のときに大改造されたとみられる京都の二条城二の丸御殿（図93）は，江戸城の豪華さをしのばせている。その大広間（図94）は，奥の主室を上段とし，床・違棚・付書院・帳台構を型通りに配置し，金地の障壁画を描き，正面の床には大きな松を描いている。最も奥の白書院は，将軍の御座の間（居間）で，壁やふすまには落着いた墨絵が描かれているが，このように建物の性格によって装飾法をかえることは，大名の住宅などでも同様に行われていた。

　西本願寺書院は，武家住宅の対面所に匹敵する豪華さで，二条城二の丸御殿とともに，江戸時代初期の最も華麗だったころの住宅建築の手法を伝えている。

　江戸に居を構えた諸大名の屋敷は，江戸時代初期にはきわめて華麗で，将軍を迎えるための豪華な御殿を設けたり，飾り金物を打ち彫刻でうずめ，さらに金ぱくをおいた櫓門をつくったりして，屋敷の造りに華麗さを競っ

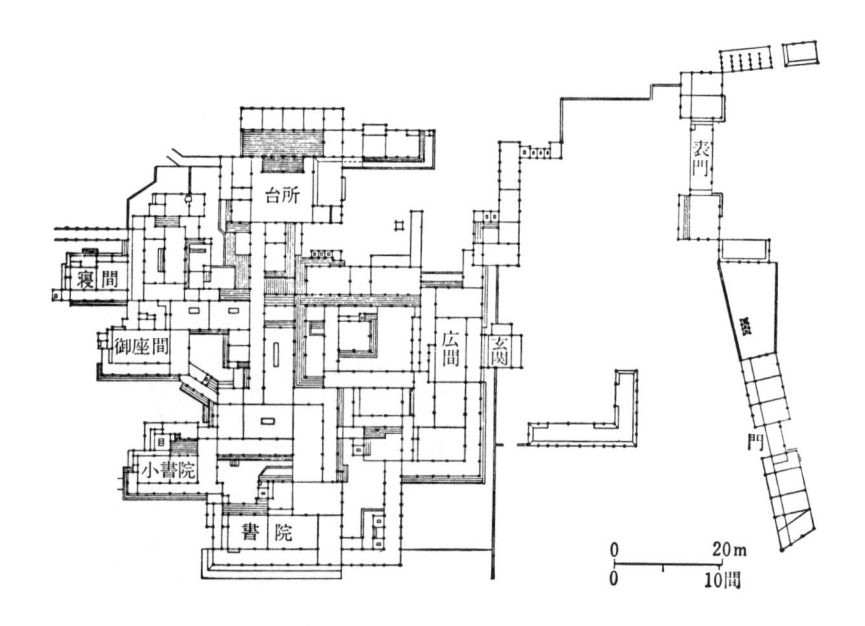

図95　宇和島藩江戸中屋敷配置図（1658年）

§2. 近世の住宅

図 96 旧因州池田屋敷表門（黒門）(1827年，東京)

ていた。

しかし，1657年（明暦3年）に起こった大火（明暦の大火）は，華美をきわめた諸大名の屋敷を焼き尽した。この機会に幕府は，諸大名以下武家の屋敷にさまざまな制限を加え，下って貞享年間には家格・石高によって門構えの形式を定めるなど，身分不相応な造りを取り締った（図 96, 97）。一方，諸大名の側も財政的に苦しく，華美な装飾はなくなった。このころから諸大名の屋敷は，ひとつの形式をとるようになった。その配置は，幕府の形式と大きな差はない。ただ，幕府で大広間とよばれた中心の建物をつくらず，大書院が中心となり，平面は対面にふさわしい形式となった（図 95）。また，屋敷内の事務，幕府や他藩との折衝のための家老以下の藩士のために，屋敷の周囲に塗ごめの長屋を連ね，ここを藩士の住まいとし，あわせて有事に備えていた。表まわりの建具として，引通しの雨戸が用いられるようになったことも，江戸時代の住宅の特色である。それまで吹きさらしであった広縁の外側に明障子（あかりしょうじ）を立て，その外に引通しの雨戸を

図 97 旧加賀前田家上屋敷御住居御門（赤門）(1827年，東京)

図 98 桂離宮庭園（1620〜1645年，京都）

つけて雨風を防ぎ，全面を明るくすることに成功した。

4) 庭　　　園　以上のような近世住宅の屋敷では，初期には対面などに用いられるいくつかの殿舎が，大規模な池庭に面して建てられていた。しかし，しだいに数を増した殿舎群を，限られた敷地に建てるようになり，広間または大書院の前庭に能舞台が建てられることになって，多くの殿舎がひとつの庭に面する形式から，それぞれの殿舎の前庭が区画され，平素，将軍や大名が用いる殿舎にのみ小規模な庭園が設けられるようにかわってきた。このような変化に伴って，大きな池を中心とした庭園は，天然の地形を選んで郊外につくられるようになった（図 98）。

§3. 数 奇 屋 建 築

1) 茶 道 の 成 立　茶がわが国にもたらされたのは，奈良時代のことである。現在，茶道に用いられている抹茶は，中世にはいって禅僧によって大陸から伝えられた。この抹茶は，室町将軍の好むところとなり，名器を使っての茶会が盛んに催され，また，茶の産地を飲み当てる闘茶として流行をみるに至った。茶の湯として発達し，形式的に完成をみた抹茶の作法は，室町中期の禅僧村田珠光によるところが多い。続いて堺の人，武野

§3. 数奇屋建築

紹鷗(じょうおう)とその弟子千利休(せんのりきゅう)によって茶道が確立した。

2) 書院の茶と草庵茶室 茶の湯は，はじめ武家・公家など，貴人に献ずるためのものであったので，広間・書院とよばれる格式のある広い座敷で行われていた。座敷での茶は，貴人の前で茶人が茶をたて，これを献ずるもので，台子(だいす)とよぶ茶道具をのせる棚を用い，これに必要な道具をそろえて点前(てまえ)をしていた。

一方では，しだいに6畳から4畳半ほどの狭い部屋が，茶のために用意されるようになっていった。室町将軍義政の邸宅，東山殿の東求堂(とうぐどう)の4畳半（同仁斎）は，茶のために飾られたことが記録されている。茶室のために用意された狭い部屋は，はじめはいずれも書院風の厳格な意匠を守っていたが，町人の出身である紹鷗のころになると，壁が書院風の張付壁*から民家に用いられる土壁にかわり，屋根裏・竹格子・下地窓など，草庵風の意匠をとるようになり，紹鷗に続く利休によって草庵茶室（図99）の完成をみた。利休は，それまでの，名器を尊び高価な道具なしで茶の湯を行うことを軽べつする風潮に対し，無名の器も賞用する草庵風の茶を主張した。

平面図

図 99 待庵（1582年，京都）
千利休のつくった茶室と伝えられる。現存する草庵茶室の最古のものである。

＊柱の間にふすまと同様のものをはめ込み，押縁（四分一(しぶいち)）でとめた壁。

3) 露地の成立 草庵茶室は茶室そのものの意匠・構成に特色がみられるだけでなく，茶室に至る露地（図100）にも意を用いている。露地は，京や堺の町屋の奥庭に設けられた茶室に至る通路から起こったといわれている。

紹鷗のころは，茶室にはいる前に目の移ることをおそれて，特に庭をつくらなかった。続く利休は茶室に躙口（にじりぐち）をつけ，茶室を壁で囲み，外界からまったく孤立した狭い部屋とし，精神の集中をはかるように心がけた。利休は，それまでの茶人と異なり，独立した露地をただの通り道としてではなく，心をつけてみるものと考えた。

町人の気風によって完成された茶が，秀吉をはじめとする近世武将の好むところとなって，茶室は屋敷の広い敷地内に設けられるようになった。茶室への通り道が広く長くなると，単調な見通しの露地にさまざまな変化をつけるために，垣・飛石・樹木を配し，垣には中門あるいは中潜（くぐり）が，待合せのためには腰掛がつくられるようになり，燈籠・蹲踞（つくばい）・雪隠などとともに茶会に重要な役割を果たすこととなった。

4) 茶室の構成 草庵茶室は，露地とともに利休によって完成されたが，その成立までの過程にみられるように，貴人の茶すなわち書院の茶の影響と，庶民の茶の伝統を受け継いでいる。

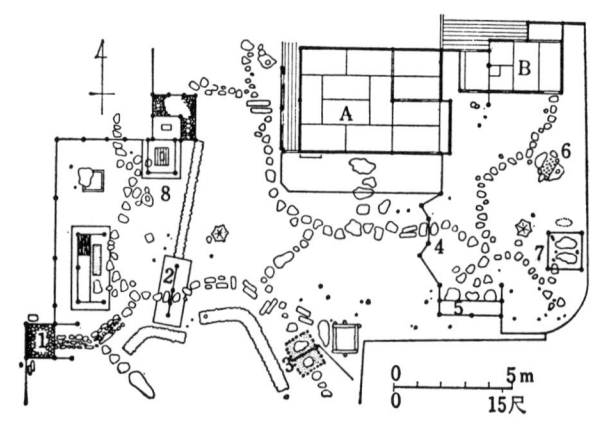

図 100 露 地
A. 残月亭 B. 不審庵 1. 露地口 2. 中潜 3. 萱門 4. 梅軒門 5. 待合 6. 蹲踞 7. 砂雪隠 8. 雪隠
　現在の表千家不審庵（京都）の露地である。

§3. 数奇屋建築

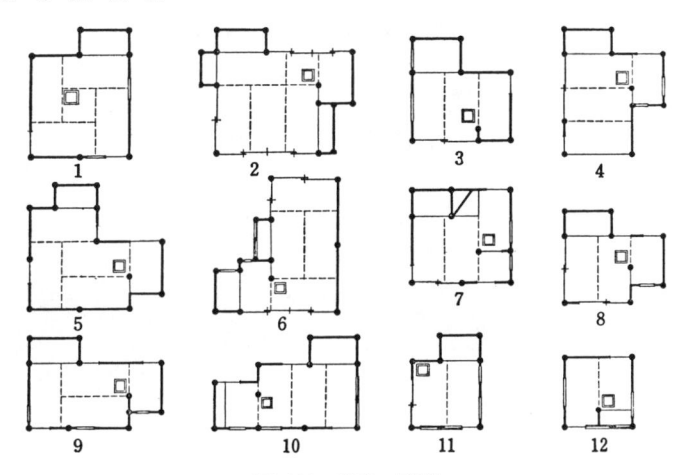

図 101 茶室の平面
1. 又隠（ゆういん） 2. 密庵（みつたん） 3. 閑隠席 4. 燕庵（えんなん） 5. 八窓庵（旧奈良大乗院） 6. 湘南亭 7. 如庵 8. 実相庵 9. 八窓席（京都曼殊院） 10. 不審庵 11. 待庵 12. 今日庵

　完成された草庵茶室は，中柱・台目畳・中板などを用い，平面にもさまざまな変化をみせるが，通常2畳から4畳半ほどの広さで，床をつけている（図101）。茶室への入口は躙口で，荒土の壁に囲まれ閉ざされた部屋に，小さな入口からはいることによって，空間の狭さを感じさせないように考慮している。窓は，はじめ彩光と換気の目的から必要に応じてあけられたが，狭い茶室に意匠的な変化をつけるのに役だっている。上段を思わせる畳床や，客の座の上に用いる棹縁天井は，屋根裏を見せ，土壁・下地窓を用いる町家風の構成の中にとけ込んだ書院造の手法である。

　茶道が利休によって完成された後は，伝統が墨守され，創造は少なく，草庵茶室も利休の精神からしだいに離れ，いたるところに一見そぼくではあるが，技巧を凝らし，高価な素材を用いるようになった。木目を選んだ天井板，姿を選んだ床柱などはその例である。また，窓もその数に意味をみい出すようになり，配置におもしろさを求めるようになって，さまざまな構成要素を茶室の狭い空間に凝固させることが目的とされるようになった。

一方，草庵茶室の要素を取り入れた書院風の茶室（図102）もつくられた。角柱や板床(どこ)を用い，なげしを打ち，違棚(ちがいだな)を設けるなど，当時の住宅の様式を主とし，これに中柱を立て，障子の桟(さん)などに

図102　密庵（1608年，大徳寺竜光院，京都）

多少自由な意匠を取り入れた茶室であった。これらの多くは，4畳半以上の規模をもち，住宅の中に組み入れられるのが常であった。

5）　**数奇屋風の住宅**[*]　数奇屋は草庵茶室をさす同義語であったが，数奇屋風の造り（図104），たとえば，面皮柱や土壁を用い，なげしをつけず，

図103　臨春閣（1649年創建，1915年移築，神奈川）

図104　臨春閣内部

---

[*]一般に数奇屋造りとよばれている。通常，草庵茶室の意匠を取り入れた住宅の意匠をさすが，厳密な定義ではない。

正式の書院に比べて意匠上自由な造りは，茶室を通じて武家・公家など，貴族階級の採用するところとなった。

　近世の庭園内の楼閣建築や，日常生活のくつろぎを求めて，景勝の地を選んでつくられた別荘は，多かれ少なかれ数奇屋風の意匠をみせている（図 98, 103, 104）。さらに下ると，元来そぼくであった数奇屋風の住宅に，凝った素材を求めたり，手の込んだ細工，凝った意匠がしだいにみられるようになった。特に産をなした豪商の中にはこの傾向が強かったので，幕府は禁令を出して，これを取り締った。このことは，凝った数奇屋風の造りが，広く行われるようになっていたことを物語っている。

§4. 城　下　町

1) 城下町の構成　中世，山城のつくられた山のふもとに，武士とその日常生活をまかなう商人・職人の町がつくられたのが，城下町のはじめである。

　近世における諸大名は，それぞれ専業の武士をかかえ，城下に屋敷地を与えて住まわせ，有事に備えるのが常であった。戦火がおさまり，領国の統治に大名が腐心するようになると，しだいに藩内における上下の秩序が生まれ，役職の体制も整えられてきた。

　近世に発達した城下町は，いずれもはじめ城内の大名の邸宅に続き，これを取り巻く二の丸・三の丸に高禄の藩士の邸宅を配し，その外に一般の藩士を，さらに外まわりに足軽などを住まわせる屋敷割りがなされていた（図 105）。

　諸大名は藩内の経済の基盤となる農民が，農地を離れて城下に集まることを極力避けていた。一方では，日常生活に必要な諸物資を商う商人や，武具・日用雑貨を生産する職人を，租税免除の特権を与えて城下に集めたので，これらの商人・職人の住宅が城下町に配置された。これらは，多く旧来の街道筋に沿い，統制のために同一業種・職種をもって町を形成していた（図 107）。

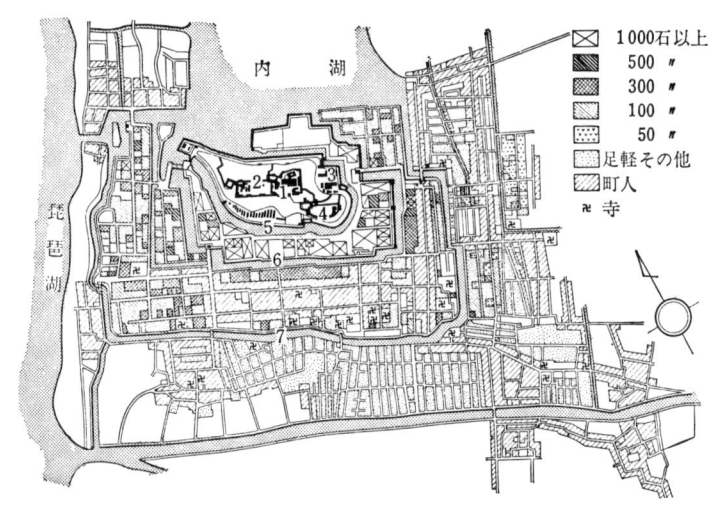

図 105　城下町の構成（彦根）
1. 本丸　2. 西の丸　3. 表御殿　4. 鐘の丸　5. 内堀　6. 中堀　7. 外堀

　町割り（図 105）は，城を中心に地形に沿って行われた。道路は市内での戦闘に備えて，見通されないように，しばしばT字形やL字形などに変形され，袋小路も数多く設けられていた。

　2）武家の町　幕府が，参勤の制によって江戸住まいを余儀なくされた諸大名に，家格によって門構えや玄関その他の規模を制限したのと同様に，各藩は，藩士に支給する石高によって，与える屋敷地の広さを規定していた。さらに表門としてつくられる長屋門の桁行を石高によって制限し，ときには主室となる座敷の広さ，屋敷内の畳数にまで一定の限度を設けることもあった。したがって，武家の屋敷町はいずれも表に長屋門を構え，その内に式台付の玄関を備えていて，景観は変化が少なかった（図106）。最も身分の低い足軽でも，町人には許されなかった門を構えていたことは，武家の町の著しい特色であった。

　3）町人の町と住まい　街道筋の町人の町は，ふつう表通りに面して商家，奥まって職人の家が並んでいた。現在も用いられている塩屋町・鍛冶町・大工町などの名はその名残りである。

§4. 城下町

図 106 武家屋敷の平面図（加賀藩 4300 石の武家屋敷の例）

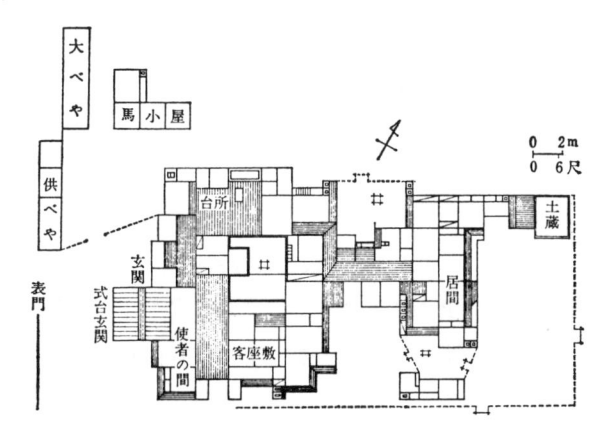

商人町は，表を店とし，通りに面して家が立ち並んでいた。表の造りは，通常低い２階をもつ平入りで，一方によって入口が設けられた。入口の中は奥まで通ずる通り庭とよばれる土間で，ここに井戸・かまど・流しなどが並べられ，台所となっていた。

店の奥は家族の集まる中の間となり，さらに続いて中庭に面する座敷がとられるのは，中世からの流れをひく町屋の形式（図 108, 109）で，京都の文化の及んだ地域にみられる。

職人の家の造りも商家とあまりかわらない。表に面する部屋を仕事場とするほかは，まったく同じ間取りであった。

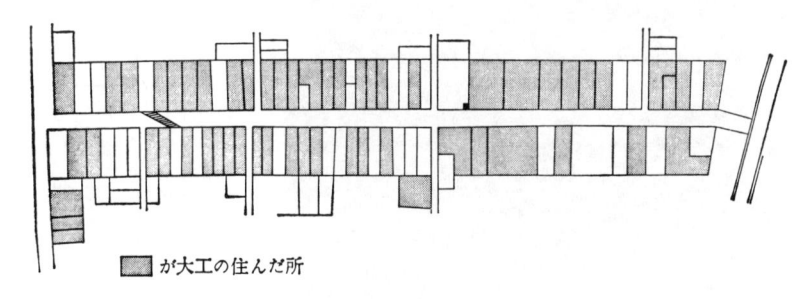

図 107 町割り（大工町図, 1813 年, 金沢）
この地割りは，現在でもほとんど変わっていない。最も小さな宅地は７坪半。

これらの町屋は，黒ずんだ軸部と白壁の対照，屋根裏にあらわに出た太い梁，桁の構成など，伝統につちかわれた巧まざる美しさを示している。また，近世中期以降の豊かな町人文化が，たび重なる禁令を縫って，格子，入口の欄間，そして障子の組子などに，さまざまな形となってあらわれている。

江戸では，たび重なる火災の対策として，外壁を漆喰(しっくい)で塗込めにした塗(ぬり)家造(やづくり)や桟瓦葺(さんかわらぶき)が奨励された。この塗家造は，江戸以外にも広く用いられ，今日なお各地にみられるが，なかでも関東地方の塗家である土蔵造（図110）は，ふつう，黒く仕上げられることが多かった。また，平面も関東では通り庭をとらず，隣との間に露地を設けるのが一般にみられる形式であった（図111）。町屋の外観・平面は，風土・習慣によって特色ある形態をつくり出し，地方ごとに変化がみられた。

江戸中期以降になると，町人の中には，諸大名の蔵米の売りさばきや，金融によって巨万の富を得，経済的に窮してきた武家の生活をしのぐよう

図 108 町屋の外観（角屋(すみや)，京都）

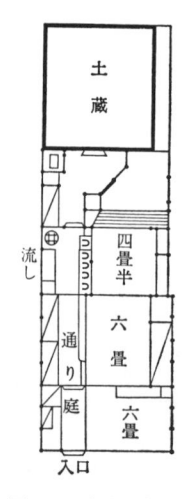

図 109 町屋平面図
通り庭のある町屋の例で，この図は大阪の町屋である。

§5. 霊廟と宗教建築

な豪商もあらわれるようになった。諸大名のほうがむしろこれらの豪商に依存するありさまであったから，武士が士農工商の秩序を守るために，いかに禁令を出して取り締まっても，有名無実に等しかった。

これら豪商の中には，

図 110 土蔵造（埼玉）

表門こそ構えなかったが，内には金地に極彩色の障壁画を用いた大小両書院を建て，茶室をつくるなど，禁を犯すばかりでなく，武家の屋敷をしのぐ邸宅を構えるものもしだいにふえていった。

図 111 江戸の町屋

§5. 霊廟と宗教建築

1) **近世における仏寺と霊廟**　信長・秀吉は，覇業に反抗した仏寺を焼打ちにし，所領を奪ったから，仏寺は衰微の一途をたどらざるをえなかった。しかし，家康は政策として，豊臣氏に蓄財による寺社の再興を勧め，また，新たに伝えられたキリスト教を禁圧する目的から宗門改めを行ったので，一般庶民の中に再び信仰がよび起こされ，庶民の信仰対象としての

仏寺建築が生まれた。

一方，戦国の世を戦い抜き，勢力を築いて一国の領主となり，あるいは天下を平定した武将は，世が治まるにつれて祖先を守護神として祭り，廟を建てて遺業を顕彰した。これらはいずれも霊廟という独特の形式となってあらわれた。

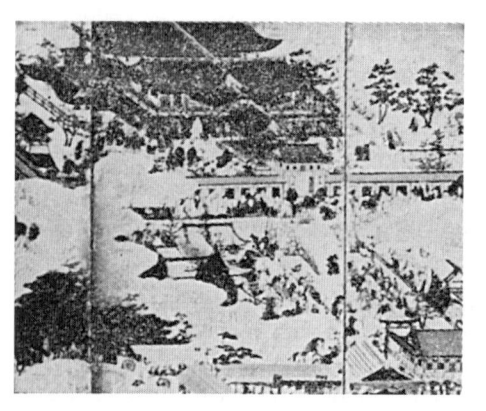

図 112 豊国廟（豊国祭礼図屏風）

2) 霊廟建築 近世の建築の中で，霊廟は特異な存在である。仏寺では開基を祭る習慣が古くからあったが，同様の意味で将軍や大名は，世の中が治まるにつれて，父祖の遺業をたたえるために，その霊を祭るようになった。そして，権力の象徴として，部下や町人に対する権威づけに利用した。

そのような目的から，意匠は一般の人々にもその豪華さが一見してわかるように，彫刻やはなやかな彩色がいたるところに施された。そのありさまは，全体がひとかたまりの立体的彫刻のような観を呈したほどであった。このような装飾は大名の屋敷に行われた豪華な丸彫りの欄間彫刻や金地の障壁画などと同様の意図に基づいたもので，権威を象徴するものであった。

霊廟は，最も奥に宝塔形の墓を建て，その前に権現造（図 115）の本殿をつくる。豊臣秀吉を祭った豊国

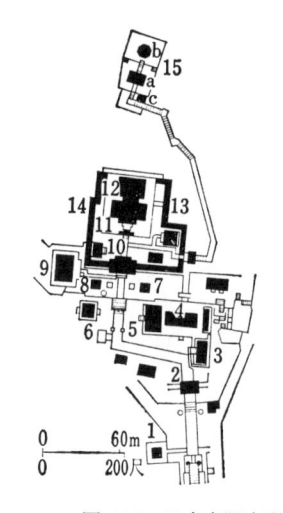

1. 五重塔
2. 表　門
3. 下神庫
4. 中神庫
5. 上神庫
6. 経　蔵
7. 鐘　楼
8. 鼓　楼
9. 本地堂
10. 陽明門
11. 拝　殿
12. 本　殿
13. 東回廊
14. 西回廊
15. 奥の院
a. 拝　殿
b. 宝　塔
c. 宝　蔵

図 113 日光東照宮配置図

§5. 霊廟と宗教建築

図 114 日光東照宮 (1634年〜1636年, 栃木)

廟（図 112）がその最初で，これは，神格化された秀吉を祭る社殿として，神格化された菅原道真を祭った北野神社の社殿が手本にされたと考えられる＊。

霊廟建築は，秀吉に続く家康を祭るためにつくられた日光東照宮を頂点とする。東照宮は，日光の地形を生かし，透塀(すきべい)をめぐらした本殿に神庫・経蔵・塔など，神仏両式の建物を配し，屈折した参道には，それぞれ視線を集める建物が置かれていて，性格・配置ともに，これまでにない新しい種類の宗教的な建築を生み出した（図 113, 114, 115）。また，各地に東照宮が建てられ，その数は200にも及んだ。その後，各藩でも同様に藩組を祭った霊廟がつくられた。

3) 神社建築 近世の神社建築には，本殿と拝殿とを結合した権現造が多く用いられた。

権現造の名称は，この形式が東照宮に用

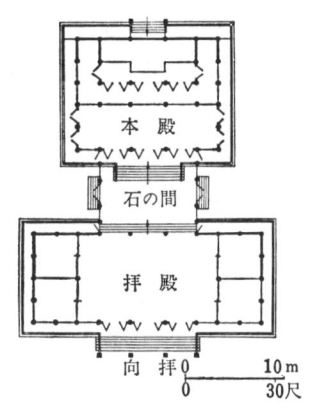

図 115 権現造平面図 (日光東照宮)

＊北野神社では，この形式が古代から用いられていた。

いられてから，東照大権現にちなんで名づけられたものである。はじめは，本殿と拝殿の間の相の間の床を石敷にし，石の間とよび，天井を張らず，本殿の軒先やつなぎの部分の化粧屋根裏を露出していたが，しだいに木造の床が設けられ，化粧屋根裏は格天井にかわり，次いで，拝殿と同じ高さの床が張られるようになった。後には，相の間は神事の場としての性格を失い，単に拝殿から本殿への渡り廊下となって，幅を減じていった。

権現造の外観は，拝殿正面に千鳥破風を配し，向拝に唐破風をつけ，彫刻を多く用い，極彩色を施すなど，きわめてはなやかなもので，入り組んだ平面から生まれる複雑な形式をつくり出した。内部も軸部に漆を塗り，板扉には障壁画を描き，なげし・小壁・天井を極彩色でいろどるなど，濃厚な装飾が用いられた。

4) 仏寺建築　中世末から近世初頭にかけて衰微した仏寺建築も，徳川氏の世になって豊臣秀頼による社寺復興が行われ，息を吹き返した。そのほかにも江戸時代に建てられた仏寺は非常に多く，浄土宗・真宗・日蓮宗のような大衆の間に深く根ざした宗派の大伽藍が，いずれも従来の仏教建築の配置にとらわれず，それぞれの配置形式で建てられた。

江戸時代になって，新たに黄檗宗が中国から伝えられ，隠元によって宇治に万福寺（図 116）が建てられた。万福寺では整然とした配置がみられた。

黄檗宗の仏事は，近世仏寺の中で，きわめて異色ある存在であったが，他に及ぼした影響はほとんどない。また，中国人が多く住んでいた長崎にいくつかの

図 116　万福寺（1661〜1693 年，京都）

§5. 霊廟と宗教建築

シナ寺が建てられた。これは強いシナ風の様式をもっている。

近世後半には，無病息災・商売繁昌など，現実の幸福を願う一般庶民の信仰を対象とした仏寺の形式が生まれた。気軽に大勢の人々が参拝できるように，広大な外陣(げじん)をつくり，あるいは木造の床の上に下足を許した善光寺本堂（図118）のような仏寺建築が生まれたことは，そのような大衆を受け入れた諸寺の大きな特色である。意匠のうえでも，高く大きな外観に金具を打ち，彫刻を付け，大衆の意を迎えている。

図 117　東大寺金堂（大仏殿：1709年，奈良）

天竺様で再建された大仏殿は，桁行が縮小されたが，その雄大さは創建当初をしのばせている。

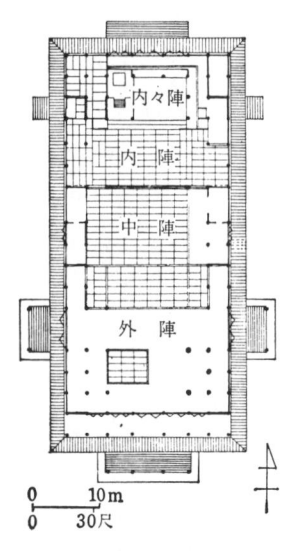

善光寺本堂平面図

図 118　善光寺本堂（1707年，長野）

§6. 聖堂と学校建築

1) 学校建築 戦国の乱世が始まるにつれて、将軍や大名の間に、文教の道が重要視されるようになった。徳川家康も儒学を取り入れ、朱子学者を招いてその教えを聞いている。儒学の思想は、古く古代に仏教とともに伝わり、社会秩序を形成するうえに影響を与えてきたが、朱子学の教える君臣の礼節、上下の秩序は、封建的な社会制度の裏づけとしてふさわしい思想であった。

幕府は儒学を保護し、1630年（寛永7年）、林羅山に上野忍が岡に、朱子学を講ずるための書院を建てさせた。この私塾が後の官学校昌平坂学問所の先駆をなしている。

各藩においても、幕府にならい、学問の風が起こった。藩主が儒学者を招いて、その道を聞いたのにはじまり、家老ら高禄の藩士を陪席させ、しだいにその範囲を広げて、やがて一般の藩士を対象に教育を行うようになった。さらに時代を経ると、庶民の子弟もこれに加わるようになった。

学校建築は、教育の範囲が庶民まで、少なくとも一般藩士を対象とするようになって成立した。はじめ儒学が藩主のためのものであったころは、書院が用いられ、また私塾においても、多人数を目的としていなかったので、特別の講堂は設けられていなかった。多人数を目的とするようになると必然的に講堂は、広い一室の広間とならざるを得なくなった（図

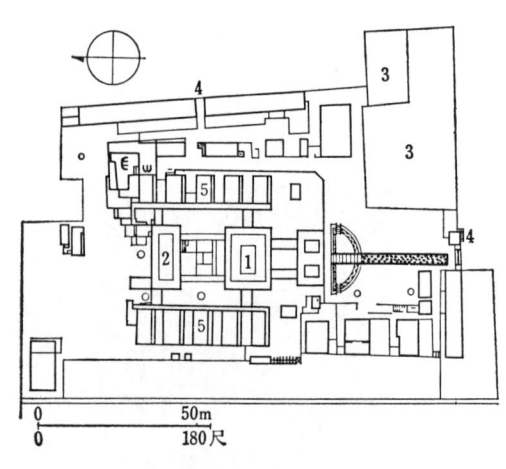

1. 講堂　2. 食堂　3. 廟　4. 門　5. 学舎

図 119　岡山藩学校配置図（1668年）

§6. 聖堂と学校建築

120)。同時に，身分の異なる藩士・庶民の子弟を対象としていたから，広間を構成する柱列の内外などによって，格差を設けていた。しかし，官学校である昌平坂学問所のように，私塾当時に用いられたいくつかの小室からなる書院形式の講堂を，いつまでも建てていたものもあった。また，講堂のかわりに，いくつもの学舎を建てた形式や，その折衷式のものもあった。官学校・藩学校（図119）や藩内の地方における藩士・庶民の子弟を教育するための郷学校では，講堂と孔子をまつる聖堂（図122）を中心としていた。その配置は，基本的には講堂・聖堂を中軸線上に配して，対称的に整然と並べられたが，必要に応じて適当に配したものもあった。また，このような学校では儒学のみならず，泰平になれた藩士に武の教育も行っていたので，文教のための学校に隣合っ

図 120　閑谷黌講堂内部

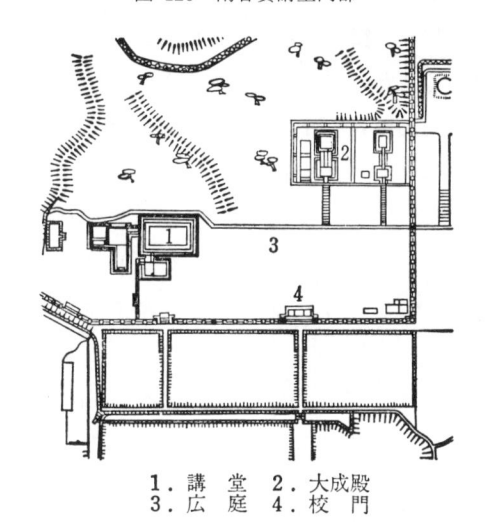

1. 講　堂　2. 大成殿
3. 広　庭　4. 校　門

図 121　閑谷黌（1701年，岡山）

て講武所が設けられている例が多い。

2) 聖堂の建築 官学校をはじめ、藩学校などは、後には宋学・国学などを講ずるようになったが、はじめは儒学を講ずることをその目的としていたので、これらの学校には聖堂が設けられていた。

聖堂は、中国の孔子廟を参考として、丸窓・輪榁木・大棟の棟飾りなど、シナ風の細部装飾をつけたものが多かった。

図 122 湯島聖堂

昌平坂学問所内につくられた孔子廟である。学問所は、1797年に制度が改められたときに敷地が拡張された。現在の建物は、1933年に再建されたものである。図は杏壇（学問を教えるところ）の一部と西廊を示す。

§7. 能舞台と劇場建築

1) 能舞台 近世においては、接客の作法として、能が茶とともに欠くことのできないものであった。

能のための舞台は、室町時代末の京洛のありさまを描いた屏風絵の中に、すでにみい出すことができる。

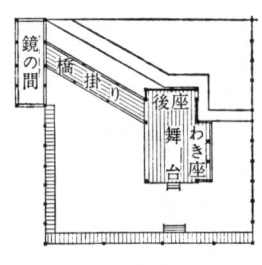

図 123 能舞台平面図
　　　　（1581年、西本願寺北能舞台）

江戸時代の武家屋敷では、接客のための主室の前庭に能舞台（図 123）が設けられていた。前庭に設けられた能舞台は、室町時代末にすでにみられるが、記録や遺構によると、古くは邸内の一部の畳をあげた拭板敷の床で、能が演じられていた。

現在みられるような規模の舞台や橋掛かりは、室町時代末から桃山時代のごく初期

§7. 能舞台と劇場建築　　　　　　　　　　　　　　　　　　　　　　　　85

に成立し，羽目板に松を描くようになった．江戸時代には，封建社会の格式によって，幕府・諸大名・社寺などで，それぞれの規模・様式が定められ，また各部の寸法も固定し，本舞台は3間四方，後座1間半，地謡座半間＊などと細かく定められている．

2) 劇　　　場　都市が発展し，庶民の生活が豊かになると，市民のための娯楽として，人形浄瑠璃や歌舞伎など，さまざまな芸能が盛んに行われるようになった．なかでも，歌舞伎は18世紀後半には江戸中の人気を集め，全盛を迎えて，大きな劇場（図 125）がいくつも建てられるようになった．

歌舞伎は，出雲阿国をその祖とする．しかし，そのころにはまだ歌舞伎のための特別の舞台をもたず，能

図 124　四条川原図屏風に描かれた舞台

図 125　江戸三芝居之図に描かれた劇場

＊間は，近世では長さの単位として用いられている．書院造では，1間は6尺5寸（1.97m）であるが，太閤検地では6尺3寸とした．江戸を中心とする東日本では，庶民階級の間に6尺が広く用いられていた．

の舞台を借り，見物席の周囲を囲い，入口の上に櫓をあげ，やりを立てていた（図124）。後に舞台が常設されるようになっても，この形式は踏襲され，18世紀にはいって晴雨にかかわらず興行するために，屋根をかけ，防火上から土蔵造に改め，二階桟敷(さじき)を設けるなど，建物を改良した。18世紀後半の歌舞伎の全盛期になると，能舞台以来の伝統である舞台前面の柱と切妻破風を廃して，舞台を広げ，花道・迫(せ)り・回り舞台などの機構が整って，歌舞伎のための劇場が完成した。

§8. 農家の発達

1) 中世以前の農家 中世以前の農家の姿を知ることは不可能に近い。記録によると，1310年（延慶3年）伊勢地方では，1坪半から35坪までの農家が存在し，5坪くらいのものが最も多かった。近世にはいっても，多くは20坪程度の規模であったから，その平面は，農作業や炊事に使われ，一部を馬小屋や倉庫に当てた土間の部分と，居間や納戸(なんど)とに分かれていたにすぎなかったと推定されている。

2) 近世の農家 先進地帯の農家は近世にはいると，しだいに規模を増大し，30坪を超えるものも珍しくなくなった。このようなところでは，土間に続く板の間を広い一室とし，その奥を二室に分けた，いわゆる広間形（図126）とよばれる平面がみられるようになり，これが広間を二つに

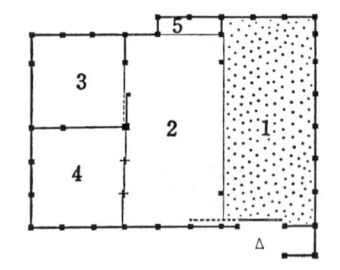

図126 広間形の農家平面図
1．庭　2．台所　3．寝間
4．座敷　5．棚

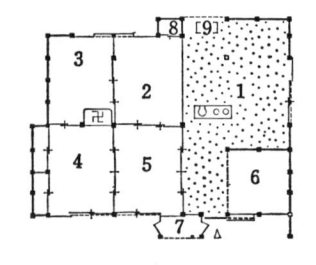

図127 四つ間取りの農家平面図
1．庭　2．台所　3．部屋　4．奥間
5．出間　6．馬屋　7．便所　8．棚
9．流し

§8. 農家の発達

図 128　吉村邸
（1616 年再建, 大阪）
1680 年ころまでに, 平面図左の部分の座敷が設けられ, 現在の形になった。

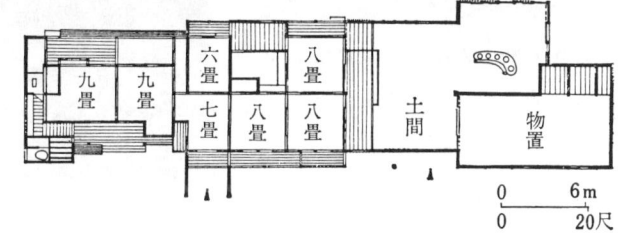

分けた, いわゆる四つ間取り（田の字形）（図 127）の平面へとかわっていく。この四つ間取りの平面は, わが国の農家に最も広くみられる平面形式である。

3）武家住宅の影響　農家の中で上層のものに, 名主・庄屋とよばれる階層があった。この階層は藩の職制に含まれる村役人で, 代官その他の役人の見回りに際し, その応接のための座敷や玄関を設けることが許されていた（図 128）。

座敷を中心とする接客のための部分は, ふつう, 居住部分と棟続きに別個につくられ, ときには別棟となることもあった。座敷は, 当時禁令によって武家以外に許されなかった床・違棚・付書院が備えられ, なげしを打ち, 絵を描いた壁やふすまを用いた。また, 茶室を備えることさえあった。しかし, このような様式は, 役人を接待する部分に使われ, 居住部分にはまったくみられなかった（図 128, 129）。

この床・違棚・付書院を備えた形式の農家は, 近世には名主・庄屋階層に広くみられるようになり, 今日の農家の原型となった。

4) 形式にみられる地方性

農家の最も顕著な特色は，地方ごとにそれぞれ独特の形式をもち，その地方にはほかの形式がまったくみられないことである。それは単に外形だけでなく，平面においてもそれぞれの地方ごとに類型をなしている。

気候・風土の同じ地域において，他の地域との交流が少なかったころには，同一の生活様式がその地域内に形成され，その地域特有の平面がつくり出された。また，農家をつくる技術も，専業の大工がつくる軸部や農民が共同して葺く屋根は，それぞれの地域で同一の条件のもとにあるので，地方ごとに生活習慣や風土に適した類型がつくられていった（図 131）。しかし，それらの特徴は

図 129 吉村邸内部（土間）

必ずしも一定ではない。たとえば，基準尺の格子に柱心をあわせる心心制（図 132），畳を基準にして柱を配置する内法制（うちのりせい）（図 132）のように，中部地方を境に東と西に大きく分かれるものや，曲屋（まがりや）・本棟造（図 130）・合掌造など，屋根形式を主にした外形上の特徴のように，南部地方（主として岩手県），信州（長野県），庄川流域（岐阜・富山県）といったごく限られた地域

図 130 本棟造（長野）

§9. 技術の発達

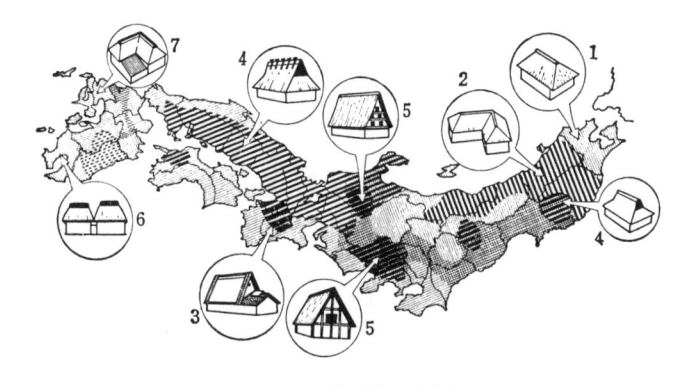

図 131 民家形式の分布図
1. 寄せ棟 2. 曲屋 3. 大和棟 4. 入母屋屋根 5. 切妻屋根 6. 二棟造
7. 鍵屋造

に限定されるものがある。細部の特徴は，その地域に密着して生まれたのに対し，基本的な特徴は広域にわたって行われている場合が多い。

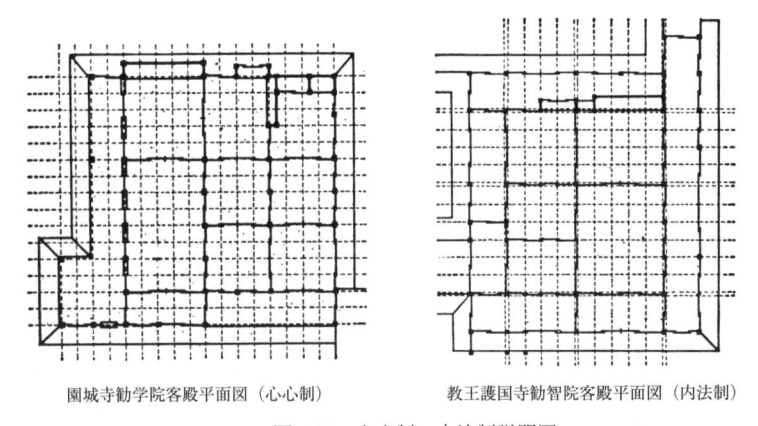

園城寺勧学院客殿平面図（心心制）　　教王護国寺勧智院客殿平面図（内法制）
図 132 心心制・内法制説明図

§9. 技術の発達

1) 近世の大工　近世になると，中世に生じた世襲制の大工職は幕府や諸大名と結びつき，幕府あるいは各藩の作事組織の中で活躍をはじめ

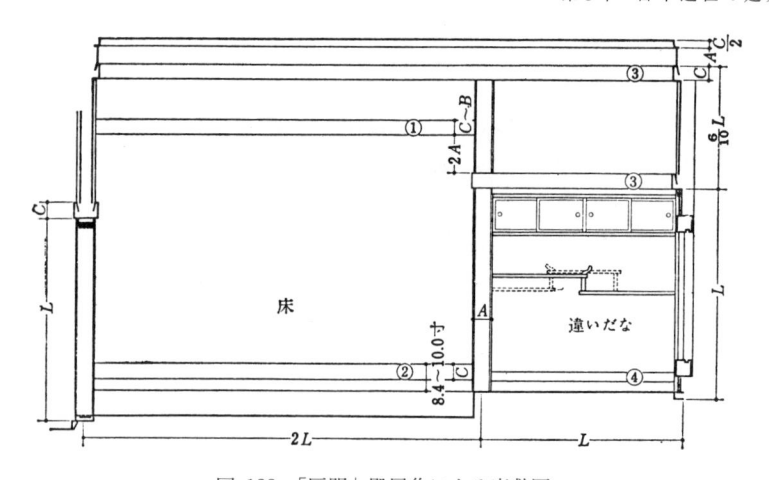

図 133 「匠明」殿屋集による座敷図
L：基準柱間（1間） A：柱の太さ $B:\frac{9}{10}A$ $C:\frac{8}{10}A$
①落し掛け ②床の地板 ③なげし ④違棚の地板

るようになった。

中世に発生した建築職人の座も，中世末にはそれが依存していた仏寺の勢力が衰え，荘園も戦国大名の勢力下に再編成されていったために，存在の基盤を失い，崩壊していった。これらの建築職人は，近世になると，幕府や大名の城郭・邸宅あるいは城下町建設に伴う大量の建築工事に携わることによって，それぞれ幕府や藩の組織の中へ吸収された。城下には，建築職人も大工町などを形成して藩の統制のもとにあったが，工事量の減少と統制の弱体化に伴って，時代とともに専業職人町制はくずれ，城下にいくつかの大工の集団を形づくるようになった。これらの大工は，いずれも与えられた特権に対する義務として，幕府あるいは藩による作事に当たったが，町の作業も行い，それぞれ棟梁のもとに組を形成し，地域を決めて工事に当たっていた。

2) 大工の組織 江戸時代初期には，幕府や諸大名は，建築職人を自己の統制下に再編するとともに，武功あるいは技術・組織力をもって，めざましい働きをしたものを登用して職制のうちに置き，幕府や藩の作事

§9. 技術の発達

をつかさどらせた。

徳川幕府の作事組織は，1632年（寛永9年）に置かれた老中支配の作事方*で，大名が当たる作事奉行のもとに大工頭・被官・大棟梁・棟梁を中心に構成され，幕府直轄工事の設計から施工まで技術・事務のすべてをつかさどった。そのほか，民間作事について届けの許可を行い，強い権力を握っていた。各藩における作事組織も，幕府の場合と同様である。

3) 大工の技術 大工頭や大棟梁の職が，世襲制となったために，その他の職人は，優秀な技術を身につけていても上位につくことは許されず，固まった大きな作業組織の中で，作事の一部を分担していたにすぎなかった。中世に発生した木割（図 133）は，はじめ，工匠が新たに寺院あるいは武将の邸宅などを造営するに当たって，古今の名作をたずね，設計の基礎として編み出した指針であったが，江戸時代初期には，部材寸法および部材間隔を，いくつかの基準単位をもとにした比例によって示す実用的な体系に発達し，設計の目安とされるようになった。これは，江戸時代初期のように，技術の不ぞろいな多数の大工を組み分けして駆使し，細分化された部材をそれぞれ製作させて，大きな工事を短期間に仕上げる場合には，有効な手段であった。しかし，江戸時代の中ごろになると，木割は

図 134 規矩の軒図

軒は，日本建築のうちで最も複雑な部分である。図は二軒（ふたのき）で棰木に反りのない場合であるが，棰木に反りがあれば，さらに複雑になる。

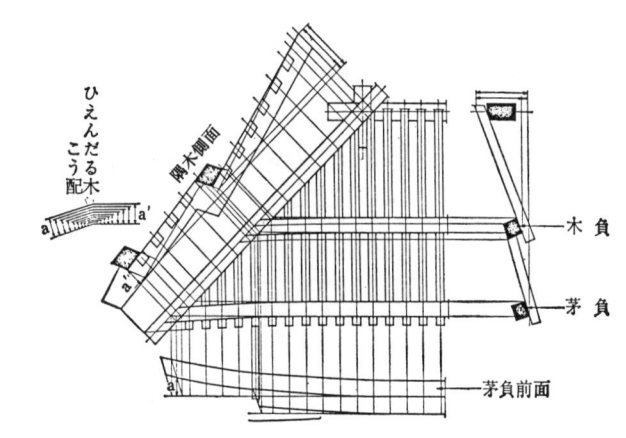

---

*幕府の作事組織として，後に若年寄支配の小普請方がおかれた。

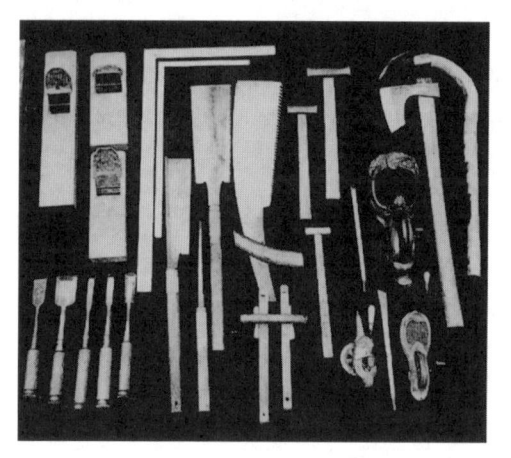

図 135　近世末期の工具

一般に公開され，編み出された本来の意図は失われ，意匠は画一的になった。

また，軒(のき)に対する部材の配りや反りを正確に図化する必要から，和算の発達とあいまって，規矩術が発達した（図 134）。

江戸時代のはじめ，内法制(うちのりせい)を用いた平面計画が民家・方丈などに行われた。また，武家住宅の中で数寄屋風の意匠を用いた建物にも影響がみられるようになった。この内法を基準とする技術が基礎になって，しだいに細部に至るまで，行き届いた設計が行われるようになった。

4）　工具の発達　近世における高度の施工精度を可能にしたのは，組織化された大工の単純作業に対する習熟と，工具の発達であった。特に部材が精巧に仕上げられるようになったのは，近世にはいって普及したおがと台かんなである。さらに溝がんななど各種のかんなをはじめ，用途に応じたさまざまなかんな・のこぎり・のみなどが考案され，これらの工具によって精巧な継手・仕口の加工が容易になり，近世の末には，わが国の大工の技術は，きわめて高度に発達したものとなった。

西洋建築史

ピサ大聖堂の斜塔

第1章　西洋古代の建築

　世界最古の文明社会は，およそ5000年前，オリエント地方に発生したが，その建築は，日干しレンガとどろがおもな材料であったため，遺構がきわめて乏しい。それに対して，エジプトでは比較的早くから，耐久性のある建築が建てられていたから，古代の建築をより完全な姿で調べることができる。

　下って，エーゲ海地方で栄えたクレタ文明とミケーネ文明は，ギリシア文明と直接には関連をもたないが，同じ地域に先行した文明として重要である。メソポタミア・エジプト・エーゲ海，これら古代の三大文明の中に早くも建築の最も基本的な特質である材料と形態との密接な関係が，文明のさまざまな面と結びついて，ある特定の様式を生み出すのをみることができる。

一般史		時代	世紀	建築史	
B.C. 3000	エジプト統一国家成立	エジプト・オリエント・エーゲ海・ギリシア	27	B.C. 2640	サッカラの階段ピラミッド
				2600	ギザのピラミッド
			21	2030	ウル第3王朝のジグラット
1500	クレタ文化の黄金時代		16	1500	クノッソス宮殿
			13	1250	アブ-シンベル大神殿
			12	1165	マディナト-ハブ
776	第1回オリンピア競技		8	710	サルゴン2世宮殿
			6	550	パエストゥムのバシリカ
450	ローマの十二表法		5	447	パルテノン
440	アテネの全盛時代				
336	アレクサンドロス即位		4	350	エピダウロスの劇場
44	カエサルの暗殺		1		
A.D. 79	ポンペイの埋没	ローマ		A.D. 72	コロセウム
			2	120	ローマのパンテオン
			3	211	カラカラの浴場
330	コンスタンチノープルに遷都		4	323	旧サン-ピエトロ
395	ローマ帝国，東西分離				
476	西ローマ帝国滅亡		5		
			6	549	サンタポリナーレ-イン-クラッセ

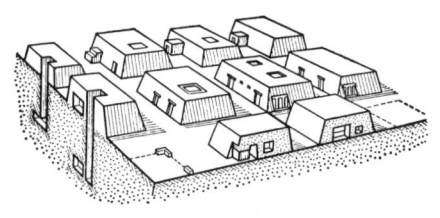

図 136 マスタバ

図 137 サッカラの第一王朝のマスタバ
（紀元前 2800 年）

ギリシアとローマの文明は，いわゆる西洋古典文化を形づくるもので，ギリシャ人の人間と自然に関する合理的で均衡のとれた思想と芸術上のすぐれた技量，また，ローマ人の組織と運営に関するすぐれた能力は，それぞれの建築上の業績に明らかに示されている。ローマの建築は，その後期にあらわれたキリスト教建築にはオリエントから高度に宗教的な要素を取り入れ，古代建築の中で最も複雑多様で，かつ総合的なものとなった。

§1. エ ジ プ ト 建 築

1) エジプト建築の特質　古代エジプト建築は，他の文明圏の建築と比較的関連が薄く，驚くほどの長期間に，わずかの発展を示しただけで，ほとんど常に停滞状態にあったといってもよい。それにもかかわらず，エジプト建築が今日なお人間に強く訴えるものをもっているのは，不朽・不滅の記念建築（モニュメント）という人間の事業の一つの理想を，みごとに達成しているからである。エジプト人は，朽ちない材料と，自然や人力が破壊できないほどの巨大なマッス＊という二つの建築的手段で，この目的を達した。そのためには，長い年月

＊量塊という意味で，主として建物の外観にあらわれた形態と大きさをいう。

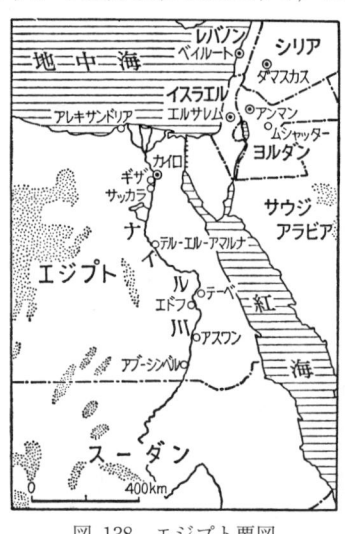

図 138 エジプト要図

§1. エジプト建築

にわたって,巨大な財力と労力とが費やされたが,これは,エジプトの特異な風土と,神々への熱烈な信仰なしに考えられないものである。

エジプトの宗教は,霊魂の不滅と来世の生活を確信するもので,そこから,現世と来世の幸福を支配する神々への崇拝に発

図 139 サッカラの階段ピラミッド

展した。これは,必ずしもこの宗教だけの特色ではないが,来世の生活のために,死体そのものを保存し,財物を死体とともに葬るという点が特異であった。また,国王は神と同格のものとみなされた。これらの要素が,古代エジプト建築の特性を形づくるうえで,重要な役割を果たしている。

2) 墳墓の発展過程 最も初期の時代には,死体は直接熱い砂の中に埋められ,乾燥によってミイラ化された。初期の王朝では,その上に日干しレンガの厚い壁で区画された長方形の大構造物を建てて,死者の社会的地位を示した。しかし,このような原始的な埋葬法では,副葬品の盗掘を防ぐことができないので,やがて岩盤の中に墓室をつくり込むようになり,したがって,乾燥によるミイラ化が望めなくなったので,人工的にミイラ化した後,葬るようになった。このような墓室の上に建てられた台形の古

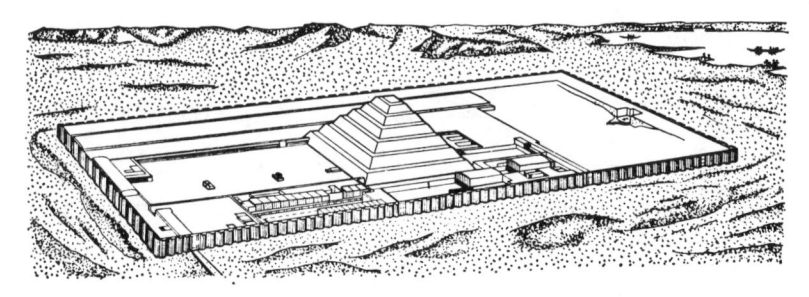

図 140 サッカラの階段ピラミッドと付属建物復原図(紀元前2640年ころ)
全長1645mの周壁の中に,ピラミッドと葬祭殿,列柱廊と祭室群,小神殿,南北2組の建物がある。

図 141　ギザの三大ピラミッド（紀元前 2600～2480 年ころ）
第4王朝の帝陵で，右よりクフ王の第一ピラミッド，カフラー王の第二ピラミッド，メンカウラー王の第三ピラミッド。

王国貴族の墓をマスタバ（図 136）という。

　サッカラにある第3王朝のジェセル王の階段ピラミッドとその付属建造物（図 140）は，マスタバからピラミッドへの発展過程を示すとともに，モニュメンタルな建造物群の計画の最も早い例である。ギザのピラミッド（図 141）も，それぞれの東側に葬祭殿をもち，ナイル河岸に河岸神殿があって，この二つの建物は，外部からしゃ断された廊下で結ばれていた。

　第 11 王朝ころから，ピラミッドを多数の柱を立てた建物で囲み，テラスの上にのせた形式が生まれ，やがて，ピラミッドがなくなって中庭を残した形式ができた。また，岩山に墓室をつくり込んだ岩窟墓もつくられた。このような数種の墳墓形式が組み合わされて，さらに複雑

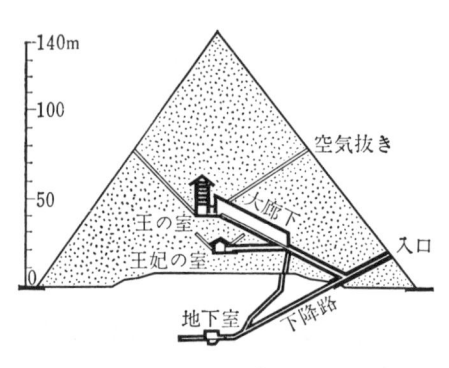

図 142　ギザのクフ王のピラミッドの断面図
　エジプト古王国のピラミッドの中で，最大のもの。内部の通路は非常に複雑であるが，これは二度にわたって計画が変更され，規模が拡大されたためと思われる。図 141 の右端のピラミッドである。

§1. エジプト建築

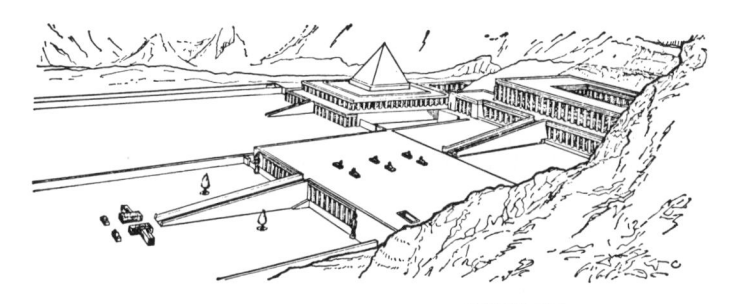

図 143 デル-エル-バハリの神殿復原図
奥が第11王朝メントヘテプ2世・3世葬祭殿（紀元前2000年ころ），手前が第18王朝ハトシェプスト女王葬祭殿（紀元前1500年ころ）。

な建物（図143）となり，同時に墓と神殿を兼ねた墓神殿から，独立した神殿の形式がつくり出された。

3) エジプト神殿の形式　発達した墓神殿は，ラメセウム（ラーメス2世葬祭殿）やマディナト-ハブ（ラーメス3世葬祭殿）（図144）のように，石造の神殿の周囲を多数のレンガ造倉庫で囲んだ大建築となった。神殿は，列柱で囲まれた中庭を通って多柱室にはいり，その奥に聖所を設けるが，よりモニュメンタルなものにするために，中庭や多柱室を重複させることが多い。前面にはパイロン（塔門）があり，その前にオベリスクを立て，スフィンクスを並べた参道を設けた。

中王国時代から新王国時代前期にかけて造営されたカルナクのアモン大神殿（図145）は，最も大規模なエジプト神殿で，10個のパイロンをもち，その大多柱室（図146）は，

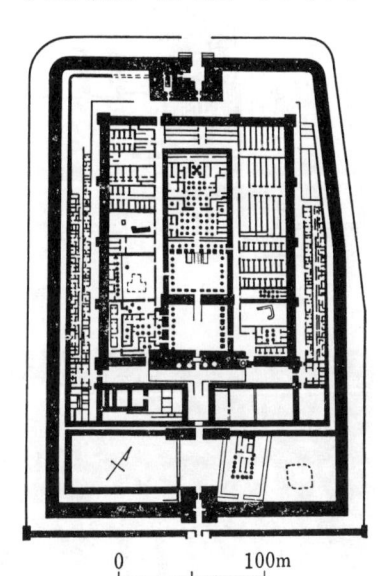

図 144 マディナト-ハブ（ラーメス3世葬祭殿）平面図（紀元前1197～1165年ころ，テーベ）

エジプト建築の巨大さをよく示す例である．しかし，その平面は，すでに述べた要素の重複にすぎない．

特異なものとして，アブ-シンベルの大神殿があり，大岸壁に岩窟神殿の前面を刻み，岩山の中に多柱室をつくり込んである．築き上げたものでなく，彫り込んだ建築であるが，その規模において，初期の岩窟墓をしのぎ，カルナクのアモン神殿に匹敵する雄大さをもっている（図 148）．

4） 古代エジプト建築の構築技術　古代エジプト建築で最も注目すべき点は，巨石を扱う技術と組織力である．第 18 王朝までは鉄製の工具がなく滑車は知られていなかったので，石材の切出しと運搬には，大きな労力を必要とした．石材を積み上げるには，所要の高さまで石材をすべらせていく傾斜路を順次に築き，工事が終わってから，除去したと考えられる．石を重ねるのに，高くもち上げ，上から載せるのでなく，水平にすべり込ませて重ねる方法がとられていた．

重要な建物は，石の柱に石の梁をかけ渡し，石の板で陸

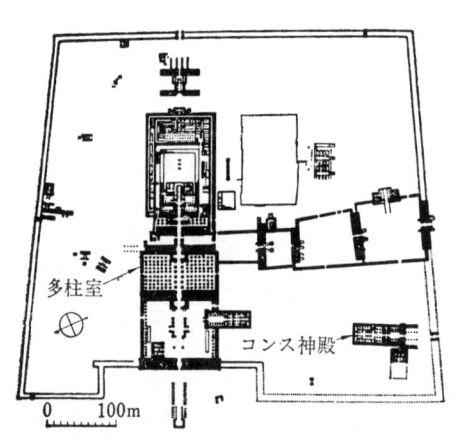

図 145　カルナクのアモン大神殿平面図

図 146　カルナクのアモン大神殿の多柱室復元図（紀元前 1200 年ころ，第 19 王朝）

この部分だけで 49m に 98m の広さをもち，中央に 2 列に並んだ大円柱は直径 3.6m，高さ 21m に及び，円柱の総数は，134 本に達する．

§1. エジプト建築

屋根をつくるマグサ式構造を用いている。多数の柱を立てなければ，広間がつくれなかったのもこのためである。

エジプト人は，アーチの用法を知っていたが，レンガ造の付属建物にしか，アーチやヴォールト天井（106ページ）を用いていない。

5) エジプト建築の形態と装飾 エジプト建築によくあらわれる軒蛇腹（のきじゃばら）の特徴ある形や，内側に傾斜した壁の形式は，葦の骨組にどろを塗りつけた初期の住宅や，くずれやすい日干しレンガ造の壁の形が石造に模写されたものと考えられる。

柱は植物の形態からとられた形が多く，柱頭には，はす・しゅろ・パピルスのつぼみや花の形をとるものが多い。壁面には，神・王・紋章・象形文字を陰刻したうえ，図柄の縁に丸みをつけ，青・赤・黄などであざやかに彩色した。

6) 都市と住宅

住宅や宮殿は日干しレンガ造なので遺構が乏しい。宮殿は神殿に似た平

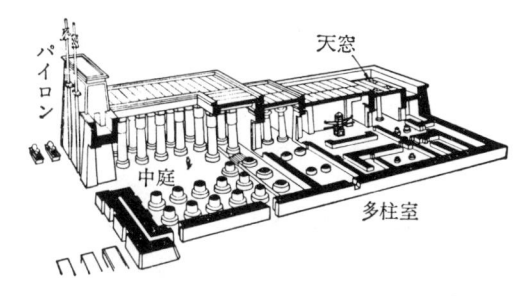

図147　カルナクのコンス神殿の復原図（紀元前1190年ころ，第20王朝）
この神殿は小規模であるが，エジプト神殿の基本的形式を示すよい実例である。

図148　アブ－シンベルの大神殿（紀元前1250年ころ）
前面に高さ19m余のラーメス2世の巨像4体を刻み出している。

面で，多数の中庭と多柱室を組み合わせていた。住宅は中央の広間をいくつかの部屋で囲んだ形式で，広い部屋は，室内にも木柱を立てて梁をささえ，天井は板やよしずを張り，上にどろを塗り固めて陸屋根とした。都市は大通りの両側に，不規則に建物が散在しているものが多いが，カフンのように整然と計画された町もあった。カフンは，イフランのピラミッドを建設するため，監督官・技術者・労働者を収容する目的で建設された町であった。

§2. オリエントの建築

1) 初期のメソポタミア メソポタミア地方は，紀元前3500年ごろ，シュメール人によって，灌漑施設が整備されてから，エジプトと並んで，最も古い文明の発展地となり，キシュ・ウルク・ウルなどの都市が建設された。

古代メソポタミアの建築は，くずれやすい日干しレンガで建てられたので，多くの遺構は廃虚にすぎず，建物の上部については不明な点が多い。しかし，紀元前3000年以前，すでに高い基壇の上に建てられた長方形の神殿の建築形式が確立された。初期王朝時代（紀元前2900〜2250年ころ）になると，神殿は，多くの部分からなる複合体に発展し，内陣だけを長方形の建物として基壇上に建てるようになった。ハファジャのだ円形神殿（図150）は，そのよい例である。

古代メソポタミア文明の一つの頂点を形づくったウルの

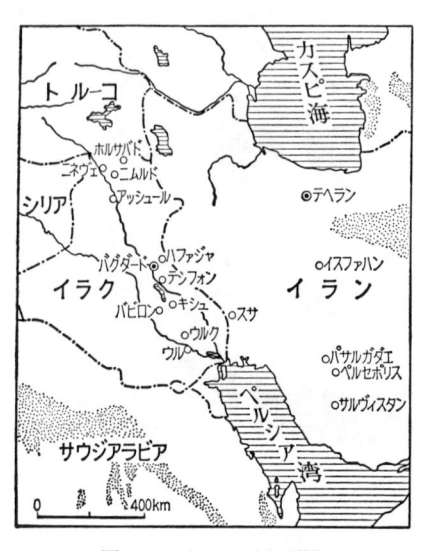

図149 オリエント要図

§2. オリエントの建築

図 150 ハファジャのだ円形神殿復原図（紀元前2900年ころ）

高い基壇の上に建つ神殿とその前庭を囲んで，倉庫群・作業室・神官住宅が組み込まれている。

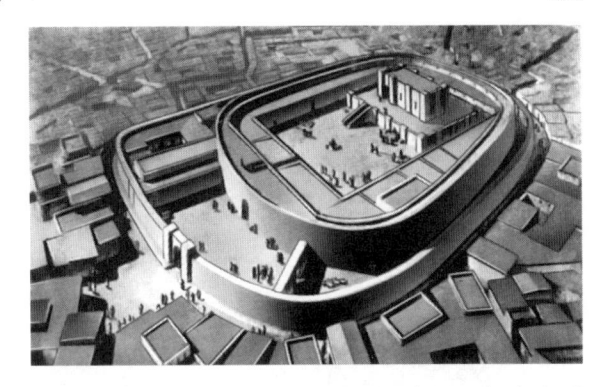

　第3王朝時代（紀元前2044～1936年）には，ジグラット（図151）とよばれる階段ピラミッドに似た建造物の形式が完成した。これらは大規模な傾斜路あるいは階段でのぼれるようになっており，頂上には小神殿が建てられていた。ウルには，ジグラットと三つの大神殿を壁で囲んだ聖域がつくられていた。神殿は方形に近い長方形平面で，内部は多数の細長い室に分割されるか，あるいはいくつかの中庭を囲んで多数の室を並べてあった。

2） アッシリア帝国の建築　北メソポタミアを根拠地とし，紀元前8世紀に全オリエントを征服して，大帝国をつくったアッシリア人は，建築そのものの発展にはそれほど貢献していないが，建築の遺構が比較的よく残っているので，それらからオリエント建築技術の多くを知ることができる。

　アッシュール・ニムルド・ホルサバド・ニネヴェなどのアッシリアの著名な都市は，城壁で囲まれ，その一郭に中庭式の神殿であるジグラット（図152），中庭式の宮殿などが，かたまって建てられていた。サルゴン2世によって計画され建造されたホルサバドの外城と内城（図153）およ

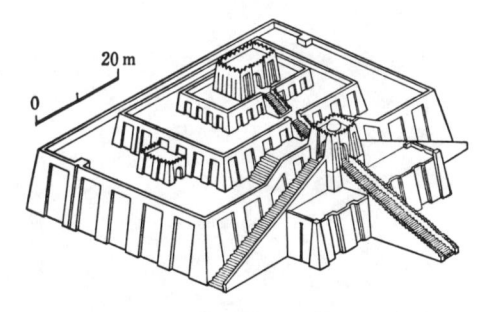

図 151　ウル第3王朝のジグラット復原図（紀元前2030年ころ，ウル）

南メソポタミアのジグラットの代表的形式を示す。

びサルゴン2世宮殿（図153）は，アッシリアの都市計画と建築を示す最もよい例である。

3) 新バビロニア王国の建築　アッシリア帝国にかわって，紀元前7世紀末から紀元前6世紀にかけて栄えた新バビロニア王国の建築は，ネブカドネザル王時代のバビロンの王宮（図154）・神殿・ジグラットで代表される。王宮は五つの部分よりなり，それぞれ広い中庭を囲んで多数の室が並んでいる。王宮の東北部のすみには，有名な「空中庭園*」をささえていたとみられるヴォールト天井の連続した一郭があり，その近くに内城の正門であるイシュタール門（図155）がある。旧約聖書の「バベルの塔」として知られたジグラットは，現在，約90m四方の底面のあとを残すだけであるが，八重の塔で，頂部に神殿があったと伝えられている。

4) アケメネス朝ペルシアの建築　紀元前6世紀後期から紀元前4世紀

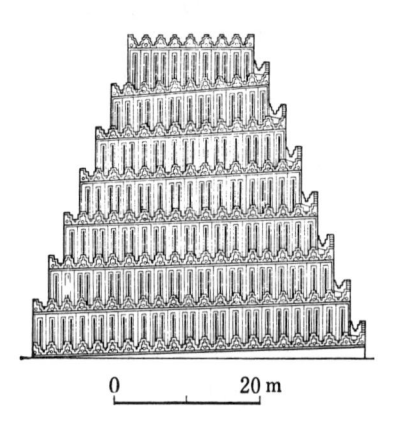

図152　ホルサバドのジグラットの復原図（紀元前710年ころ）
北メソポタミアのジグラットの代表的な形式を示すもの。

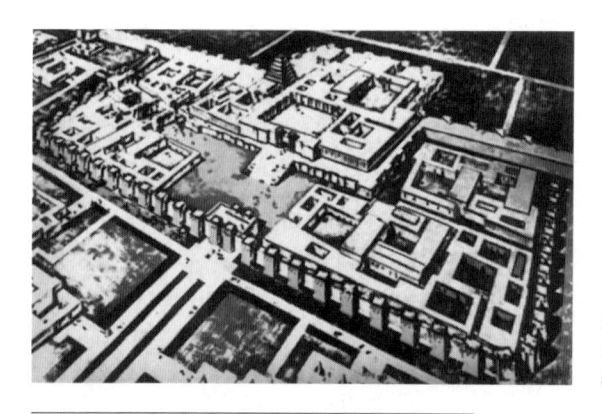

図153　ホルサバドの内城とサルゴン2世宮殿復原図（紀元前710年ころ）
王宮は内城の中央部から外城壁の外に突出した形をなし，その左に密接して神殿とジグラットがある。

*古代の七不思議の一つとして知られ，高台の上につくられた庭園と考えられる。

§2. オリエントの建築

図154 バビロンの王宮平面図（紀元前7世紀）
1. 護衛兵
2. 官吏貴族
3. 王座室のある中心部
4. 王の居室
5. 女官関係

1の上方，6の位置に「空中庭園」があった。

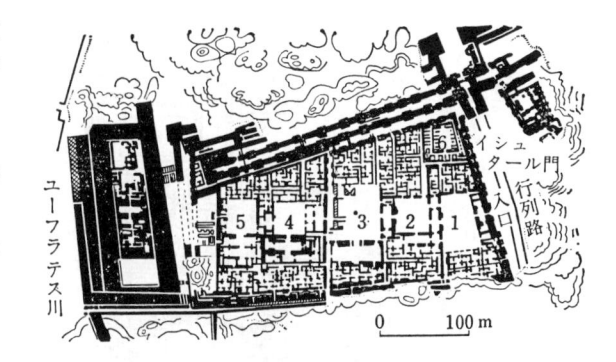

後期まで，オリエントに大帝国を建設したアケメネス朝ペルシアの建築は，アッシリアと新バビロニアの技術を受け継いだほか，イランの石材を併用して，ペルセポリスの宮殿（図156）のような大規模な建設を行っている。その宮殿建築の特色は，高い基壇の上に建ち，多数の柱を立てた方形の広間を厚い壁で囲み，列柱のあるポーチコをつけ，壁面を浮彫りで装飾することである（図157）。

5) オリエントの建築技術 オリエントの大部分は，一般に木材や石材に乏しく，豊富な建築材料は，レンガだけであった。日干しレンガの建築は厚い壁を必要とし，暑く乾いた気候は小さい窓を必要とするので，面積の大きい平らな壁面が特色となる。このような壁画の単調さを破り，また，じょうぶさを失うことなく材料を減らすため，壁面に縦溝を並べて彫り込んだ形式が用いられ，また，壁の表面を焼いたレンガやタイル・モザイク・石の薄板で化粧すること

図155 バビロンのイシュタール門の復元図（紀元前6世紀中期）

うわ薬をかけた浮彫りつきの化粧レンガで仕上げられ，バビロニアの神々の聖獣である龍・牡牛・獅子をあざやかにあらわしている。

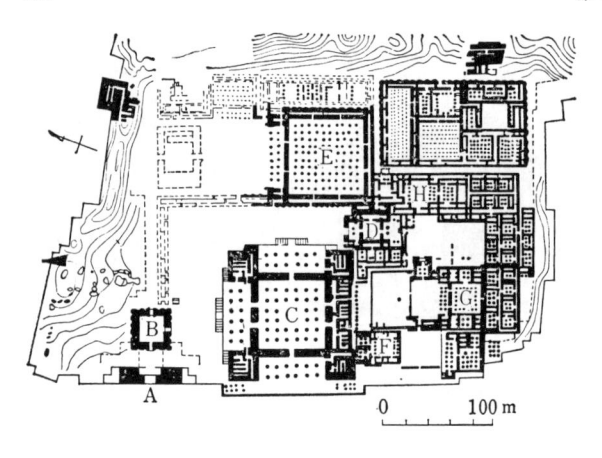

図 156 ペルセポリスの宮殿平面図（紀元前6世紀末〜紀元前「4世紀）

A．大階段　B．門　C．アパダナとよばれる宮殿　D．中央宮殿　E．百柱殿　F．ダリウスの宮殿　G．女官室　H．クセルクセスの宮殿

が考えられた。こうした技巧は，後のローマ建築，次いでビザンチンおよびイスラム建築の壁仕上の基本となっている。

また，天井や屋根をつくるため，木材の梁の使用と並んで，早くからアーチおよびアーチを連続させて天井をつくるヴォールトの技術が発展していたと考えられる。

図 157　ペルセポリスの宮殿の百柱殿復元図（紀元前5世紀）

多数の彫り溝のある柱は，背中合わせにつないだ2頭の動物を柱頭とし，そこに木材の梁をかけている。

図 158　アッシリアのヴォールト構法の例

§3. ギリシア建築

1) エーゲ海建築 紀元前 3000 年ころ，クレタ島のクノッソスを中心として高度の文明が栄えたが，紀元前 1400 年ころ，クノッソス宮殿（図 160）は北方からの蛮族の侵略で破壊され，ギリシア本土における同じ系統のミケナイ文明も，紀元前 1100 年ころにはまったく滅び去った。

したがって，エーゲ海文明の建築は，ギリシア建築と直接連続するものではないが，エジプト建築やメソポタミア建築に比べると，かなり自由な発展を示していたと考えられる点が重要である。

エーゲ海建築の中心は宗教建築ではなく，住宅・宮殿であった。そして，この種の建築では，古代文明の中で最も複雑な構造と平面，最も発展した設備を示している。この地域では，木材・石材が自由に使えたので，柱と梁の構造を用い，風土に適した風通しのよい開放的な部分をつくり，また，水に恵まれているので，上下水道を完備し，快適な浴室をつくった。

石造の場合にも，木造の形態

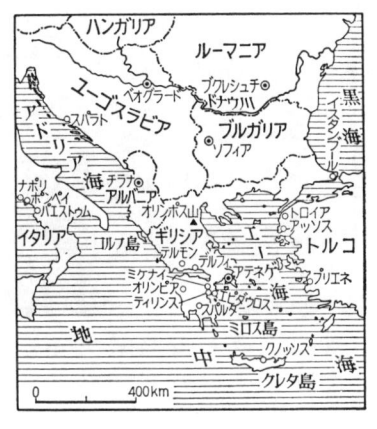

図 159 ギリシア要図

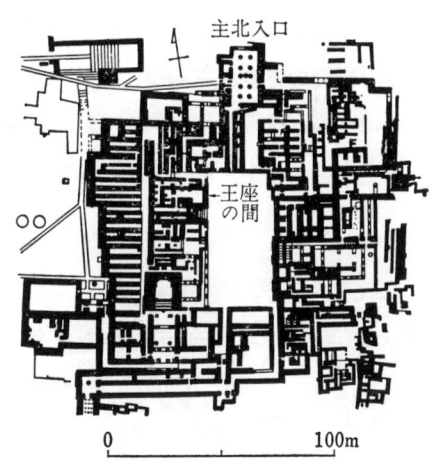

図 160 クノッソス宮殿平面図（紀元前 17～15 世紀，クレタ島）
広い中庭を中心とし，複雑な平面で構成され，ところによって 3～4 階建になっていた。

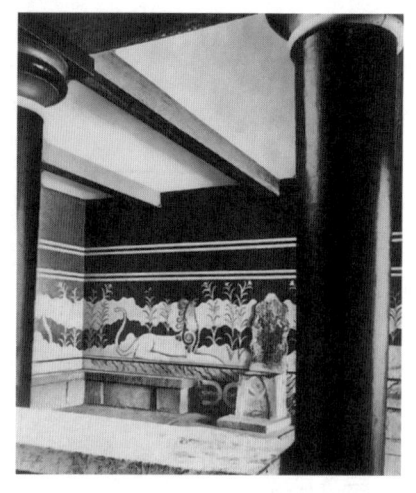

図 161 クノッソス宮殿の玉座室
柱は下方へすぼまり，柱頭はまんじゅう形の上に方形の板をのせている。

を模写する傾向がみられ，円柱が下方にすぼまっているのも目だった特色である。しかし，これらの扱い方や，壁面の装飾などを通じて，特に一定した法則，すなわち様式とよべるほど固定化した形式がみられないことは，最も注目に値する。

ギリシア本土のミケナイやティリンスの建築でも，住宅建築と城塞の建築に，同じような高い水準と巧妙な計画性がみられる。また，建築に巨石を巧みに用いる点，水平な層に並べた石材を持送り式にせり出して，石天井の大墓室をつくっている点，クレタ式の下すぼまりの円柱を用いている点なども，この地域の特色である（図 161，162）。

2）初期のギリシア建築　これに対してギリシア建築では，建築上の努力がほとんど神殿だけに集中された。初期の神殿は木造であり，紀元前8世紀ころから，永久的な石造神殿が建てられはじめたが，その際，木造の

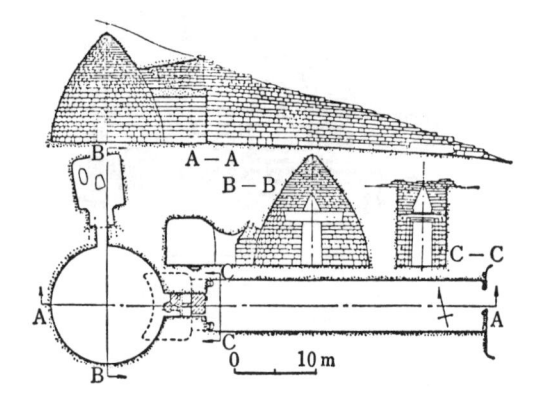

図 162 ミケナイのアトレウスの宝庫（紀元前14世紀ころ，ミケナイ）

宝庫とよばれているが，王の墓で，墓室は直径14m，高さ13mある。石材はアーチ式のヴォールトでなく，持送り式にせり出している。

§3. ギリシア建築

ときの形態が石造の建物にも引き続き用いられた。ギリシア神殿の構成要素には、そのような起源を考えないと説明できないものが多い。

石造神殿の最も初期のものも、すでに壁で囲まれた長方形の室の周囲を列柱で取り巻く形式を示しており、ギリシア人は新しい形式を次々にくふうすることよりも、この単純な基本形式をより完全なものにしようと努力したことがわかる。

3) ドリス式神殿 典型的なギリシア神殿は、石造の壁で中央の室を囲み、周囲に石の円柱と梁列柱廊を組み立て、木造の小屋組をのせ、瓦葺(かわらぶき)の切妻屋根をかけてある。この柱と梁の構成には、ほぼ一定した規則があり、それをオーダーという。

ドリス式オーダー（図164, 165）は、最も古い基本的なオーダーで、基壇の上に、礎盤はないが、彫り溝とエンタシス（ふくらみ）のある円柱を立て、柱頭は、図166にみるように、皿形の上にアバクスという方形の板をのせてある。梁は、アーキトレーブという本来の梁と、その上の装飾的なフリーズと最上部のコーニス（軒蛇腹(のきじゃばら)）の三層からなり、

図 163 ミケナイの獅子門（紀元前14世紀）

ミケナイの城塞の主門で、梁の上の三角形の石板には、クレタ式の円柱を中央にして、2頭の獅子が向かい合っている。

図 164 パエストウムのバシリカ（紀元前6世紀）

この時代のドリス式オーダーの柱は、エンタシスが強く、柱頭の皿形も大きく広がっていた。

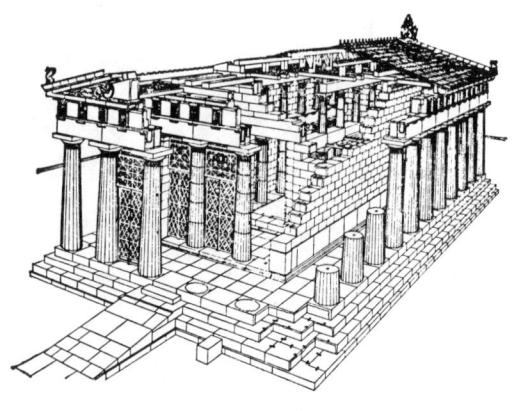

図 165　紀元前5世紀のドリス式神殿の形式
アエギナのアファイア神殿の復原図で，完成期のドリス式神殿の体裁をよく示す。

図 166　ギリシアの柱頭（ドリス式）

全体をエンタブレチュアーとよんでいる。妻側には，エンタブレチュアーの上にペディメントという石造の破風壁がのる。

これらの組合せの順序は一定しているが，各要素の相対的な大きさの比例は時代によって変化し，紀元前5世紀中ごろに，最も美しい形態に洗練された。アテネのパルテノン（図 167）は，ドリス式神殿の完成期における美しさを示している。

ギリシア神殿は，少なくとも部分的には，彩色や壁画が施されていたといわれる。彩色は過度の輝きを押さえ，神殿の姿をあざやかに浮き立たせるためのものと思われる。

4）　イオニア式とコリント式のオーダー　イオニア式オーダーは，東方から伝えられた渦巻き付の持送り式柱頭（図169）を用い，ドリス式に準

図 167　パルテノン（紀元前447～432年）

§3. ギリシア建築

じて，1組のオーダーにまとめあげたもので，ドリス式に比べると，柱が細く，優雅なオーダーである。このオーダーは，ギリシアの全盛期に，ドリス式と並んで用いられ，アテネのニケ－アプテロス神殿（図 168）やエレクテイオン（図 170）などに，その代表的な実例がみられる。

これに対してコリント式オーダー（図 171）は，ギリシアの全盛期に新たにくふうされはじめたものと考えられる。作例もきわめて乏しく，形式も未完成のうちに，ローマ人に伝えられ，ローマ人が完成し愛用したオーダーである。アーカンサスの葉飾りを柱頭に用いるのが特色で，イオニア式に比べると，柱はさらに細く装飾豊かで，華麗なオーダーといえよう。

図 168 アテネのニケ－アプテロス神殿
　アテナ－ニケ神殿ともいい，小さいが優美をきわめた建物で，前面・背面にイオニア式のポーチコがついている。

図 169 ギリシアの柱頭
　　　（イオニア式）

図 170 アテネのエレクテイオン（紀元前 421～405 年）
　イオニア式の代表的な神殿の一つで，敷地が平坦でなく，王墓・聖跡，古像の収納という多目的のため，複雑な形になっている。

図 171　リュシクラテスの記念碑
（紀元前 334 年，アテネ）

合唱競技の優勝記念碑で，ギリシアのコリント式オーダーの数少ない作例の一つ。柱頭の形は様式的にまだ未完成である。

図 172　アテネのアクロポリス平面図

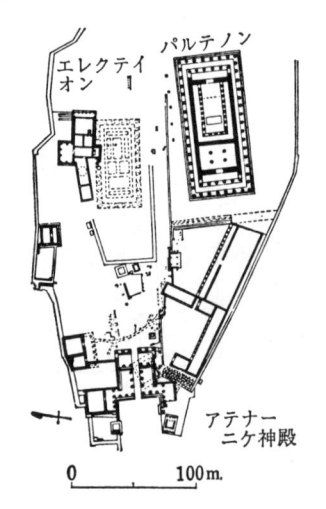

5）都市と住宅　ギリシアの都市は，丘陵にアクロポリス（図 172）とよぶ城塞を築き，その付近に，アゴラ（広場）（図 173）を中心として，神殿のある聖域や議事堂・体育館・競技場・劇場などが不規則に配置されているのがふつうであった。しかし，はじめから新しく計画された植民都市では，規則正しい碁盤目の都市計画が行われた。

アゴラは市民集会の場で，周囲にストアという列柱廊があり，その奥に貸室や休憩室が並んでいた。劇場や競技場は，自然の地形を利用して観覧席をつくり，ギリシアの劇場（図 174）では，背景の部分よりも，その前方にある円形の土間（オルケストラ）が演出上重要な舞台であった。住宅は小さく質素で，周囲は開口部のほとんどない日干しレンガの壁で囲まれ，中庭を囲んで小部屋が配列されていた（図 175）。

6）ギリシア建築の史的意義　ギリシア建築の課題は比較的単純で，その発展は主として，同一の形式を繰り返しながら芸術的に完成させていくという点にあった。つまり，ギリシア神殿のすぐれた作例では，建築のほとんどがすぐれた彫刻作品と同様の細心さで入念につくられ，使用されている大理石のすぐれた質，卓

§3. ギリシア建築

抜な加工技術，各部のみごとな比例，風土との調和，すべての点で，明白で清朗なギリシア精神をよくあらわしている。

ギリシア建築は，一つの建築様式を完成することは，個人の力によるものでなく，長期にわたる技術的くふうと洗練された芸術的感覚の結集であるということを教えている。ギリシア建築においては，形式がより単純であり，努力がより集中的であるため，いっそう，その成果は輝かしいものとなった。

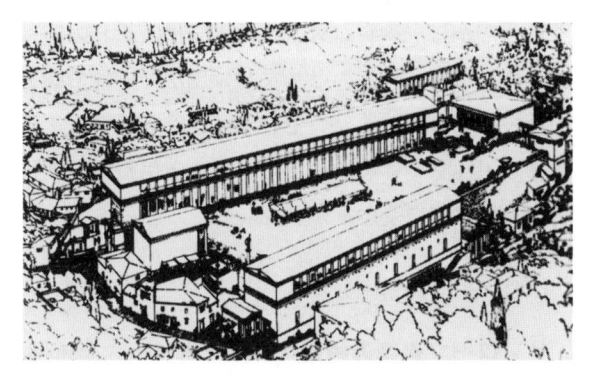

図 173 紀元前3世紀のアッソスのアゴラ復元図

7) ヘレニズムの建築 紀元前4世紀の後半，アレクサンドロス大王がギリシアからアジア西南部にまたがる大帝国を建設した結果，ギリシア文化はこの広大な地域に普及し，オリエント文化との融合が行われた。

小アジアやイタリアの古いギリシア植民地では，良質の大理石が得られ

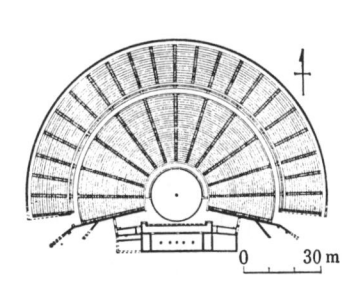

図 174 エピダウロスの劇場平面図（紀元前350年ころ）

同心円状のテアトロン（観客席），円形のオルケストラ（舞台），プロスケニオン（背景前の舞台），スケネ（背景，裏を楽屋に使う）からなる。

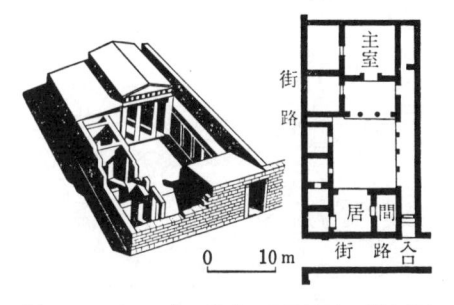

図 175 プリエネの住宅の平面および復原図（紀元前4〜3世紀）

中庭に面して前室のある主室，そのきわの2室，中庭の反対側の居間が主要な部分をなしている。

なかったから，ヘレニズム文化圏では，新しい施工法の開発が必要であった。最も注目されるのはスタッコ工法で，柱の心をレンガで積み，大理石の粉末を混ぜたスタッコで仕上げてから研磨し，オーダーに規定されたとおりの円柱をつくった。このような応用範囲の拡張された技術は，そのままローマ建築に受け継がれた。

§4. ローマ建築

1) ローマ建築の特質 ローマ人は広大な帝国を建設し，完備した行政・経済・軍事・交通の組織をつくりあげたから，都市単位であったギリシア文明より複雑な建築的課題をもつと同時に，広範な地域から多くの解決の手段を得ることができた。

ローマ建築は，その中にギリシアの技術を包含しているが，ギリシア建築の単純さと反対に，多様で複合的である。ローマ人は，神殿の基本形式やアーチと巨石を扱う技術を先住のエトルリア人から，レンガ造に化粧張りする技術をオリエントから，3種のオーダーをギリシア人から学び，それぞれを発展させたうえ，条件に応じてそれらを自由に組み合わせた。

ローマ建築の目的は，世俗的であり，人間的であった。神殿もギリシア神殿と異なって，人を内部に入れるから，より建築らしい

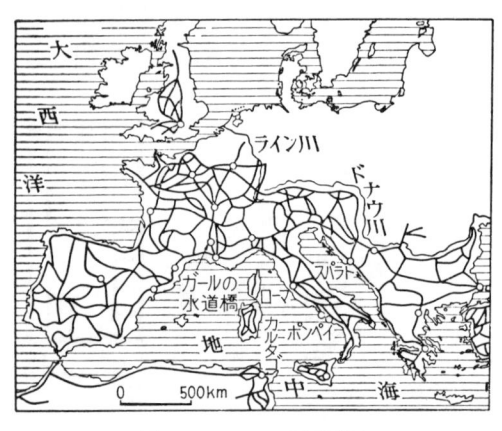

図 176 ローマ帝国要図

＊一般に，壁・天井・ドームなどを，漆喰・せっこう・セメントモルタルなどの左官材料で仕上げる方法をいう。18世紀後期以降では，特に耐水性の外装用左官工事をさしてスタッコとよんでいる。

§4. ローマ建築

発展を遂げた。宮殿・住宅・共同住宅（アパート）・市場・浴場・劇場・バシリカ・競技場・城郭のほか，記念碑・記念門・道路・広場・水道橋（図 177）など，建造物の種類の豊富なこと，よく計画され，よく施工され，耐久性にすぐれている点など，ローマ建築は古代最高の建築文化を形づくったということができる。

2) **ローマのレンガとコンクリート**　ローマのレンガは，正方形で平たく，1辺約45cmで

図 177　ガールの水道橋（紀元前後，ニーム付近）

ニームの町に給水するための水道橋で，ガール川の水面から47mの高さを走り，頂部のふたのある溝が水路となっている。

図 178　ローマのオーダーとギリシアのオーダーとの比較

ギリシア　ローマ　　ギリシア　ローマ　　ギリシア　ローマ
　　ドリス式　　　　　　イオニア式　　　　　　コリント式

厚さは4cmくらいである。平たいレンガは，乾燥したり焼いている間に割れることが少ない。しかし，ゆがみが生じやすいので，目地は2cmから2.5cmくらいの厚いものとなった。

エジプト人は石灰とせっこうを用いて，砂を石のように固めることを知っており，ギリシア人は砕いた大理石をそれで固めて，一種の人造石をつくることを知っていた。ローマ人は消石灰とセメント質の火山灰を混ぜて良質のセメントをつくり，それを用いて，すぐれたコンクリート技術を発展させた。

ローマの構築法（図 179）は，まず，レンガを積んで壁の両面をつくり，すきまにコンクリートを充てんして一体に固め，大理石を化粧張りしたり，スタッコで仕上げる。アーチやヴォールト天井をつくる場合も，まず型わくを用いて，レンガ造の骨組をつくり，次にすきまにコンクリートを充てんする。

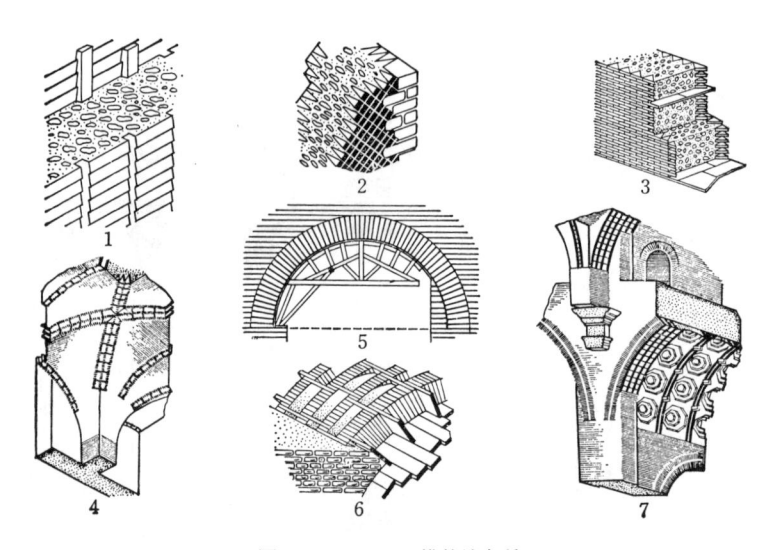

図 179 ローマの構築法各種
1．木造型枠によるコンクリート壁　2．石とコンクリート　3．レンガとコンクリート
4．レンガとコンクリートの交さヴォールト　5．アーチと木造型枠
6と7．レンガとコンクリートのトンネル形ヴォールト

§4. ローマ建築

図 180　コロセウム（72〜82年，ローマ）

　このような構築法は，ローマのような大帝国の各地に，比較的未熟練な労働力によって，水準の高い建築を，大量に安価に建てるためには，きわめて適切であった。また，大きな曲面を自由につくれるので，さまざまな形態の組合せや大空間の建造が容易にできるようになった。カラカラ浴場（図 183）の梁間 24m，高さ 33m の大ヴォールト天井や，パンテオンの直径 43m の大ドームは，ローマのレンガ造およびコンクリート技術の卓抜さをよく示している。

　しかし，ローマの建築がすべてコンクリート造だったわけではない。共和政時代の神殿や公共建築物は，ほとんど石造やレンガ造で建てられていたし，帝政時代でも，良質の石材が豊富に得られれば，石で建てた。また，コロセウム（図 180）のように，石造とコンクリートを併用した建物も多かった。すなわち，ローマの建築工法は複合的で，どんな条件にも応じられたのである。

　3）都市建築の発展　ローマ人の世俗的で実際的な人生観や，多様で応用範囲の広い構築方法によって，ローマ建築はさらに実用的に便利なものに発展した。

　また，戦車・馬車を能率よく走らせるために敷石で舗装した直線道路で

各都市を結び,水道橋による大規模な給水施設や暗渠による下水道を敷設し,健全な都市生活の基本となる土木工事が行われた。重要な都市の周囲は堅固な城壁で囲まれた。

高級住宅は,ポンペイの住宅(図 181)にみられるように,アトリウムという天窓のある広間と,ペリスタイルという列柱廊で囲まれた中庭とを結ぶ通風のよい軸線上に,開放的な居間と客間を置き,左右に多数の個室を備えた使いよい平面をもっていた。この合理性は,街路に面して貸家や貸店舗を設けて収益をあげるとともに,町の繁栄と便宜に資するという方法にもみられる。辻広場に設けた泉水のほか,各所に給水塔を設置し,鉛管により各戸に給水し,広場の公衆便所も水洗式であった。

密集した市街地では,7～8階以上の中庭式のレンガ造高層アパートが建てられ,皇帝はしばしば建築の高度制限をしなければならなかった。

しかし,この事実は,ローマの都市がすでに西欧近世の都市の原型を形づくっていたこ

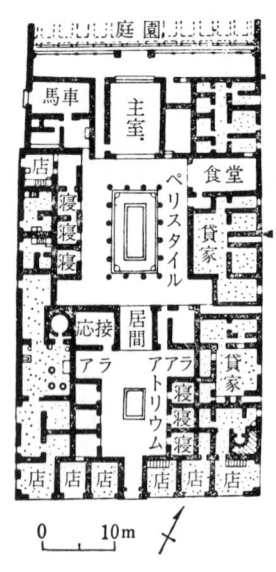

図 181 ポンペイの住宅(パンサの家)平面図(紀元前2世紀)

アトリウムと中庭を中心として各室を配したポンペイの代表的な邸宅。

図 182 オスティアのアパートの復原模型(3世紀)

1階は店舗,2階以上が住宅となっているオスティアの代表的なアパート。

§4. ローマ建築

とを示している。

このようなローマの建築技術の長所を最もよく示しているのは，各地に建てられた公共浴場（図183,184）で，巨大なテラスの上に立つ建物の床下に熱気を通して床を暖め，熱浴室の壁には空洞ブロックをつないだ煙道を埋め込んで壁も熱し，さまざまな温度の浴室を，大広間を中心として配置し，冷水浴場・体育館を合わせて一つの建物にまとめてある。テラスの周囲には，大貯水槽・競技場・講堂・遊歩庭園を設け，店舗や貸室などで，テラスを囲んでいた。ローマの大浴場は，皇帝や総督の政治的意図によって建てられたといわれているが，古代における最高のレクリエーション施設であったばかりでなく，近代に至るまで，ローマの浴場に匹敵する複雑で巧妙な設計の建造物はなかったといってよい。

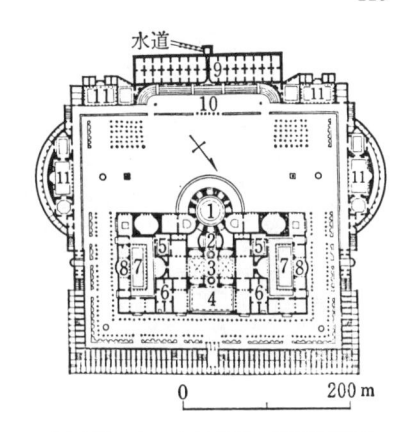

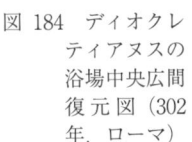

図183 カラカラ浴場の平面図(211〜217年，ローマ)
1. 熱浴室　2. 温浴室　3. 中央広間
4. 冷浴室　5. 熱気室　6. 更衣室
7. 中庭　8. 体育館　9. 貯水槽
10. 競技場　11. 講堂と図書室

図184 ディオクレティアヌスの浴場中央広間復元図（302年，ローマ）
ヴォールト天井の組合せでおおった大広間で，左に冷浴室，右に温浴室のドームがみえる。

図 185　ユリウス＝カエサルのフォルム復原図（紀元前1世紀，ローマ）
モニュメンタルな記念広場の典型的な実例。

4) **都市広場と公共建築物**　ギリシアのアゴラに相当するローマの都市広場はフォルムである。フォルムには，神殿や各種公共建築物に囲まれて長期間に自然にできた不規則なものと，皇帝などの発意によって，一つの建築計画としてまとめられたものとがある（図 185，186）。

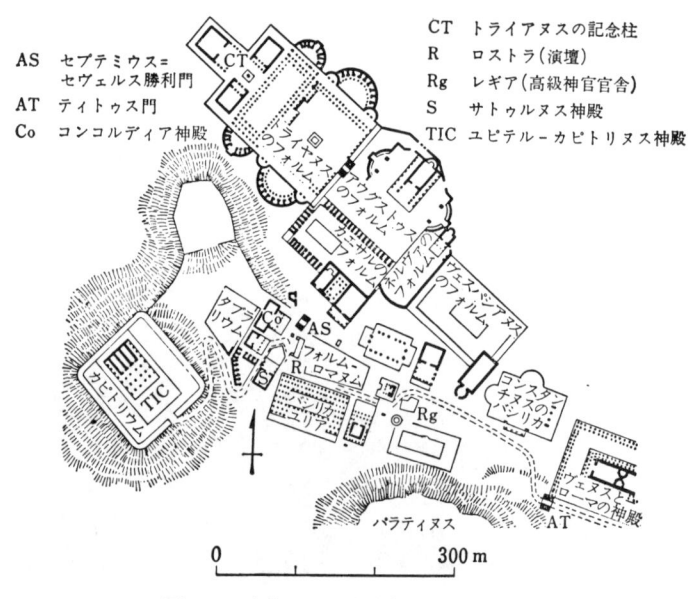

AS　セプテミウス＝セヴェルス勝利門
AT　ティトゥス門
Co　コンコルディア神殿
CT　トライアヌスの記念柱
R　ロストラ（演壇）
Rg　レギア（高級神官官舎）
S　サトゥルヌス神殿
TIC　ユピテル‐カピトリヌス神殿

図 186　古代ローマ中心部のフォルム群

§4. ローマ建築

ローマのフォルム-ロマヌムは前者の例で，演壇のある広場を囲んで数棟の神殿・裁判所・監獄・記念碑・記念柱・記念門（図187）などが建てられ，公共的な行事や集会の場であった。アウグストゥスのフォルムとか，トライアヌスのフォルムのように，皇帝の名を冠したフォルムは列柱廊で囲まれ，神殿や皇帝の像や記念門を配したモニュメンタルな広場であった。

ローマ神殿（図188〜191）の外観は，先住民だったエトルリア人のつくった神殿形式にならい，背部の室と前面の列柱のポーチコからなり，前面に階段をつけた基壇の上に立つのが基本的形式である。これは都市の広場や街路に面して建てるのに適した形式であった。

図187 セプテミウス＝セヴェルスの記念門（203年，ローマ）
3連アーチ型の凱旋門の代表的傑作で，フォルム-ロマヌムの一端に立つ。

帝政時代の大規模な神殿では，この基本形式の全周あるいは三方に列柱をめぐらした。また，内部にトンネル形ヴォールトをかけたり，奥に半円形の凹所をつくって神像を置くのも，ギリシア神殿と異なった点である。

ローマ人は，しばしば円形および多角形の神殿を建てた。

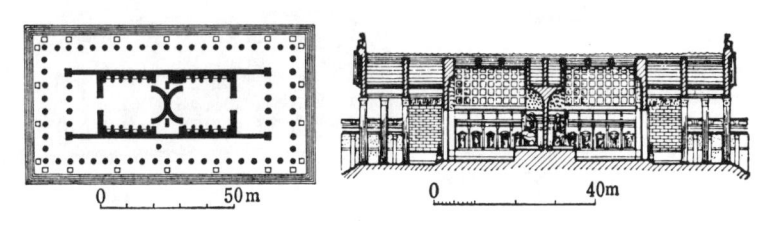

図188 ヴェヌスとローマの神殿平面図と断面図（135年，ローマ）
二つの神殿を背中合わせに接合して，列柱で囲んだもので，ローマ神殿の特色をよく示している。

第1章 西洋古代の建築

最も著名なのがローマのパンテオン（万神殿）（図189）で，内径も高さも43mのコンクリート造の大ドームをもち，形態や構造法の独創的な点でも，すぐれた施工技術という点でも，ローマ神殿を代表する傑作である。

バシリカ（図 192，193）は，主として裁判所に用いられた大ホールで，広間の一端に設けられた半円形凹所（アプス）が判事席であり，その前に神聖を誓う犠牲壇があった。ローマのバシリカには，列柱廊で囲み，木造小屋組に平天井をかけたものと，コンクリート造でヴォールト天井をかけたものとがあるが，いずれの場合も，30mに100mとい

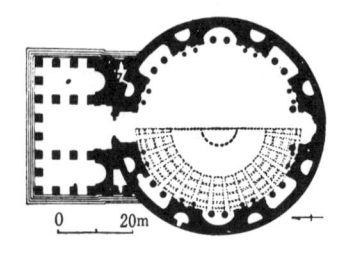

図 189 パンテオンの外観，平面図および断面図（120年ころ，ローマ）

玄関は，紀元前25年に建てられた長方形神殿の前面を改造し，新築した円堂に取り付けたもの。
内径も高さも約43mあり，厚さ6mの壁は深くえぐられてニッチ（凹所）となっている。

図 190 メゾン-カレ（紀元前16年，ニーム）

美しいが，小規模で単純すぎて，ローマ神殿を代表するものとはいいにくい。しかし，最も保存のよい長方形神殿である。

§4. ローマ建築

う規模の大広間をつくっている。古代の広間が，たいてい，多柱室であったことと比較して，驚くべき発展といってよい。

また，現代のスタジアムの原型で，闘技場の代表作であるコロセウムは5万人の観客を収容したといわれているし，ギリシアの先例にならったキルクス（戦車競技場）の中で最大のローマのキルクス－マキシムス（図195）は，25万人を収容したと記録されている。また，ローマのディオクレティアヌスの浴場（図184）は，同時に3000人以上を入場させたといわれている。

ローマの劇場（図194）は，だいたいギリシアの劇場を基本としているが，ギリシアの劇場に比べて，舞台が大きくなり，オルケストラは半円形の平土間となり，貴賓席に当てられた。

観客席は自然の地形だけにたよらず，平地でもヴォールトを用いて構築した。

5) 宮殿と城郭

紀元前1世紀末から紀元後3世紀にわたって

図 191 パンテオン内部
ドーム頂部の直径約7mの天窓から採光し，内部の壁や床は多彩な色大理石を張りまぜてある。

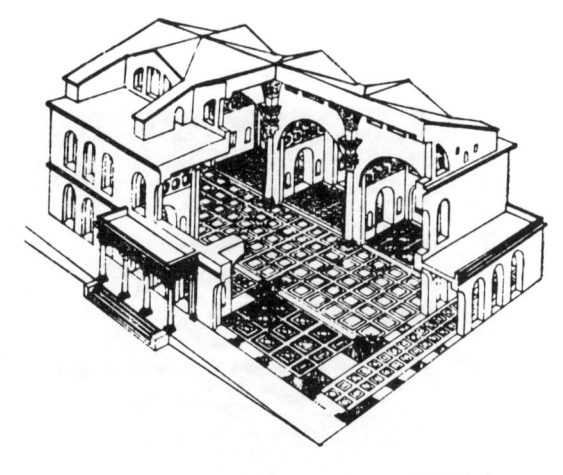

図 192 コンスタンティヌスのバシリカ復原図（310～313年，ローマ）
コンクリートのヴォールト天井でおおった大ホールであるが，バシリカの基本的形式は保たれている。

図 193 トライアヌスのバシリカ復原図（98〜112年）
列柱で囲まれた大広間で，中央部分が吹き抜け，高窓から採光している。

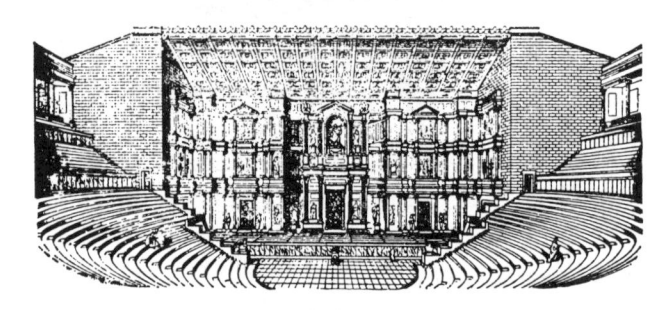

図 194 オランジュの劇場復原図（50年ころ）
自然の地形を利用して観覧席をつくっているが，舞台部は大きな建物となっている。

図 195 キルクス－マキシムス復原図（うしろの一画は王宮）（1〜3世紀）

§4. ローマ建築

諸皇帝が建てたローマの王宮（図196）は，いま，廃虚になっているが，発掘された部分だけでも300m四方にわたり，大小の建物が神殿・広場・中庭・庭園と組み合わされ，広大な複雑な平面を形づくっている。

これに対して，クロアチアのスパラトにあったディオクレティアヌスの宮殿（図197）は，新たに短期間で建てられたので，よく整理された長方形の独立した城郭となっている。

ローマ人は，新しく都市を建設する場合，碁盤目状に道路を配した市街をつくり，これを城壁で囲んだ。城壁には数十メートルおきに突出した塔を設け，城壁に接近した敵を側面から射ることができるようになっていた。

6) **ローマのオーダー** ローマ人は，ギリシア人から学んだ3種のオー

図 196 ローマ王宮平面図（紀元前1世紀末〜紀元3世紀）
ドミティアヌスの宮殿を中心として諸皇帝が増築した広間・中庭・神殿・スタジアム・学院・図書館などが接合されている。

図 197 ディオクレティアヌスの宮殿復原模型（305年ころ，スパラト）
要塞都市に近い形式の大宮殿で，十字形の列柱廊によって区画され，ほぼ半分を神殿・王廟・王宮が占め，北の二つの区画は宮内官と女官の区域となっている。

ダー（図 178）のほかに，トスカナ式とコンポジット式という2種のオーダーをくふうして用いたといわれるが，実際に独立柱として用いたのは，ほとんどコリント式とコンポジット式（コリント式柱頭の上にイオニア式柱頭の渦巻を加えたもの）であった。

　列柱部分を除いたローマ建築は，組積造あるいはコンクリート造であるから，柱と梁の組合せであるオーダーは用いる必要がなかった。しかし，ローマ人は，オーダーを装飾的に適用して，平坦な壁を区分し，その区分によって比例美をつくり出すという二重の目的に役だてた。ローマ建築の壁は，化粧張りするのが通例であったから，壁材料の接合法としても，このように区分するのが便利であった。

　装飾的なオーダーであっても，各要素間の比例は重んじなければならないが，ローマ人は，ペデスタル（柱台）を円柱の下に加えて，オーダーの比例をくずすことなく，柱全体を細く，経済的につくることに成功した。

　2階以上の高さにわたる壁には，各種のオーダーを順次に重ねる方法がとられた。ふつう，柱の太い順，すなわち1階にドリス式，2階にイオニア式，3階にコリント式を用いる。アーケードには，一般に太い角柱を用いるが，区分を明確にするため，半円の柱を付着させることが多い。コロセウムの外観は，この二つの手法を組み合わせた好例である（図 198）。

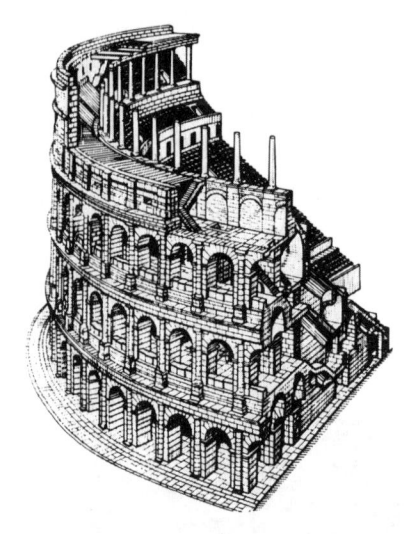

図 198　コロセウム構造図
石材とコンクリートを併用し，ヴォールト工法で巧みに築き上げられた観覧席の部分。

7）　初期キリスト教建築　キリス

＊タスカン式とよぶこともある。ドリス式を簡略化したもので，柱身に彫り溝がなく，なめらかなのが特徴である。

§4. ローマ建築

ト教は，ネロ帝からディオクレティアヌス帝に至るまで，激しい弾圧と迫害を受けたが，313年にコンスタンティヌス帝によって公認されてからは，教会堂が盛んに建てられはじめた。教会堂の機能は，大会衆の収容，司祭席・祭壇の必要といった点で，裁判所や取引所と共通したところがあり，ローマで古くから用いられていた柱廊つきバシリカの形式が初期キリスト教建築の基本形式となった。

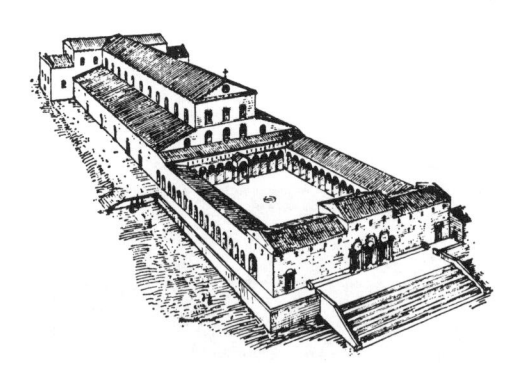

図199 旧サン-ピエトロ（323～326年以後創建，ローマ）

バシリカ形式の教会堂は，ふつう，3列から5列の柱廊からなり，中央の身廊（ネイブ）を明るくするため，身廊の天井だけを側廊（アイル）よりも高くして，高窓から採光している（図200）。玄関の前には，柱廊で囲んだ中庭をつくり，別に鐘塔を建てた。洗礼堂や聖者の廟には，バシリカ形式を円堂型に直した集中形式（円・正方形のような点対称形の平面形式）の建物が用いられた。

初期キリスト教建築で注目すべき点は，ローマ建築一般の世俗的性格とは異なった強い宗教的性格を示していることである。ローマのバシリカでは，はじめは大

図200 旧サン-ピエトロ断面図
典型的なバシリカ形式を示すもので，中央の廊を高くして高窓から採光している。

第1章 西洋古代の建築

図201 サンタポリナーレ-イン-クラッセ（549年，ラヴェンナ）
初期キリスト教建築のバシリカ形式の代表作。高窓と側廊の窓から採光する。左手に立つのは鍾塔。

広間をつくるために必要な支柱として，後には大広間を壮麗にするために用いていた列柱廊が，教会堂では祭壇へ向かう方向を強調するために使われている。また，帝政ローマの末期になってはじまった建築なので，特に装飾の面では，コンスタンチノープル（イスタンブール）を中心として発展して6世紀に全盛期に到達した東ローマ帝国の，ビザンチン建築の影響を強く受けている。

初期キリスト教のバシリカ形式の教会堂は，西欧中世の教会堂建築の原型となり，建築史上きわめて重要な意味をもっている。

8) ローマの建築書 アウグストゥス時代のローマの建築学をまとめたものとして，ヴィトルヴィウスの著わした「建築十書」がある。おそらく

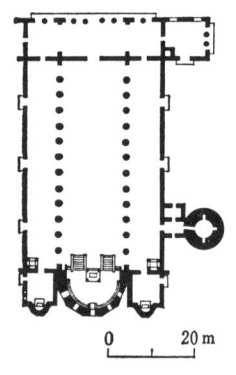

図202 サンタポリナーレ-イン-クラッセ平面図および内部（右写真）
3廊式のバシリカ形式のレンガ造教会堂で，大理石の柱を用いている。

§4. ローマ建築

ギリシア後期の建築書にならって書かれたもので，気候・風土の考察から，材料の用い方，住居・神殿その他の各種建築の形式，オーダーの比例の使い方，水道・揚水機・防備・兵器，その他，広範囲の問題にふれており，当時の建築家の教養と博学を知ることができる。

9) ローマ建築の史的意義 ローマ文明は，古代文明の頂点を示すもので，その建築の水準は，部分的にはすでに18世紀の西欧文明をしのぐほどの高さに達していた。この高い水準は，各地の技術の巧みな総合と，政治・経済・社会の各方面におけるすぐれた組織力によって達成されたものである。ローマ建築が到達した高さとその内容の豊かさを知ることによって，近世の西欧人が中世を暗黒時代，ルネサンスを文明の復活とよび，数世紀にわたって古典古代を理想の世界と考え，それを模範とし目標とした理由を，建築のうえからも理解することができる。

第2章　西洋中世の建築

　われわれの知っている西欧文明は，古代文明の継続でもなく，単なる復活でもなく，11世紀に至って急速に発達したものである。それまでの西欧社会は，ロンバルディア人・フランク人・サクソン人・ノルマン人，その他いくつかのゲルマン人の農村社会の集合体で，文化的には同時代のビザンチン帝国やイスラムに遠く及ばないものであった。

　6世紀ころから，これらの未開なゲルマン人は，崩壊した西ローマ帝国のあとに生き残ったキリスト教会から派遣された伝道団によって，しだいにキリスト教徒に改宗されていった。フランク王国が発展しつつあった時代には，文明は，修道院の中にしかなかったといってよい。しかし，カルル大帝の帝国建設によって，封建制度とローマカトリック教の信仰という西欧中世社会の出発点が確立され，10世紀にクリュニのベネディクト会修道院で確立された勤労と経営と礼拝の厳格な規則は，それがそのまま西

	一般史	時代	世紀		建築史
529	ユスティニアヌス法典	ビザンチン・	6	532	アヤ-ソフィア
610	イスラム教の成立		7		
717	サラセン軍，コンスタンチノープルを包囲		8	707	ダマスカスの大モスク
800	カルル大帝の戴冠			792	アーヘンの宮廷礼拝堂
			9		
962	神聖ローマ帝国成立		10		
1066	ノルマンのイングランド征服	ロマネスク	11	1062	カンのラ-トリニテ教会堂
				1067	サンテチェンヌ教会堂
				1093	ダラム大会堂
1096	十字軍はじまる		12	1110	ウォルムス大会堂
				1140	サン-ドニ内陣部
1215	マグナ-カルタ	ゴシック	13	1220	アミアン大会堂・ソールズベリ大会堂
1265	イギリス議会はじまる			1245	サント-シャペル
1339	百年戦争はじまる		14	1337	グロスター大会堂
				1386	ミラノ大会堂
1453	東ローマ帝国滅亡	ルネサンス	15	1446	キングズ-カレッジ礼拝堂
1492	コロンブスの新大陸発見		16	1550	スレイマン1世のモスク

§1. ビザンチン建築

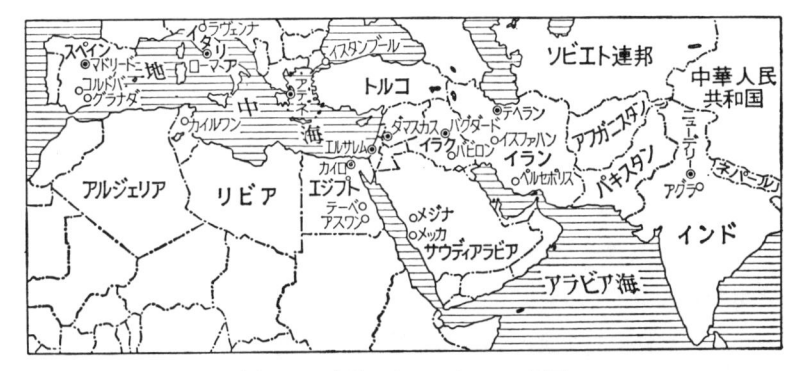

図 203　ビザンチン-イスラム要図

欧社会一般の生活態度の基本となるほどの大きな感化を与えた。

　西欧中世の文明は，こうしたキリスト教徒の生活と理想を基盤として，ゲルマン人特有の精力的な学習と習練によって築かれた。まず，ユダヤ人からは商業や金融その他の都市社会に必要な技能を学び，急速に職人と商人からなる都市社会をつくりあげていった。他方，十字軍遠征によってイスラム世界およびビザンチン帝国と接触し，詩と文学，ギリシア哲学・数学・天文学・医学，そして豊かで洗練された生活を学んだ。

§1.　ビザンチン建築

1)　**ビザンチン建築の課題**　ビザンチン建築は，6世紀に東ローマ帝国で完成され，以後，正教キリスト教世界で一貫して用いられた建築様式で

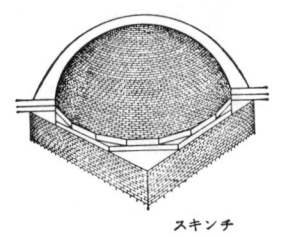

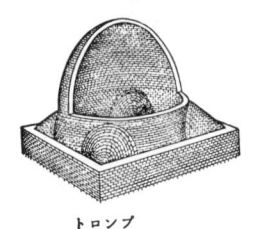

図 204　スキンチとトロンプ

スキンチは，かなり大きい板状の石がないとつくれない。トロンプは，小さい石やレンガでもつくれる。

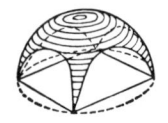

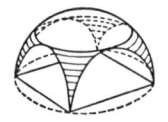

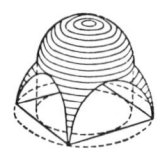

図 205 ペンデンティブ-ドーム

ある。初期の東ローマ帝国では，ローマ帝国末期のバシリカ形式の教会堂と似たものが建てられていたが，やがてオリエントの建築技術を総合し，ローマ帝国が世俗的な建築で実現したような壮麗さをもつ教会堂の建造を試みはじめた。この時代の社会はきわめて宗教的で，建築的努力は，もっぱら教会堂に集中された。

ビザンチン建築の課題は，バシリカ形式の平面にドームをかけるという，単純だが，それまでまだ完全に解決されなかったものであった。これは，結局，正方形の広間にドームをかけるという問題に帰着する。

正方形の広間にドームをかけるという技術は，ササーン朝ペルシア（3世紀〜7世紀）で行われていたし，小アジアでも試みられていた。しかし，これら東方の建築では，正方形とドーム下端の円形を接続する方法は，まだ幾何学的に解決されておらず，スキンチやトロンプ（図 204）を用いて，適当につないでいた。

2) ペンデンティブ-ドーム

6世紀のビザンチン建築家たちは，正方形に外接する円形の上に立つ半球形ドームを考え，その球面の一部を正方形の四辺に沿って

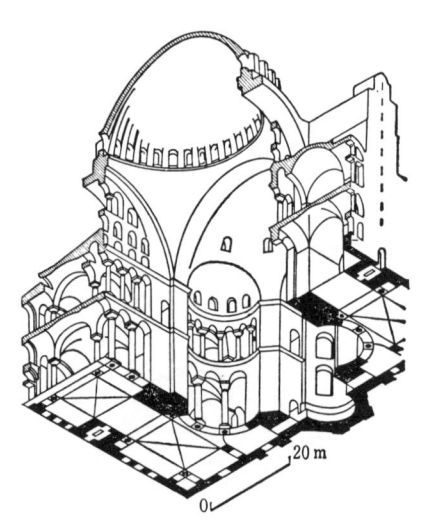

図 206 アヤ-ソフィア構造図（532年，イスタンブール）

建築家は，トラレスのアンテミウスとミレトスのイシドロス。ドームの直径33m，床から頂部までの高さ55m。

§1. ビザンチン建築

垂直に切り落して，四つの点と4本のアーチによって支持されるドームをつくり，この問題に完全な幾何学的解決を与えた。ドーム上部のレンガも，水平に近く積み出すことによって，型枠を用いないようにすることも，この時代に考えられた。

しかしこの形式は，大規模なものでは崩壊しやすく，その代案として，このドームから正方形に内接する円形を打ち抜き，その部分に第二の半球形ドームを載せる方法が考案された。これら2種のドームをビザンチン-ドームというが，支点の上に立つ三角形の球面の壁をペンデンティブとよぶので，ペンデンティブ-ドーム（図 205）ともいう。

3) ビザンチン建築の概観　ビザンチン建築の基本課題は，きわめて単

図 207　アヤ-ソフィアの外観
周辺の塔は，イスラム教寺院に転用されてから付加されたミナレ。

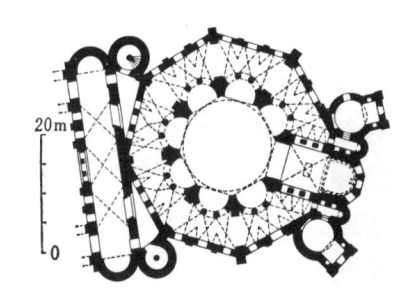

図 208　サン-ヴィターレ平面図および内部
（526～547年，ラヴェンナ）
中央部の円堂から半円形に張り出した部分によって，アヤ-ソフィアと共通する内部の統一をつくり出している。

純だったから，いったん解決に到達すると，その後，発展はほとんどなかった。このことは，ビザンチン建築の形態が，ごく少数の定型に限定され，そのため，作品として6世紀のアヤ－ソフィア（聖ソフィア）（図206, 207）以上のものが以後建てられていないことからもわかる。

　形態の相違は，ドームの横圧力（スラスト）を支持する方法によって生じたもので，アヤ－ソフィアでは，前後に4分球ドームを用いて，内部に幅31m，長さ75mのだ円形をひきのばしたような形の大広間をつくっている。

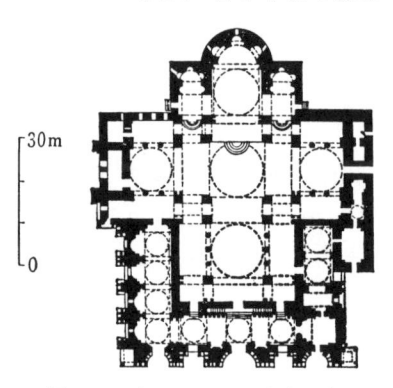

図209　サン－マルコ平面図（1063～13世紀，ベネチア）
中期ビザンチン建築の代表作。十字形平面の四つの腕にかけたドームも，中央ドームもほぼ同じ大きさになっている。

　しかし，中期のビザンチン建築を代表するベネチアのサン－マルコ教会堂（11世紀）（図209～211）では，十字形平面の四つの腕にも，それぞれペンデンティブ－ドームをかけ，内部が五つのほぼ同一の部分に区画されてしまう。12世紀以降，ギリシア，バルカン半島諸国，ロシアで広く行われた後期ビザンチン建築では，ドームの重要性はなくなって，高いドラム（円筒状の胴部）の上に立つ採光塔になってしまう。すなわち，ビザンチン建築では，初期の時代が最も空間的に興味深い独創的な作品を生んでいる。

図210　サン－マルコの内部
アヤ－ソフィアのような流れるような内部空間は失われ，各部の独立と区画の明瞭さがあらわれる。

§2. イスラム建築

アヤ-ソフィアでは，やわらかい感じの曲面でなだらかに包まれた高さ55mの大空間が，付属的部分や細部の複雑さを隠して，みごとに統一された建築となっている。このような作品に匹敵するものは，ローマのパンテオンしかなかった。

図 211　サン-マルコの外観
ドームは木造の小屋組を加えて，外観を高くみせている。モザイクで飾られたはなやかな正面で，サン-マルコ広場の正面に立つ。

4) ビザンチン建築の装飾　レンガ造のビザンチン建築では，レンガがローマのレンガに近い形式なので，壁体の外観もローマ建築と似ており，石材の薄板やモザイクで化粧張りしたり，スタッコで仕上げなければならない。東ローマ帝国では，宗教的人物を主題とした色モザイクが特に発達し，その抽象性が，よく宗教的な要求と合致したため，すぐれた作品が多く，ローマ帝国末期の初期キリスト教建築にも取り入れられた。しかし，後期ビザンチン建築では，外壁を白一色で仕上げ，内部はモザイクよりも壁画による装飾が多く，特に内陣祭壇の前に立てる聖画が中心となった。

§2. イスラム建築

1) イスラム建築の特質　7世紀に起こって急速に大きな勢力に発展したイスラム教の創始者は，アラビアの隊商民族の出身であり，その建築の伝統はほとんどみるべきものがなかった。

　イスラム教の教祖や初期のスルタンたちは礼拝堂全般にわたる形式を特に指定しなかった。しかし，7世紀末以降になると，シリア・パレスチナ・エジプトなどに，イスラム教独自の性格をもった礼拝堂が建てられる

ようになった。イスラム教の礼拝堂をモスクという。

イスラム教の礼拝では、会堂の一方に、メッカの方向を示す凹所（ミヒラーブ）を設けた壁と、司祭がコーランを朗唱する壇（ミンバール）を必要とするが、前庭に身を清める泉水、

図 212 ダマスカスの大モスクの中庭（707〜715年）
広大な礼拝堂は、中央にドームがあり、モザイクと色大理石で飾られ、ビザンチンの宮殿を模倣したところがある。

コーランの朗唱や会衆の呼集に用いる塔（ミナレット）などが備えられた。

イスラム（回教および回教徒）の勢力は広大な地域に及んだので、イスラム教徒は、その征服した地域に、よく発達した建築技術があれば、それをほとんどそのままモスクに用いた。たとえば、コンスタンチノープルを占領すると、かれらはアヤ-ソフィアをモスクに転用したばかりでなく、アヤ-ソフィアと同形式のスレイマニエというモスクを建てたし、アテネを占領すれば、パルテノンをモスクに使ったのである。したがって、シリア・イラク・エジプト・ペルシア・トルコ・西欧・インド・中国など、地方によってさまざまの特色のあるモスクが建てられたし、いまも建てられている。

2) イスラム建築の装飾 イスラム建築では、イスラム教の教義によって、人間や動物の彫刻や絵画による装飾は固く禁じられていた。そのため、それ

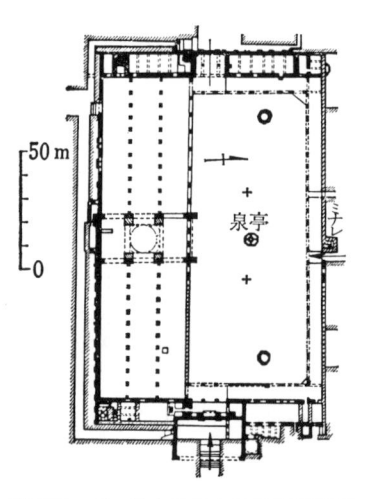

図 213 ダマスカスの大モスク平面図

§2. イスラム建築

らにかわる装飾要素として，複雑な幾何学的文様や抽象的形態の文様，文字の装飾化，アーチや持送りのような建築的モチーフの装飾的な用法が著しく発達した。

アラベスクとは，もともとアラビア文字の末端の部分を，植物の葉のように極端に図案化したものをさすことばであったが，後にはイスラム教徒の装飾文様の総称となり，幾何学文様やアカンサスの葉を，連続させたつる草文様も含めるようになった。現在では，特に複雑な連続的な唐草文様をアラベスクとよんでいる（図 216）。

図 214 コルドバの大モスク内部
柱はローマの建築から奪ってきたものを各種立ち並べ，上にゼブラ模様のアーチを二重にかけている。

イスラム建築では，実に多種多様なアーチが用いられている。半円アーチ，円弧が半円より長い馬てい形アーチ，三心アーチ，二心および四心のとがりアーチ，反転曲線を用いたオジー－アーチ，3葉・5葉・7葉といった多葉形アーチのほか，それらを組み合わせたり，上下に重ねたりする。

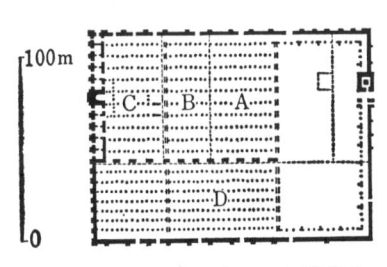

図 215 コルドバの大モスク平面図
（785〜1101 年）
AからDまで，3回にわたって増築され，平たく広大な礼拝堂をもつ。

図 216 アラベスクの例

アーチをゼブラ模様につくることもある。

ドームやヴォールトも装飾化され，単にタイルや文様で飾るばかりでなく，数百の小さい持送りを組み合わせたスタラクタイト（図219）とよばれる天井や，リブ（肋骨）を縦横に横断させたドームがあらわれた。また，細かい幾何学模様を組子にした格子窓が発達し，それに色ガラスをはめ込むこともくふうされた。

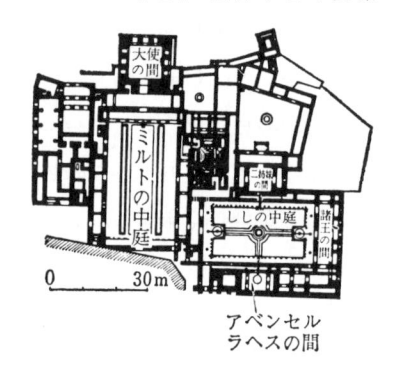

図 217 アルハンブラ宮殿平面図
（13〜15世紀，グラナダ）

3) 列柱ホール型モスク 多様なイスラム建築の中で，建築的にみて，最も独創的な形式の一つは，多数の柱を等間隔に何列も整然と並べた長方形の会堂をもつモスクで，これは，同一方向に向いて平行に並ぶ信徒を収容するのに適した形式である。これは，仮設テント内の礼拝という初期の形式に起源をもつと考えられ，シリア・エジプト・スペインなどの比較的初期のモスクに多くみられる。カイロのアムールのモスク，イブン＝トゥルンのモスク（図220）は，最もよくこの形式を示しており，同時にとがりアーチや平坦なスタ

図 218 アルハンブラ宮殿，獅子の中庭
アルハンブラ宮の最も著名な中庭で，中央の泉水盤を獅子がささえている。

§2. イスラム建築

ッコ壁の装飾など，イスラム建築の基本的特色を備えている。

同じ平面形式に属するものとして，ダマスカスの大モスク（図212，213）やコルドバの大モスク（図214，215）があるが，両者とも，キリスト教の教会堂から奪ってきた円柱を使っている。前者ではビザンチンの影響がみられ，後者では，8世紀に創建以来3次にわたる増築で，ほぼ120m四方に拡張されて，異様なほど平たく奥行の深い神秘的な空間，重複アーケード，巧妙なスタッコ装飾が特色となっている。

図219 アルハンブラ宮殿，アベンセルラヘスの間の天井
みごとなスタラクタイトのヴォールト天井の典型的な作例。

4) イスラム建築の概観 エジプト・シリア地方では，初期には列柱ホール型がしばしばみられたが，13世紀以降には，ペルシア系の大ドームをかけ，内外とも華麗に装飾するもの，中庭を囲んで四方に広間を配する平面が，一般的となっていた。北アフリカ・スペイン地方では，列柱ホール型が長く持続されるが，ミヒラーブに向かう中央廊の両端に小ドームがつく。スペインのグラナダにあるアルハンブラ宮殿（図217～219）は，最も著名なスルタンの宮殿建築で，イスラム建築装飾術の粋をつくした作

図220 イブン=トゥルンのモスク（9世紀，カイロ）
エジプトの代表的なモスクで，とがりアーチの早い例がみられる。

図 221 タジ-マハル（17世紀，アグラ）
インドのムーガル朝の代表的な霊廟。ビザンチン建築の影響とペルシア系の玉ねぎ形ドームがみられる。

品である。ペルシアでは，バグダードを中心にスキンチドームをもつモスクが多数建てられたといわれるが，その多くは13世紀の蒙古人の侵入によって破壊されてしまった。しかし，16世紀からイスファハンを中心に，再びイスラム建築が栄えた。この地方のモスクは，アーケードで囲んだ中庭の四面に，イワンという前面を開放した広間を置き，正面のイワンの奥に，大ドームをかけた会堂を設けている。玉ねぎ形の二重殻ドームが高くそびえ，多彩な陶タイルが建物の内外を飾っている。

トルコでは，ビザンチン建築の伝統が圧倒的である。16世紀に建てられたスレイマン1世のモスク（スレイマニエ）は，6世紀のアヤ-ソフィアとほとんどかわることがない。8世紀からイスラム化されたインドでは，ペルシア系モスクを石造としたものが主流であったが，インド建築の影響がしだいに加わり，さらに16～17世紀のムガール王朝時代には，ビザンチン建築の技術やペルシアの玉ねぎ形ドームが用いられた。アグラのタジ-マハル（17世紀）（図221）は，このような多種の要素を総合して建てられた王妃の廟で，世界の最も美しい建築作品の一つである。

§3. ロマネスク建築

1) プリロマネスク建築 10世紀までの西欧建築の一般水準は，ほとんど取るに足らないものであった。*それでも，わずかであるが，古建築の模倣によって，突発的に高い水準の建物が生まれることがあった。

フランク王のカルル大帝は，9世紀のはじめにローマ帝国の再興を夢みたが，その野心は実現されなかった。かれの立てたアーヘンの宮廷礼拝堂（図233）は，ラヴェンナにある6世紀のビザンチン建築サン-ヴィターレを模したものである。空間の構成には，西欧的な明確で直線的な区画のしかたがすでにあらわれているが，このような建物が他に多数建てられたわけでなく，むしろ孤立した実例である。

当時の大規模な建築といえば，修道院の建築だけといってよい。遺構はないが，遺跡や図面によって，教会堂を中心に修道僧の生活施設・工房・病院・院長館・賓客館・巡礼宿舎・農奴小屋・家畜小屋などを配置し，独立自

図222 中世ヨーロッパ要図

図223 アーヘンの宮廷礼拝堂
（792～805年）

＊このため，9～10世紀の建築を，プリロマネスク（Pre-Romanesque）建築という。

足した小社会を形づくっていたことがわかる（図225）。

修道院教会堂は，いわゆる二重内陣式で，玄関上部の階上に第二の内陣をつくり，前後二つの内陣部上方に大塔を立て，さらにらせん階段のある円塔をつけたものが多かった。

2) ロマネスク建築 11世紀から12世紀にかけて西欧で行われた厚い壁，太い柱，半円アーチをもった建築を一般にロマネスク建築とよぶが，その内容は，ある主流があり，そしてその傍流がいくつかあるといった関係ではなく，各地各様の地方的様式の集合であった。ロマネスク建築一般の特色は，その材料や形態のそぼくな地方性にあった。

しかし，次のゴシック建築への発展の可能性をもつものという観点からそれらを検討してみると，北フランスとイギリスに定住したノルマン人の建築だけが，そうした可能性をもっていたことがわかる。

図224　ブラッドフォード-オン-エイヴォンのセントローレンス教会堂（972年ころ）

このような単純な建物が，当時の小教会堂の姿であったと考えられる。

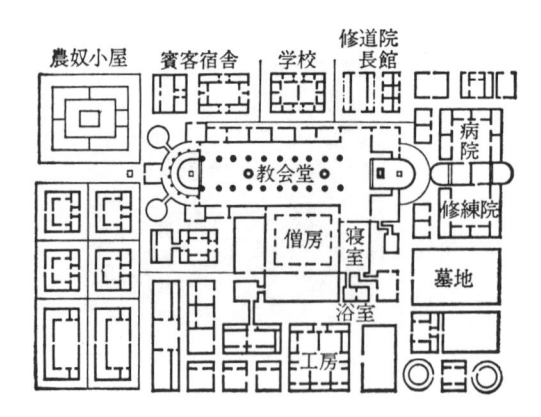

図225　ザンクト-ガレン修道院所蔵の修道院の図（820年ころ）

二重内陣式の教会堂を中心として，すべての生活施設を巧みに配置してある。

§3. ロマネスク建築

3) ヴォールト天井の発達 このような教会堂建築では，身廊部は正方形の連続，側廊部はその$\frac{1}{4}$の正方形の連続を平面の基準線とし，これらの正方形の四隅を柱位置として，バシリカ形式に似た高い身廊と低い側廊を形づくっている。初期キリスト教の教会堂には，このような規則的な区画性はなかった。この区画性は，もともと各正方形の上にローマ式のトンネル形交さヴォールト天井をかける目的で考えられたものである。

しかし，比較的小さい石材を組んだ中世の石造交さヴォールト天井では，その下面にあらわれる交さする2本のアーチ形の稜線が，ローマ式のようにだ円形のままでは，施工に不便であり，また，安定したものとならないことが明らかになり，この稜線を半円アーチ形にして，中央部を高めた新しい形態のヴォールト天井が生まれた。また，稜線がみえにくいので，この部分の下面に棒状に装飾的なリブを突出させて，稜線による区画を明確にし，柱の線と対応するようにした。

このような構造および意匠上のくふうは，石造天井の形式として，単純なトンネル形ヴォールトやペンデンティブ－ドームを選んだ地方では，あ

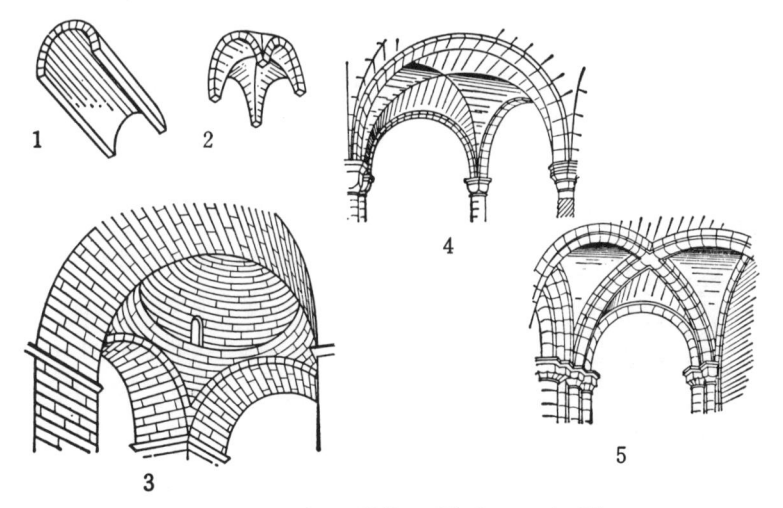

図 226 ロマネスク建築の石造ヴォールト天井
1. トンネル形   2. 交さトンネル形   3. ペンデンティブ形   4. 交さトンネル形
5. 交さリブつき

まり必要でなかった。ローマやビザンチンの建築から学んだ形態が，ほとんどそのまま，ロマネスクの石造天井の場合にも，完全な解決となったからである。したがって，それ以上の発展もみられなかった。また，木造の平天井や化粧屋根裏で満足した地域にも，もちろん新しい展開はみられなかった。

4) ロマネスク建築の概観 この時代に盛んだったのは，スペインのサンチャゴ-デ-コンポステーラへの巡礼で，巡礼路に沿ってツール・リモージュ・コンクの修道院教会堂およびツールーズのサン-セルナン（図228）のフランス四大修道院教会堂が栄えた。これらは，放射状の祭室のある半円形の東端部に高い塔をもち，身廊部にはトンネル形ヴォールト，側廊には交さヴォールトをかけて，玄関やクロイスター（修道院の方形中庭）は彫刻で飾られていた。

図227 サン-フロン教会堂内部
（12世紀，ペリグー）
ペンデンティブ-ドームをかけた教会堂。

図228 サン-セルナン教会堂平面図（1060年ころ，ツールーズ）
側廊沿いに堂内を一周できる。

北部ノルマンディに定着したノルマン人は，11世紀中ごろからカンを中心に，バシリカ形式の堂に双塔のある正面をつけた堂々たる教会堂を建てた。これらの教会堂では，内部の立面は明らかに石造ヴォールト天井を予定して設計されたが，当初は木造天井であった。サンテチェンヌ教会堂（図229, 231）とラ-トリニテ教会堂（図230）はその代表作で，ドイツのロマネスクを基本としたものであり，また，ゴシック教会堂の基本形式となったものである。ノル

§3. ロマネスク建築

図 229　サンテチェンヌ教会堂正面
（11世紀後期，カン）
頂部の尖塔部分は，13世紀に完成したもの。

図 230　ラ-トリニテ教会堂正面
（1062〜11世紀，カン）
身廊と交さ廊の石造天井は，1120〜1140年ころ改築。

マン人は，イギリスのダラム大聖堂（図 238）で西欧最初のリブヴォールト（1093年）を試みた後，1120年ころにこのカンの二つの教会堂にもリブヴォールトをかけた。

中部のクリュニ修道院の第三教会堂（図 232）では，身廊部のヴォールトはトンネル形であったが，他方，とがりアーチや束ね柱などがすでに用いられていた。フランス西部のアングレームやペリグーには，ペンデンティブ-ドームをかけたものが建てられた（図 227）。南部のル-ピュイや中部のヴェズレーなどには，イスラム系のセブラ装飾が用いられている（図 233）。

図 231　サンテチェンヌ教会堂内部

図 232 クリュニ修道院の第三教
会堂模型（1089〜1108 年）

交さ部大塔，双塔式正面，放射状祭室を完備し，古代建築の手法で内部の荘厳化をはかり，当時の教会堂建築の模範となった。

図 233 ラ-マドレーヌ教会堂内部
（1120〜1140 年ごろ，ヴェズレー）

著名な巡礼教会堂。ヴォールト天井の横断アーチのゼブラ模様や浮彫装飾にイスラムの影響があらわれている。

イタリアでは，北部のロンバルディアで，ミラノのサンタンブロジオ教会堂（図 234）にリブヴォールトがあらわれているが，これは，イギリスやフランスの例よりおそく，12 世紀中ごろものと考えられるようになった。

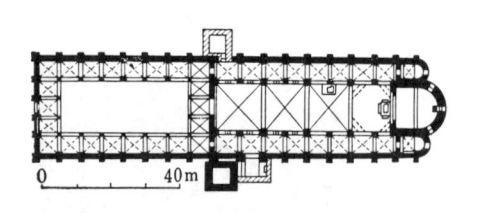

図 234 サンタンブロジオ教会堂平面図（11世紀末〜12世紀初頭，ミラノ）

正方形を基本とする典型的な平面をもち，大小の柱が交互に置かれる。

中部のトスカナ地方では，初期キリスト教時代の伝統が強く，豊富な大理石張りによる装飾に特色があった。ビザンチン・イスラムの影響も強い（図 235）。

スペインでは，イスラム教徒に対するキリスト教徒の反

§3. ロマネスク建築

撃に伴って，ロマネスク建築が普及していったから，一般にフランス系であるが，北東部地中海岸のカタロニアでは，イタリアのロンバルディア系であった。

ドイツでは，カルル大帝時代の修道院教会堂の伝統が基本となり，ライン河畔地方の大聖堂*（図237）では多塔形式とロンバルディアの建築からとられた細部の装飾が特色となっている。ドイツでは，ロマネスク建築が13世紀になっても行われていた。

図235 サン-ミニアト教会堂正面（1018〜11世紀後期，フィレンツェ）

色大理石の美しい正面。下層の古典的な円柱やアーケードは，フィレンツェにおけるルネサンス建築の発生を予告している。

図236 ピサ大聖堂（本堂は1063〜13世紀，洗礼堂は1153〜14世紀，鐘塔（斜塔）は1173〜1350年ころ）

各建物を独立させるイタリアの典型的な配置を示す。華麗なアーケード装飾は，13〜14世紀に付加されたもの。

＊司教座（カテドラ）のある教会堂を大聖堂（カテドラルあるいはカシドラル）という。大聖堂は，一司教管区内の首座教会堂であるから，大作が多い。

イギリスのロマネスク建築をノルマン建築というが，これはノルマンディ公ウィリアム1世のイギリス征服に続くノルマン人のベネディクト会修道院の教会堂建築が中心となっているからである。ダラム大聖堂（図238）には，すでに述べたように，西欧で最も早いリブヴォールトがあらわれている。

5） 中世の西欧とビザンチン・イスラム　イスラムは，7世紀から17世紀まで，西欧キリスト教にとって一大敵国であり，イスラム教徒の最前線は，西はスペインから南フランス，東はドナウ河流域からウイーン近傍にまで及んだことがあり，また1453年には，コンスタンチノープルが攻略され，東ローマ帝国が滅びるに至った。

西欧は強大なイスラムからの脅威と圧迫のもとで発展したといってもさしつかえない。したがって，そうした接触を通じて，中世の西欧が，ビザンチンおよびイスラムの建築から学んだものは，きわめて多かった。

たとえば，十字軍遠征の攻防戦による収穫として，西欧の建築術と攻城術の技術は著しく進歩した。10世紀までの城は木造の柵と櫓と土塁であ

図 237　ウォルムス大聖堂（1110〜1180年）
長大な身廊部，二重内陣，強い垂直性，多塔形式，装飾的な小アーケード帯（ロンバルディア帯）などが特色。ドイツ-ロマネスク建築の代表作。

§4. ゴシック建築

ったが，石造の天守（キープ）と塔つきの二重の城壁のある堅固なものに変わり，攻める側も各種の攻城機械や石投げ器を用いるようになった。こうした技術の大部分は，東ローマ帝国に保存されていたローマの軍事知識や，イスラム教徒が研究し利用していたギリシア・ローマ・オリエントの築城・攻城術に，その先例があった。

また，とがりアーチは，西欧では11世紀末から12世紀初頭まで，まったく知られていなかった。しかし，イスラム建築では，初期のダマスカス（8世紀），ムシャッター（8世紀），イブン＝トゥルン（9世紀）（図220）などの諸モスクで，すでにとがりアーチが用いられていた。

図238　ダラム大聖堂内部（1093～1133年）
ノルマン建築の最もすぐれた作品。柱・アーチ・リブにノルマン建築特有の装飾がみられる。
　西欧で最初のリブヴォールト天井が，この教会堂の側廊で試みられ，次いで身廊部にもかけられた。

そのほか，重複半円アーチ，多葉形アーチ，リブを用いたヴォールト，トレサリー（窓格子），ステンドグラスなど，西欧中世建築の重要なモチーフには，イスラム建築に起源するものが多い。

§4. ゴシック建築

1） ゴシック建築の特色　ゴシック建築は，12世紀の中ごろ，北フランスで発展しはじめた建築様式で，やがて各国に普及し，ロマネスク建築に続いて，イタリアでは15世紀はじめ，他の諸国では16世紀中ごろま

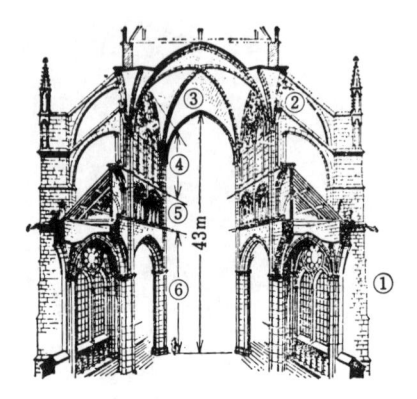

図 239 ゴシック建築の構成（アミアン大聖堂）
1. 控壁　2. 飛控え　3. 4分リブヴォールト
4. 高窓　5. トリフォリウム　6. 大アーケード

で行われていた。その最も目だった特色は，とがりアーチ・リブヴォールト・飛控え（フライング-バットレス）（図239）の使用である。しかし，すでに述べたように，これらの個々の特色は，必ずしもゴシック建築特有のものではない。ゴシックの本質は，むしろ，これらの建築的手段を総合して，ロマネスク建築よりも，より巧妙で，洗練された壮麗な建造物を発展させていく方法や過程の中にみい出される。

2) ゴシック建築の発生　1137年ころ，パリの北部サン-ドニ修道院（図240）の院長シュジェールは，教会堂の改築に着手した。その内陣部は1140～1144年に建造され，そこで，はじめてリブヴォールトととがりアーチを組み合わせて，自由な形の区画に石造のヴォールト天井をかけ，柱間を開放する問題が解決された。

とがりアーチは，半円アーチより安定しているうえ，スパンの異なるアーチの高さをそろえたり，個々のアーチの高さを任意に調節できる特色がある。したがって，とがりアーチ形のリブの組合せで骨組をつくり，骨組の間に膜

図 240　サン-ドニ修道院教会堂東端部（1140～1144年ころ）

最初のゴシック建築とよばれる建物。とがりアーチとリブヴォールトを巧みに使用している。

§4. ゴシック建築

面を張りわたした形の洋傘のような天井面を考えることができる。これは，ヴォールト天井の稜線を明確にするためにリブをつけたロマネスク建築の考え方を逆にしたもので，リブをヴォールト天井の基準線とする考え方である。しかし，リブはあくまで，ヴォールト天井の構成の基準線であって，ゴシック建築のヴォールト天井は，リブにささえられているわけではない。

3) 初期ゴシック建築 リブの線を柱の線と連続させることによって，教会堂の内部立面は，床面からヴォールト頂部まで明確に区画されるようになったので，以後は，この立面上の区画を構成の単位として，意匠の統一をはかるようになった。

ロマネスク建築から受け継いだ平面は，正方形をつないだものであったから，身廊部の柱間二つ分を一単位とし，その上に正方形の交さとがりリブヴォールトをかけると，中央の柱から上昇する線のおさまりとして，ヴォールトの中心を通って身廊を横断するリブが必要となる。この線によって，ヴォールトは6部分に分割されるので，これを6分(ぶん)ヴォールトとよんでいる。

ヴォールト天井を高く，支柱を細くするため，構造物の安定上，側廊部分を高くする必要があった。側廊部分を2階建とし，その上に屋根裏を置き，その上に

図 241 ラン大聖堂内部 (1160～1200年ころ)
4層構成の初期ゴシック建築の代表作。みごとな内部構成で，名建築として知られた。柱間二つで1組をなしていることに注意。

高窓をとると，身廊部の立面は4層構成（図241）となる。

次に，ロマネスク建築で側廊屋根裏に隠されていたアーチを屋根より高く露出して，側廊の控壁（バットレス）につないで，飛控えをつくり，ヴォールトの横圧力を，高い位置で受け止めるようにした。

これらの発展は，12世紀後期にパリを中心とする北フランスの教会堂建築で行われた。サンス・ノワイヨン・ラン・パリの大聖堂がその代表である。同時に，パリ大聖堂（パリのノートル-ダム）（図242）にみられるように，整然と区分された双塔形式の正面が完成した。

4) 盛期ゴシック建築 このような基本形態から，さらに高い空間，より細い柱，より開放的な壁面，特に大きく明るい高窓を追求することによって，13世紀初期のゴシック教会堂は形づくられた。これを盛期ゴシック建築といい，フランス北部のシャルトル・ランス・アミアンの大聖堂（図239, 244, 245）をその代表とする。

これらの大聖堂では，まず，身

図242 パリ大聖堂正面（13世紀前期）
初期ゴシック大聖堂双塔式正面の完成した形式。

図243 ランス大聖堂正面（13世紀末期〜15世紀前期）
大半は13世紀に建てられたが，正面は百年戦争で完成が遅れた。「ゴシックの女王」とよばれる建物。

§4. ゴシック建築

廊内部の立面は，柱間一つ分を細長い短冊形の1単位として設計することによって，さらに，垂直性を強調している。

したがって，6分ヴォールトのかわりに，長方形平面の4分ヴォールトの整然とした列によって，身廊の天井が形づくられている。

また，飛控えの巧みな使用法が確立し，外側からの支持が安定したので，側廊部分を1階だけとし，側廊の屋根裏に当たるトリフォリウム・高窓と合わせて，身廊部の立面を3層構成（図239参照）とした。このため，高窓を思い切り拡大し，また，1階の大アーケードの柱を高くして，垂直性を強めることが可能となった（図245）。

この結果は，著名な大聖堂の身廊部のヴォールトの高さの発展に端的に示されている。パリのノートル-ダムで32.5mであったヴォールトの高さはランスで37.5m，アミアンで43m，13世紀中期のボーヴェー大聖堂では実に49mに達している。

また，高窓部分の壁を細い石の骨組に分割して，ついに平らな壁がまったくなくなるまで開放した。このような窓内の骨組をトレサリーというが，その開放部分にはすべてステンドグラ

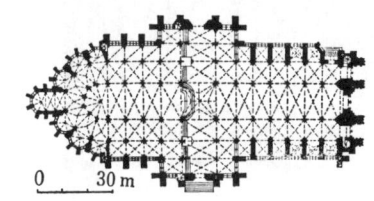

図244　アミアン大聖堂内部と平面図
　　　　（1220～1270年）

盛期ゴシックの最も美しくかつ雄大な大聖堂。東端部の周歩廊を一重とし，7個の放射線を密集させて，寸分のゆるみもない平面である。天井の高さ43m。

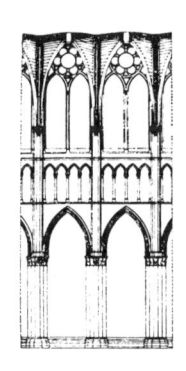

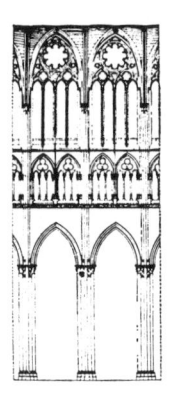

図245 フランス盛期ゴシック大聖堂内部立面の比較（左よりシャルトル・ランス・アミアン）

シャルトルの高窓層では、まだ若干の壁が残り、ランスでは頂部丸窓が一部欠けた形であったが、アミアンではそれらの問題も解決された。

スがはめ込まれた。

5) ゴシック大聖堂の内部と外観 フランスの盛期ゴシックの大聖堂をみると、双塔を立てた正面は、神の家への入口として、アーチ・トレサリーに彫像を飾り、大きな円形のばら窓（図242, 243参照）で装飾されている。内部は、整然と列柱が並んだ、きわめて天井の高い空間で、高窓から落ちてくる光線は、ステンドグラスで色づき、冷たく厳しい石造の広間に、暖かさと輝かしさを与える。奥行は深く、はるかかなたに内陣と東端部が特に明るくみえ（図244）、信仰と礼拝の目標を示す。ゴシック大聖堂の内部は、そこにはいるものの心に強く働きかけ、精神を高揚し、浄化させる。

それに対して、正面を除く外部には、身廊部の側廊の形が露出され、身廊上部をささえる飛控えが側廊の屋根上の空間を走り、急傾斜の屋根、大尖塔、

図246 サント-シャペル内部（1245〜1248年、パリ）
国王の聖物礼拝に用いられた宮廷礼拝堂。高さ15mの単廊式で、わずかな腰壁を残すだけで、ほとんど骨組だけの建物である。

§4. ゴシック建築

控壁上の多数の小尖塔が空に向いて突き出し，凹凸や重なりの激しい姿となる（図 239, 256）。これは，内部の整然とした空間を支持するための構造が，ほとんどそのまま露出した形である。大聖堂は，中世の町にあっては，その姿の大半が町の上に高くそびえ，遠方からも容易に町の位置を知ることができた。

フランスの盛期ゴシックは，まもなくイギリス（図 248）・ドイツ・ベルギー・スペインに伝えられ，それぞれの国で発展したが，イタリアだけは盛期ゴシックにほとんど関心を示さなかった。

図 247 アルビ大聖堂（1282～14世紀末）
城郭を兼ねた大聖堂で，イスラム勢力に近い南フランスで異端者の取り調べに当たった司教には，このような配慮も必要であった。

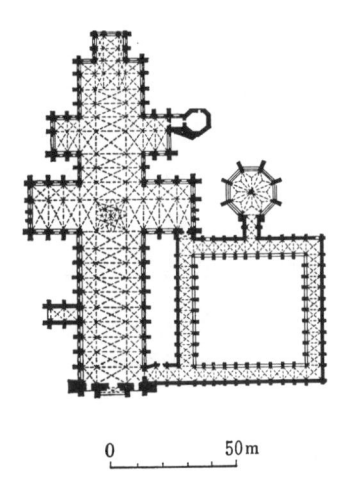

図 248 ソールズベリ大聖堂外観および平面図（1220～1260年）
短期で完成したので，様式的によく統一されている。西正面に大きな障壁がつくのも初期イギリス式ゴシックの特色。長方形の組合せよりなるイギリス独特の平面を持ち，方形中庭と八角形の僧会堂が付属している。交さ部の塔は高さ123mで，様式は装飾式。

図 249 サン-マクルー教会堂正面
（1436〜1521 年, ルーアン）
トレサリーに反曲点のある曲線が用いられ, 炎が上がった形なので, フランボワイヤン式とよばれる。

6) 後期ゴシック建築の展開 ヴォールト天井のリブの断面の先端は, 初期には半円形の鈍いものであったが, 盛期には大きく突き出し, 中央に鋭い線を, その両側に柔らかい線を形づくるようにくふうされた。

柱も, リブの線を柱の周囲になめらかに納めるため, 多数の細い柱を束ねたような形になった。リブや束ね柱やトレサリーの発達に伴って, 自重以外には, ほとんど荷重のかからない部分では, 細い石の骨組を, 針金のように自由に扱えるようになった。

トレサリーに, 反曲点のある曲線が最初にあらわれたのは, 13世紀後期のフランスのトロワのサンテュルバン教会堂であったが, ただちにオーストリアやイギリスに伝えられ, 特に14世紀前期のイギリスで著しい発展をみせた。イギリスでは, トレサリーの骨の自由な装飾的な扱いを, さらにヴォールトのリブにも適用して, きわめて多様で複雑なリブの網目をもつヴォー

図 250 グロスター大聖堂内陣部（1337〜1357年）
リブヴォールトは, 基本となった長方形交さヴォールトの形がくずれて, 全体としてはトンネル形ヴォールトに近づいている。東端の壁面は, まったくガラスの壁を形づくる。

§4. ゴシック建築

ルトをくふうするようになった．また，このような技術を利用して，新奇な空間構成をいろいろ試みている．これらを装飾式ゴシックという．

フランスでは，イギリスの装飾式ゴシックの発展に刺激されて，フランボワイヤン式（火炎式）（図249）とよばれる後期ゴシック様式が14世紀後期にあらわれ，ドイツでも同じころ，同様の傾向がみられた．

イギリスにおけるリブヴォールトの発達は，さらにヴォールトそのものをより自由な形態に構成するような段階へと進んだ．たとえば，グロスター大聖堂内陣部（図250）のヴォールトでは，すでに4分ヴォールトの明確な区画は失われて，トンネル形ヴォールトのような連続性があらわれている．

ヴォールトのリブが複雑化すると，トレサリーの曲線はしだいに消失し，窓は数本の細い垂直な石の骨組で分割されるようになった．これを垂直式ゴシックのトレサリーという．グロスターの内陣部の東端の壁は，そのみごとな実例である．

イギリスには，初期の時代から，僧会堂という中央に柱の立つ集中形式の堂があったが，このヴォールトの形から，柱位置にらっぱ形のヴォールトを並べる扇形ヴォールトがくふうされた．これはグロスター大聖堂のクロイスター（回廊）で最初に用いられたが，その著しく発展したものは，垂直式ゴシックのトレサリーをもつケンブリッジ

図251　キングズ-カレッジ礼拝堂内部
（1446～1515年，ケンブリッジ）

単廊式の垂直式ゴシックの礼拝堂で，精巧な扇形ヴォールト天井により，単純でありながら壮大華麗な空間となっている．

のキングズ-カレッジ礼拝堂(図251)やウェストミンスター-アベイのヘンリ7世礼拝堂の天井にみることができる。

7) ゴシック建築の構造と装飾 ロマネスク建築やゴシック建築の石造が古代の石造建築と違う点は,個々の石材の大きさが比較的小さいことで,これは中世の労働力が古代より小規模だったことから生じたものである。

厚い壁や太い柱は,表面だけ仕上げた石材が並び,内部には小割り石を石灰で固めた一種のコンクリートが充塡してある。ローマ建築に由来するこの一種の二重壁構造は,まず,一方の壁をとって壁を薄くし,次に,それを切り抜いて窓を大きくし,柱だけを残して,ついに壁面をほとんどなくしてしまうというゴシックの発展方向に,きわめて深い関連をもっている。

小さい石をつないだ薄い石造天井は,決してそれだけで安定するものではなく,その上面に,壁内部に充塡したと同様な小割り石コンクリートを充塡して,一体に固め,天井面にひずみを起こさないようにして,はじめて安定したものとなる。したがって,ヴォールト全体は薄いところでも数十センチメートル,身廊部のヴォールトのすその部分は,教会堂のあらゆる部分のうちで最も厚く,大聖堂級の建物では数メートルに達するのがふつうである。

ゴシックの建築空間の効果は,構造の骨組と,リブやトレサリーが形づ

図252 ケルン大聖堂(1248〜1880年)
フランスの様式を輸入したものだが,フランスの大聖堂に比し,強い垂直性と鋭い稜線が特色である。

§4. ゴシック建築

図253 ザンクト-エリザベート教会堂（1235～1283年，マールブルク）

典型的な広間式教会堂で，室内は広く明るく，柱は高くそびえる。

くる線の構成と比例に基づいており，多くの場合，入念・正確に刻まれた石材の肌のみごとさがそれを助けている。したがって，柱頭や礎盤，ピナクルとよぶ小尖塔，要所要所の彫刻のほかに，柱・アーチなどの構造的な要素を小さく繰り返した彫刻装飾と，トレサリーにはめ込まれたステンドグラスが主要な装飾となっている。

8) **各国ゴシック建築の特色** ゴシック建築は，上記のように，主としてフランスとイギリスで，その典型的な発展がみられたが，ほかにも若干の興味深い発展があった。

たとえば，側廊と身廊を同じ高さにする広間式教会堂（図253）は，はじめフランスのポワチエでくふうされたが，これが広く一般的なものとなったのは，ドイツ・オーストリアであった。

また，ドイツ・オーストリアでは，

図254 ウルム大聖堂（1377～1529年，塔は1890年完成）

ドイツ特有の単塔式正面をもち，透かし細工の尖塔の精巧さで知られる。

塔の建築が著しく発達し，15世紀には，石造の透かし細工といった精巧な尖塔が多数建てられている。正面にただ一つの塔を建てる単塔形式の教会堂が多い（図254）。

スペインでは，教会堂の規模がきわめて大きく，また内陣部の面積が大きく，イスラム系の装飾がみられることが特色である。

イタリアでは，ゴシック建築に共感することが少なく，形態や比例において初期キリスト教のロマネスク建築の影響が大きい。イタリアで，シエナ大聖堂（図255）・ミラノ大聖堂（図256）などの比較的北方のゴシック建築に近い建物は，フランスやドイツの技術者が直接関係したものである。

図255 シエナ大聖堂（12世紀後半〜14世紀）
イスラム系のゼブラ模様を内外に用い，大理石張りの正面をつけている。

図256 ミラノ大聖堂（1386〜1577年，正面は1813年完成）
多数の小尖塔で飾られた白大理石張りの雄大・華麗な大聖堂で，ドイツとフランスの建築家が参加した。正面の窓配置も変化に富んでいる。

9) 市庁舎・邸宅・城郭 ゴシック建築の技術は，もっぱら宗教建築のためのものであった。

しかし，都市の発展に伴って，市庁舎（図257），商人・職人の組合会館がその技術を利用して建てられた。

§4. ゴシック建築

また，法王・大司教・総督・大商人の邸宅（図 258, 259）も同様であった。国王や封建領主の城郭（図 260）は，もともと防備本位のものだったが，国内の安定に伴って，建築的に整った形態をとり，開放的で居住性のよい，装飾を施した広間を設けるようになった。

10) 中世の都市 中世の都市は，一般的にみると，修道院教会堂・大聖堂・市庁舎とその前面の広場を中心として，自然発生的に町屋が建て並べられていったもので，道路は狭く，かつ不規則に曲折していた。防衛のため城壁で囲むと，城壁内は町屋が密集するので，敷地の形は，間口の狭い奥行の深い短冊形になった。また，町屋は自然に高層化した。

図 257 ルーヴァン市庁舎
教会堂建築の技術を十分に活用した市庁舎で，市民階級の興隆を示している。

一般の町屋はたいてい木造かレンガ造であり，特にフランス北部・イギリス・ドイツ北部では，ハーフチンバリングとよばれる木骨真壁造が一般的であり，3〜5階の高さのものが，急傾斜の切妻屋根の妻を街路に向けて立ち並んでいた。

図 258 ベネチアの総督宮（14世紀後期〜15世紀）
2段のアーケードで大きな壁面をささえているが，軽快で華麗な効果をあげている。イスラム建築の影響が強く混合したゴシックの宮殿。

西欧の中世都市は，一見雑然とみえるが，地形に応じて境界や城壁を定め，市門からマーケット広場への交通を主要路とし，市門から市門，各戸からマーケットおよび市門への交通路が副次的に考慮されていて，自然体によって運営される自由な商業都市の機能はよく生かされており，視覚的にもきわめて統一のある都市景観を形づくっていた。

図 259　ジャック＝クェール邸（1443～1453年，ブルージュ）
中世末期の最も完備した邸宅で，形式にこだわらない自由で機能的な計画がなされている。

図 260　ピエルフォン城（1392～1411年ころ）
中世末期フランスの代表的城郭で，19世紀に復原されたものである。高い城壁，多数の防備塔を備え，広い中庭に面する側は開放的につくられている。

第3章　西洋近世の建築

　ルネサンスは，西ヨーロッパの知識人たちが，中世の教会と封建制度から自己を解放し，人間の理性と感覚を信頼し，国家や社会や個人のあり方に整然とした秩序をつくり出そうとした運動である。この新しい動きの中で，古代ローマの学問と芸術の復興が，重要な役割を果たした。ローマ人の人間中心的な明るい生活態度と，その壮麗な都市と建築が模範とされた。文学・絵画・彫刻の改革に続いて，建築のルネサンス様式は，15世紀初期のイタリアのフィレンツェの町で形成され，急速にイタリア全土に広まった。16世紀には他の西ヨーロッパ諸国にも伝わり，中世のゴシック建築にかわる新しい建築として普及していった。中世の建築が，ほとんど教会堂だけを中心としていたのに対して，この時代になると，教会堂と並んで，公共施設や宮殿・邸宅などが重要な建築の課題となった。ルネサンス建築には，古代復興の気運に応じて，古典的な，円柱・アーチ・トンネル

一般史		時代	世紀	建築史	
1414	コンスタンツ宗教会議	ルネサンス	15	1420	フィレンツェ大聖堂のドーム
1453	東ローマ帝国滅亡			1470	サンタンドレア教会堂
1517	ルターの宗教改革			1502	テンピエット
1540	イエズス会成立		16	1546	カンピドリオ広場・ルーブル宮起工
1558	エリザベス1世即位			1561	アントワープ市庁舎
1588	無敵艦隊の敗北			1587	サン-ピエトロ大聖堂ドーム
1618	三十年戦争起こる			1619	バンケッティング-ハウス
1660	イギリスの王政復活	バロック・ロココ	17	1657	ヴォー-ル-ヴィコント
1666	ロンドン大火			1661	ヴェルサイユ宮増築開始
1679	人身保護令			1675	セント-ポール大聖堂
1701	スペイン継承戦争			1705	ブレニム宮
1721	イギリスの責任内閣制			1722	フラウエンキルヘ・マティニョン邸
1740	オーストリア継承戦争		18	1743	フィアツェーンハイリゲン巡礼教会堂
1789	フランス革命	ネオクラシシズム		1755	パリのパンテオン
1804	ナポレオン1世即位			1806	エトワール凱旋門・ラ-マドレ
1832	イギリス選挙法改正		19	1836	イギリス国会議事堂
1852	ナポレオン3世即位			1861	オペラ座

形ヴォールト・ドームのような古代ローマ建築の形態が用いられているが，ルネサンス建築は単なる古典建築の模倣ではなかった．

§1. ルネサンス建築

1) ルネサンス建築の特色　ルネサンス建築に古代ローマの形態が用いられたのは，主として，視覚的効果のためである．ルネサンス建築の構造は，古代建築および中世建築の成果を受け継ぎ，くふうを加え，さらにビザンチンやイスラム建築の長所を取り入れて，それらを総合している．平面計画についても，教会堂はゴシックの長堂形式（縦に長い広間をもつ平面形式）とビザンチンの集中形式の対照と融合が課題であったし，また，住宅とか宮殿においては，中世後期の住宅のもっていた，形式にとらわれない機能的な性格に，さらに，古典・古代の威厳と東方的な快適さを加えることが課題であった．

このため，平面や立面を厳格な対称形とし，目的を異にする各室を巧みに配分したうえ，外部に向かって秩序と威厳を主とし，中庭側や室内では，開放性や快適さを主として設計するという方法をとった．ルネサンス時代のイタリアのパラッツォ（宮殿・邸宅・市庁舎）は，その典型的な例である（図265）．構造においても，平面計画においても，ルネサンス建築は，技術的には総合的であり，絶えず新しい課題と解決を求めた．そして，それらを一つの建物にまとめ上げるときの判断の基準や形式美の理想とし

図 261　ルネサンスのイタリア要図

§1. ルネサンス建築

て，古典・古代の建築原理が模範とされたのである。

2) 建築界の変革 このような理由から，ルネサンス建築の設計は，伝統的な手法の習熟にたよっていた中世的な職人には困難であって，広い教養と識見をもち，美術家の才能を備え，意識的にくふうし，実験する能力と意欲をもつ，独立した建築家を必要とした。

こうした新しい性格をもったルネサンスの建築家たちは，建築を施工する能力よりは，むしろ新奇なものを設計し，芸術的に完全なものにする能力，そうした設計の理論に関する知識によって，高い社会的地位を築き上げていった。したがって，建築家の個性とか独創というような概念は，ルネサンス建築の時代になって，はじめて重要なものとみなされるようになった。ルネサンス以降，建築の歴史は，いわば建築家の歴史ともなるのである。

3) ルネサンスの建築家 イタリア初期ルネサンスの建築家の多くは，ボッテガという美術工芸店の工房で，徒弟教育によって各種の技能をみがいた。そのため，はじめ，画工や彫刻師として立ち，後に建築家に転じ

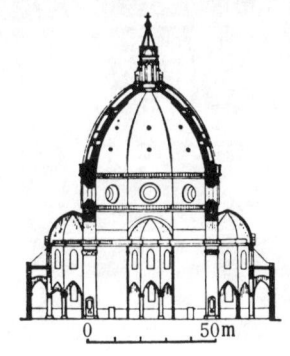

図 262 フィレンツェ大聖堂のドーム
(1420〜1461年，ブルネルレスキ)

大ドームが，このように高く，むき出しの形で建造されたのは，はじめてのことであった。ドームは頂部へととがっており，二重殻で，基部に木材をつないだ環がはめ込んである。

図263 捨子保育院（1421〜1445年，フィレンツェ，ブルネルレスキ）

古典建築のモチーフを採用した最初のルネサンス建築。タイバーを用いた開放的なアーケード。

図264 サント-スピリト教会堂内部（1436年ころ設計，1445〜1482年，フィレンツェ，ブルネルレスキ）

1対2の比例で統一されている。コリント式アーケードや，十字交さ部のビザンチン-ドームに注意。

たものが少なくない。たとえば，ブルネルレスキは金銀細工師から，ブラマンテは画家から建築家になった。ミケランジェロは彫刻家，ラファエルロは画家として傑出した人物であったが，建築デザイナーとしても一流であった。レオナルドは，教会堂の形式について多くのスケッチを残しており，フランスのシャンボールの城館（177ページ，図281）の二重らせん大階段の設計者ともいわれている。

これらの人々は，すべて美術職人としての修行を経ていたが，アルベルティの場合は，もともと学者・文人で職人出身ではなく，自分では建築の設計だけを行い，施工は他の建築家や職人にまかせている。これらの人々が，個性的な設計という仕事を通じて，中世的な建築職人や親方とはまったく異なった，芸術家としての建築家という新しい職業を確立したのであった。しかし，ミラノその他の地方都市では，中世以来の建築職人組合の伝統がきわめて強固に保たれ，その勢力が建築家の権威を上回っているという場合もかなりあ

った。たとえば，フィレンツェの建築家フィラレーテは，ミラノに新様式を普及したが，職人組合の強い反抗にあって，その建物を思い通りに建てることができなかった。

16世紀のローマでは，建築家は自分のアトリエで弟子を助手として使うかたわら，建築家として養成していたから，アルベルティにはじまる設計者と施工者の分離は，すでに，かなり一般化していたと考えられる。多数の建築書は教科書の役割を果たし，建築学の体系が，ある程度できあがっていた。

イタリア以外の諸国では，ゴシックの伝統が強固だっただけに，職人組合の勢力が強く，建築家の職業は容易に確立されなかった。建築家の大半は，建築職人の親方を兼ねていた。

フランスのレスコー，スペインのエレーラ，イギリスのイニゴ＝ジョーンズなどは，ルネサンス的な新しいタイプの建築家のさきがけとなった人々である。

4) ルネサンスの建築理論 各分野における古典復興熱に応じて，ルネサンスの建築家は，古典建築のもつ秩序と形式美を，建物の所有者や居住者の人間的尊厳をあらわすのに最も適切な背景であるとして，建築の基本的要素の一つとみなした。

古典建築の設計原理の中心をなすものはオーダー

図265　メディチ邸中庭（1444〜1459年，フィレンツェ，ミケロッツォ）

フィレンツェのパラッツォ建築では，外側を城郭のように堅固な仕上げとし，中庭側を開放的で優雅なものにつくる伝統があった。

第3章 西洋近世の建築

図266 ルチェルライ邸(1446〜1451年,フィレンツェ,アルベルティ)

都市建築では,平坦な長方形の壁面を建築的に処理しなければならない。その基本となった作品。

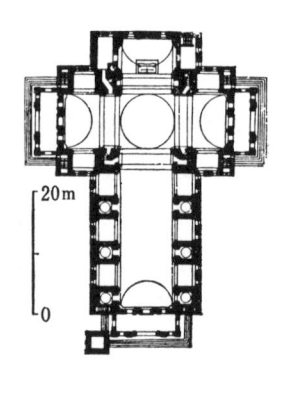

である。オーダーは一つの比例体系であり,また,組合せの体系である。したがって,ルネサンスの建築家は,建築の各部分が,それ自体において,また相互の関連において,完全に調和し,それに何を加えても,またそれから何を取り去っても,またどこをかえてもわるくなってしまうような調和をもつことが建築美であると考えた。建築は,実用的な要求を満たしたうえ,さらにそのような完全な比例と調和をもつものに組み立てられなければならなかった。

図267 サンタンドレア教会堂内部および平面図(1470〜1512年,マントヴァ,アルベルティ)

近世教会堂建築の基本となった大作で,ローマ神殿の内部を想像させる荘重さである。サント-スピリト教会堂と同じく,正方形と1対2の比例で統一されている。壁の扱い方が彫塑的になっている。

§1. ルネサンス建築

また，ルネサンス建築では，サント−スピリト教会堂（図 264）やサンタンドレア教会堂（図 267）にみられるように，しばしば，ある簡単な整数比が，建物の平面や立面や全体を支配していることが重要視された。これは，ルネサンスの人々が，数学的に明快な比例を，宇宙の秩序を示すものと考えたためである。

このような理想のもとに，多くの建築家によって，建築の理論が追及された。アルベルティは，ローマの建築家ヴィトルヴィウスにならって，その膨大な知識を書物にまとめた。

フィラレーテ・セルリオ・ヴィニョーラ・パルラディオ，フランスのデュ=セルソ・ドロルム，フランドルのフレーデマン=ド=フリース，ドイツのティッターリン，イギリスのシュート，その他多くの建築家が建築書を著わし，出版し，次の時代にその経験と知識を伝えた。

そうして，しだいに建築学という学問の体系が組み立てられていった。

図 268 ヴェンドラミニ邸（1481 年起工，ベネチア）

ルネサンス建築にも地方色がある。ベネチアの大運河に面する邸宅では，このようなはなやかな形態が好まれた。

図 269 チェルトーサ正面（1473 年起工，パヴィア）

パヴィアのカルト会修道院教会堂で，華麗な色大理石張りの正面で知られている。イタリアのルネサンス建築としては，洗練されたものとはいえない。

図270 サンタ-マリア-デルレ-グラーチェ教会堂内部（1485年ころ～1497年，ミラノ，ブラマンテ）

ブラマンテの作風には，北イタリアの初期ルネサンス特有の軽快な明朗さと，厳格で緊密な構成に対する関心や興味が混合している。この作品では，単純で明解な形態を大らかな規模でまとめている。

図271 テンピエット（1502年，ローマ，ブラマンテ）

聖ペテロの殉教記念堂で，盛期ルネサンスの最初の作品といわれるもの。オーダーやニッチには，ローマ的な荘重さがある。しかし，ドラム（円筒部）の上にのせたドームを中心とする構想は，ローマ時代にはなかった。

5) ルネサンス建築の構造

ルネサンス建築の材料と構造は，きわめて多様で，古代から中世までの技術が自由に用いられているほか，さらに，ある造形的効果を得る目的で，さまざまの隠された仕掛けをくふうしている。したがって，一定のやり方を守るというより，建物の用途，その土地で手にはいりやすい材料，設計上の意図によって，最も効果ある組合せがくふうされた。

たとえば，外壁はすべて石で積む場合もあるが，レンガ壁の表面の部分を石材・大理石板・テラコッタ・スタッコで化粧している場合がきわめて多い。内壁も，石材・スタッコ・木造パネルなどが目的に応じて用いられ，天井も，木造の格天井，木造下地のスタッコ天井，レンガ造ヴォールトにスタッコ仕上げしたもの，木ずりスタッコのヴォールトやドーム，石造のドームなど，さまざまである。これらのいくつかが，一つの建物

§1. ルネサンス建築

図272 ファルネーゼ邸（1530〜1545年，ローマ，サン＝ガルロ・ミケランジェロ）
16世紀イタリアの邸宅建築では，窓まわりに小さいオーダーやペディメントを配置するようになった。これによって，柱形のない壁面にも十分な記念性が与えられている。

に組み合わせて用いられている場合もきわめて多い。床は組積造のヴォールトの上に石を敷いたもの，木造床を組んだものがあるが，ほとんどすべての屋根は木造の小屋組でささえられている。

構造上のくふうとして特に注目されるのは，開放的なアーケードに用いられたタイバーと，外部に高く露出したドームである。タイバーはイスラム建築からはいってきたもので，イタリア建築の目だった特色となり，後に様式がローマ的な重厚なものになるに従って柱を太くしたり，ヴォールトを軽くするくふうをしてタイバーを用いないようになった。フィ

図273 ファルネーゼ邸中庭側（1530〜1546年，ローマ，1，2階はサン＝ガルロ，3階はミケランジェロ）

1階は，盛期ルネサンスの典型的なアーケードを示している。初期ルネサンスの作品と比較してみよう。

図 274 ロレンツォ図書館控室（1521～1534年，フィレンツェ，ミケランジェロ）

ささえない持送り，壁に埋まった柱，外のみえない窓，何も置かない凹所などを，純粋な彫塑的要素として用いている。
ブラマンテが確立した厳格な古典主義の原理を打破した独創的作品であり，マナリズム（177ページ）の建築のさきがけの一つとなった。

図 275 カンピドリオの広場（1546年ころ設計，ローマ，ミケランジェロ）

三つの建物と台形の広場，広場に上がる大階段とを組み合わせた総合的な計画で，バロック建築の構想のさきがけをなすもの。大オーダー（189ページ）を用いた最も早い例である。

レンツェ大聖堂のドーム（165ページ，図262）は，二重殻のレンガ造として重量を減らすとともに，ドームの基部に木材をつないだ環をはめて，ドームの破裂を防ぐくふうをした最初のドームである。これはルネサンス以降の大ドームの基本的な構法で，この方法によって，バットレスなしにドームを高いドラムの上にのせて，建物のきわだった特色とすることが可能となった。

住宅建築の分野では，中世に比べて，より人間的なスケールをもち，多様な材料で美しく快適に仕上げられた室内と，暖炉の発展と普及が注目される。また，中世の狭苦しいらせん階段にかわって，広くゆるやかな直階段や折

§1. ルネサンス建築

曲り階段が用いられ,室内に平天井が張られるようになったのも,ルネサンス時代からである。

6) ルネサンス建築のオーダーと装飾　ルネサンスの建築家は,建物に古典的性格を与えること,そして,その中に住むことが,生活に秩序をもたらし,人間に誇りを与えると確信した。

それゆえ,ルネサンス様式では,その古典的性格が特に重要な意味をもっている。

ルネサンス建築では,ローマの5種のオーダー,すなわちトスカナ式・ドリス式・イオニア式・コリント式・コンポジット式が用いられているが,これらに個人的なくふうを加えた変種も多く用いられた。一般に初期ルネサンスでは,華麗なコリント式や細かいアラベスク風の浮彫り装飾が好まれ,盛期ルネサンスでは,ローマ風の重厚で力強いドリス式やトスカナ式が好んで用いられた。

アルベルティは,ルチェルライ邸の正面を,コロセウムの外観にならって,3種のオーダーを積み重ねる方式でデザインしたが,これはルネサンスの市街地建築の立面構成の基本をなすものとなった(図266)。

比例については,ヴィトルヴィウスの建築書にならい,円柱の半径や直径を1モデュールとし,これを基本単位として,円柱の高さ,

図276　マッシーミ邸正面(1535年起工,ローマ,ペルッツィ)

　自由で新しい表現を求めようとする傾向を示している。3階の窓の額縁はストラップワーク(179ページ)になっている。マナリズム(177ページ)の建築の代表的作品である。柱や窓の並べ方をわざと不安定な構成にしている。

図 277 ヴィチェンツァのバシリカ（1549〜1614年，パルラディオ）

中世の市庁舎ホールの周囲に，ルネサンス式のアーケードをめぐらした裁判所の建物で，このような柱とアーチの組合せをパルラディオ-モチーフという。

図 278 ヴィラ-カプラ（1567年，ヴィチェンツァ，パルラディオ）

パルラディオの別荘建築の代表作で，かれの理想とする柱と壁の純粋な用い方を示している。この建物は，郊外の美しい丘の上にあり，自然と対照する形式美を目的としている。
神殿風のポーチの比例が，左右の壁面の区分にあらわれている。これによって，オーダーをつけない壁面にも，落着きのある古典的な性格を与えることができる。この原理は，西欧近世の一般建築にもよく応用された。

エンタブレチュアーの高さ，柱の間隔など，すべての部分の寸法を割り出している。対称的な平面と立面，対称形による安定した調和と均衡なども，古典的な端正な美しさを得るために重要な方法であった。

細部の要素や彫刻装飾や壁画や文様は，ローマ建築の遺構からとられたものを基本とし，個々の建築家のくふうが加えられている。ルネサンスの建築家であると同時に，画家あるいは彫刻家でもあったから，美術的にきわめてみごたえのある細部や装飾が目だつ。もちろん，こうした特色は，国や地方によって，それぞれ異なっているが，中世のものに比べて写実的な，生気にあふれた豊かさが，ルネサンスの装飾の特色であり，建築に独特の魅力を与えている。

7) **ルネサンスの都市計画**　アルベルティは，理知的な社会は，その理

§1. ルネサンス建築 175

想を都市の形態にもあらわすべきだと考えた。アルベルティの思想に基づいて、フィラレーテその他、多数の人々が理想都市の形態を考案したが、それらはほとんどすべて、円形・方形・多角形・星形のような集中形式をとり、その中に放射状あるいは格子状の道路を規則正しく配し、広場や大建築物を整然と配置したものであった。フィラレーテは、放射状道路と環状道路との組合せ、広場の大きさ、建物の高さの統一、用途別地域制など、都市計画上の諸問題の総合にも努力したが、当時はそれほど高く評価されなかった。

イタリア本土で計画どおりに実現されたのは、ベネチア共和国の要塞都市パルマノヴァ（図 279）だけであったが、他のヨーロッパ諸国では、いくつかの都市が、イタリアの思想の影響を受けて建設された。

最も多く実現されたのは広場計画で、中世の不規則な形の広場に対して、長方形の広場の三方に、1階にアーケードをもつ高さの均一な建物を配し、残る一方に教会堂や市庁舎を置く形式が理想とされた。フィレンツェの捨子保育院のアーケードも、そうした広場の一部を形づくっている。ミケランジェロのカンピドリオ広場は、こうした古典的な秩序と静的な均衡を打破して、劇的な高まりと動的な均衡を主題とした画期的な業績であったが、これはルネサンスの理想とはまったく異なるもので、次のバロック時代の理想のさきがけと考えるべきである

図 279　パルマノヴァの都市計画（1593年，スカモッツィ）

星型の堀に囲まれ、9個の砲台で守られている。実施の結果、放射状道路の不利が確認され、以後の計画では、多くの格子状の街路が取り入れられた。

(図 275)。

8) イタリア初期ルネサンス建築 イタリアはルネサンス建築の発生地であり，多数のすぐれた作品を生み出した。その時期は，15 世紀初期から 16 世紀後期までにわたっているので，これを初期ルネサンス，盛期ルネサンスおよびマナリズムの 3 期に分けるのが便利である。そのうち，初期ルネサンスは，15 世紀をさすと考えてよい。

新様式を開拓し確立したのは，フィレンツェの建築家ブルネルレスキで，その作風は，単純・明白・軽快を基本とし，また，そのような建築を実現するために独創的な構造上のくふうをしている点に特色があった。新様式の古典主義的性格をとりわけ強調し，それを中心課題としたのはアルベルティで，かれは建築書をあらわすとともに，フィレンツェ以外の都にルネサンス建築を普及し，多くの建築家がそれにならって，ルネサンス建築の古典主義化を推進した。その中で，ブラマンテがミラノで行った仕事が最も注目される。しかし，初期ルネサンスの建築では，一般的に，古典モチーフが装飾的に用いられ，彫刻装飾は自由・軽快・華麗で，多くのアラベスクを混ぜ，材料・色彩の用い方も多彩である。

9) イタリア盛期ルネサンス建築 ブラマンテは，15 世紀末にローマに移住して，その古代の遺跡に刺激され，より荘重な古典主義的作風を確立した。それをルネサンス建築の古典主義的完成とみなして，完成期の

図 280 イル-レデントーレ教会堂（1576～1592 年，ヴェネチア，パルラディオ）
ペディメントを分割したり，重複させたりして，教会堂に神殿風の正面をとりつけたもの。

§1. ルネサンス建築

ルネサンス，盛期ルネサンスあるいは高期ルネサンスとよぶ。その特色は，初期ルネサンス建築のもっていた古典主義的性格が，古代ローマ建築と同様な記念性と成熟に到達している点にある。

したがって，古典モチーフの用法が，初期ルネサンスに比べて，より厳格で，かつ形式的に整備され，自由・軽快・華麗をできるだけ排除して，簡素・威厳・重厚といった性格を，ゆるみのない比例によって達成している。また，建物の外観は，初期ルネサンスのはなやいだ自由さを失って，色彩も淡白で沈静したものとなるが，室内はかえって，初期ルネサンスよりも多彩で豪華なものに変化した。ブラマンテやラファエルロは，盛期ルネサンスを代表する建築家であるが，この時期は比較的短く，ほぼ1500～1530年の30年ほどとみてよい。

10) マニエリスム 1520年代の後半に，イタリアでは政治上，宗教上の変革が各所に起こり，建築についても，調和・明確・安定という盛期ルネサンスの理想がくずれ，緊張・複雑・新奇を求めて活発な活動がみられた。これをマニエリスムの建築という（図274，276）。マニエリスムの建築家は，単なる古典的な理想の達成に満足せず，盛期ルネサンスの完成した様式を破って，独創的，個性的な様式を追求した。ミケランジェロ・アントニオ＝ダ＝サン＝ガルロ・パルラディオなどが最も傑出した建築家

図 281 シャンボールの城館（1519年起工）
平面や立面が対称的になり，細部にもルネサンス様式が用いられているが，凹凸の多い輪郭部・円塔・屋根窓は中世風である。

であった。

11) フランスのルネサンス建築 16世紀の初期に，北イタリアの初期ルネサンス様式が，イタリアに遠征したフランスの貴族によって取り入れられた。フランス王フランソワ1世は，多数のイタリア美術家をフランスに招いて新様式の普及に努めた。ロワール川流域の城館群やフォンテンブローの城館の室内装飾は，初期の代表的な建築作品である。これらの建築では，主として，装飾にルネサンス様式を取り入れ，一方では，水平線の強調，対称的な平面や立面などにルネサンスの法則が導入された。しかし，急傾斜の大屋根，凹凸の多い輪郭などの中世的特色は保持された（図 281，282）。

図 282 ブロワの城館のフランソワ1世館の大階段（1515～1525年）
中世風のらせん階段を建物の中央に配し，北イタリアの初期ルネサンス様式を装飾的に適用したもの。

16世紀中期から行われたルーブル宮（図 284，285）の新築工事では，単にルネサンス様式が完全に理解されたばかりでなく，急傾斜の大屋根や

図 283 フォンテンブローの城館のアンリ2世のギャラリー（1548～1556年，ド＝ロルム）
フランスでもイタリア風の室内がつくられ，フォンテンブローでは多数のイタリア人美術家が室内装飾に参加した。

§1. ルネサンス建築

ドーマー窓の巧みな処理, 古典モチーフや彫刻装飾の優雅な扱いに, フランス独自の特色を示すことに成功した。

ルーブル宮の設計をしたレスコーは, 建築職人の出身ではなく, 富裕な法律家の家に生まれた知識人であった。レスコーのあと, 石工の出身で, しかもイタリアで古典建築を研究したド=ロルムがあらわれて, フランスのイタリア-ルネサンス建築の摂取を完全なものにした。

12) ベルギー・オランダ・ドイツのルネサンス建築 この地域での画期的な業績は, フロリスによるアントワープ市庁舎(図286)の競技設計の当選作で, アルプス以北のヨーロッパで不可欠とされた急傾斜屋根の破風を, ルネサンス様式でまとめあげるという課題に, 指針をあたえたものである。オランダでは, このような破風壁の構成に, ストラップワークという, 薄板を切り抜いて張り付けたような独特の装飾を好んで用いる(図287)。ストラップワークは, イタリアのマニエリスムの建築家によってくふうされ, フ

図284 ルーブル宮中庭西側 (1546～1559年, パリ, レスコー)

ルネサンス様式を完全に理解し, さらにフランス独特の優雅なきめの細かさを示した画期的な作品である。イタリアの建築にくらべて装飾が多く, しかも全体として平板にみえる。また, 急傾斜の屋根が目だたぬように努力している。

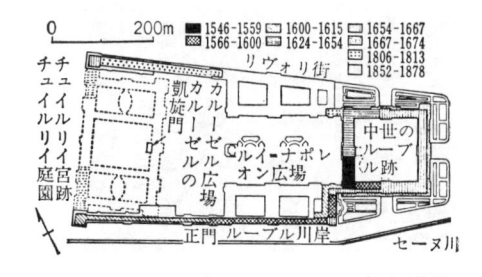

図285 ルーブル宮とチュイルリイ宮の配置図

黒い部分がレスコーの建てた最初の部分。左方の点線で示した大建築物が, ド=ロルムによって起工され, 1871年に破壊されたチュイルリイ宮の跡である。

ランスに伝えられ，オランダとドイツで特に愛用され，イギリスでも一時もてはやされた。ドイツのルネサンス建築はイタリアよりもむしろオランダの強い影響を受けており（図288），17世紀にはい

図 286　アントワープ市庁舎(1561～1565年，フロリス)

ってから，ようやくイタリアの影響が強くなった。なかでも，アウグスブルクの建築家ホルは，イタリアの様式を真に理解した，最初のドイツ建築家といわれる（図 289）。

13) スペインのルネサンス建築　16世紀前期のスペインでは，イスラム芸術の影響を受けた装飾性の強い後期ゴシックと輸入されたルネサンス様式が混合して，セヴィリア市庁舎（図 290）を代表例とするプラテレスコ様式（銀細工様式）とよばれる初期ルネサンス様式が形づくられたが，やがてより厳正なルネサンス様式が理解され，カルロス5世宮（図291）やエル－エスコリアル宮（図292）のような大作が試みられた。

しかし，こうした厳格さは，伝統的な装飾に対する愛着に反するものだったので，一般には普及し

図 287　ライデン市庁舎正面（1597～1603年，ド＝ケイ）
ストラップワークで装飾した独特の破風壁が特色。

§1. ルネサンス建築

図 288 ハイデルベルク城のフリードリヒ館（1601〜1607 年）
ドイツでは，イタリアよりはオランダの影響が強く持続した。

図 289 アウグスブルク市庁舎（1610〜1620 年，ホル）
ホルはこの作品で，これまでのドイツにみられない，きわめて冷厳な古典主義を達成しようとした。

なかった。

14) イギリスのルネサンス建築　イギリスの後期ゴシックは高度に発達していたから，初期ルネサンス様式には，垂直式ゴシックの大きな格子窓が根強く残り，また，レンガ造の普及に伴い，オランダ建築の影響がしだいに強くなった。ゴシックからルネサンスへの過渡期の建築をチューダー式とよび，エリザベス1世時代のものをエリザベス式（図 293 参照），ジェームス1世時代のものをジャコビアン式というが，あとの二者

図 290 セヴィリア市庁舎部分（1524〜1564 年，デ＝リァーニョ）
装飾的な初期ルネサンス様式であるプラテレスコ様式の代表例である。

の区別はそれほど明瞭ではない。しかし、垂直式の大窓が、十字格子の小窓になり、レンガの使用、オランダ風の破風壁、古典モチーフの深い理解が目だってくる。このような状態が17世紀初頭まで続いた後、イニゴ=ジョーンズによって、イタリア-ルネサンス様式の完全な理解と、洗練された個性的様式がもたらされた（図294, 295）。

15) ルネサンス建築の普遍的特質 このように、アルプス以北の諸国では、外来の新様式を理解し、消化し、応用しようとする数十年にわたる努力の後、傑出した個性的な建築家によって、その国独自のルネサンス様式が完成されている。これはルネサンス建築の特性をよく示す事実で、ルネサンス建築では、用途や技術の問題を越えた純粋な形式の美しさが第一に重んぜられ、さまざまな構築的な技巧は、むしろ、そのような形式美を達成するための手段とみなされていた。したがって、

図291 カルロス5世宮の円形中庭（1530年ころ、グラナダ、マチュカ）
この宮殿は未完成の大作であるが、円形中庭には盛期ルネサンスの完全な理解が示されている。

図292 エル-エスコリアル宮（1562〜1582年、デ=トレド、エレーラ）
フェリペ2世がマドリードから50kmの静寂の地に建てた大建築で、カルロス5世廟・教会堂・修道院・宮殿を総合している。

§1. ルネサンス建築

この様式の完成は、古典的教養と美術家の技能を合わせもった知的な建築家によって果たされた。この様式が西欧において長期にわたって支持されたのは、この様式を理解し味わう能力が、その人物の教養とみなされていたからである。

ルネサンス建築のあとにバロック建築があらわれてくるが、バロック建築は、その目的から明らかなように、宗教的あるいは社会的な権力や財力を背景として発展したもので、ルネサンス建築を否定する立場から発生したものではなかった。つまり、ルネサンス建築の伝統は、西欧建築の基盤として、19世紀まで連続して生きており、その上層でバロック建築が花開いたとみてよい。事実、フランスやイギリスでは、ルネサンス的な古典主

図 293 ウォラトン-ホール（1580～1588年, スミソン）

エリザベス式邸宅建築の代表作。垂直式ゴシックの大きな格子窓と活気に満ちた城郭風のマッスの組合せに特色がある。

図 294 ホワイホール宮殿のバンケッティング-ハウス（1619～1622年, ロンドン, ジョーンズ）

イタリア盛期ルネサンスとマナリズムの完全な理解と、それらに対する作者独自の判断を示す画期的な作品。パルラディオの邸宅を基本としているが、大きな修正を加えて、独自のものとしている。2階建にみえるが、内部は吹抜けのホールになっている。宴会場として用いられた。

第3章 西洋近世の建築

図 295 クイーンズ-ハウス（1616～1635年，グリニッチ，ジョーンズ）
盛期ルネサンスの厳格な比例感覚と細部に関するマナリズムの自由と簡潔をよく生かし，時代を超越した新鮮・端正さを示している。

義が強い根をおろして，極端なバロック的形態に対しては，明らかな嫌悪や反感が示された。バロック建築が本当に自由に栄えたのは，イタリアや南ドイツやスペインのようなヨーロッパ南部の諸国であり，これらの国々でも，ルネサンス建築の伝統がまったく消え去るということはなかった。

　この持続力の根本的理由は，すでにローマ建築にみられたように，古典主義の建築には，都市建築として，個々に建てられた建築が，自然に秩序感のある町を形づくっていくという性質が多分に含まれていたためであろう。たとえ，オーダーや古典装飾をつけない一般の建築でも，壁の区分，窓や戸口のとり方，全体と各部の比例などに，古典主義建築の法則が適用され，それが都市建築の統一や調和をたやすく生み出す基盤となったのである。西欧文明史上，最も注目すべき成果をもたらしたルネサンス建築は，そのような意味で，今日なお，十分研究すべきものを多く含んでいる。

§2. バロック建築

1） バロック建築の発生　ルネサンス建築は，安定した比例・均衡・調和をもつ静的な古典美を理想としたが，バロック建築は，こうした古典的理想を捨て，より動的で劇的な効果を求め，みる者にできるだけ強烈な印象を与えようとする。そのような建築を要求する動きとして，ローマ-カトリック教会の反宗教改革運動，フランス絶対王権の伸張などがあり，い

§2. バロック建築

ずれも巨大な権力と財力を背景としていた。

また，マニエリスムの建築家たちが，その細かな技巧的くふうと建築界の沈滞にあきて，もっと根本的な建築の改革を求め，より活気に満ちた様式の創造によって，盛期ルネサンスに対する劣等感を打破しようとしたことも，みのがせない要因である。

2) バロック建築の特色 バロック建築の反古典性は，マニエリスムの消極的な反古典性と異なり，感覚に訴える劇的な効果を達成するという積極的な目的があった。その目的を達成するため，建築技術だけでなく，絵画・彫刻・光線など，あらゆる方面の技巧を動員しているので，技術的にはルネサンス建築以上に複雑で総合的な建築様式といえる。

劇的効果をあげるおもな手段として，オーダーやペディメントのような古典モチーフの変則的な用法，彫刻的な手段によって激しい凹凸や曲面を形づくる方法がある（図 301,320）。また，さらに絵画の技法を加えて，幻惑的な空間をつくったり（図 322），透視画法的な錯覚を利用して実際以上の奥行を出す方法もある（図 300）。巨大なドームという中心点へと複雑な形態のマッスを積み上げていく方法は特に好まれた。また，単独の建物でなく，いくつか

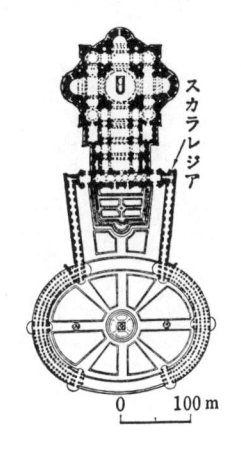

図 296 サン-ピエトロ大聖堂のドーム平面図（ドームはミケランジェロが 1560 年ころ設計，ローマ，1587～1589 年建造）

の建物と広場や中庭の組合せによって，複雑な構成をつくり出す方法，長大な中心軸線や，それに直交する軸線上に，大規模な建築や庭園を展開する方法（図 296, 311）などがあげられる．

工学・絵画・彫刻などとの協力，あるいは建築群とそれらを取り巻く空間の統合など，バロックの建築は，それまでのどんな時代の建築よりも数多い要素の複雑な組合せを処理している．

それゆえ，バロックの建築家は，多方面にわたる個々の技術を巧みにこなせる卓越した技能家であると同時に，効果を劇的に配置するすぐれた演出家でなければならなかった．

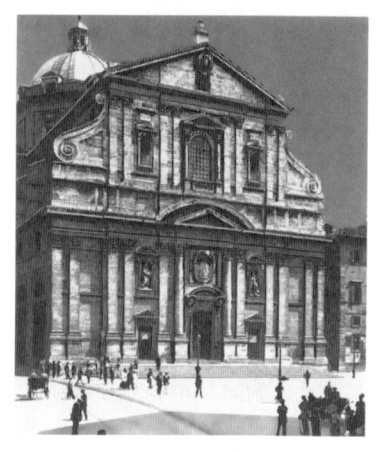

図 297 イル-ジェズ教会堂正面（1573年，ローマ，デル＝ポルタ）

3) バロック建築の構造と装飾 ルネサンス建築にみられた構造上の多様なくふうは，視覚的な効果を徹底的に追求したバロック建築で，さらに

図 298 サン-ピエトロ大聖堂身廊部内部 （1606～1624年，マデルナ）天井高 46m．

§2. バロック建築

著しい発達を示した。たとえば，大規模なドームでは，建物の内部からみあげた場合に適当と考えられるドームの高さは，建物の外部からみた場合には低すぎて十分な効果がない。したがって，ドームを二重殻としたうえ，それぞれの形を変えて，内殻は半球形に近く，外殻は半だ円球形に近い形にして頂部を高め，さらに高いドラムの上にのせる形式をとる。もちろん，ドームの破裂を防ぐために鉄の鎖を埋め込んである。サン－ピエトロ大聖堂のドーム（図 296, 299）は初期の代表的な作例であった。しかし，二重殻のドームは，内殻を本来のドームとして，外殻をその上にかぶせた屋根と考えることができるから，内殻を組積造，外殻を軽い木骨造として，スレートあるいは金属板で葺いたものが，フランスで多く試みられた。アンヴァリッドのドーム（図 308）はその発達した

図 299　サン－ピエトロ大聖堂正面（1546～1667年，ミケランジェロ，マデルナ）

図 300　ヴァチカン宮殿のスカラ－レジア（1663～1666年，ローマ，ベルニーニ）
サン－ピエトロの限界およびコロネードからローマ法王庁に通ずる先すぼまりの大階段で，透視画の効果を利用している。

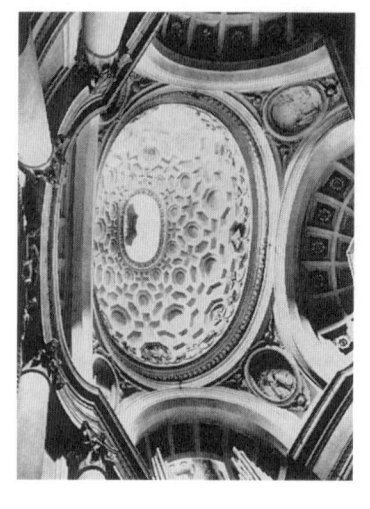

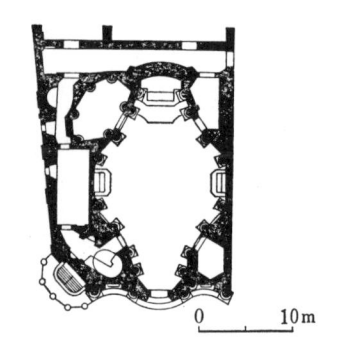

図 301 サン-カルロ教会堂ドームと平面図
（1638年起工，ローマ，ボルロミーニ）
凹凸や曲面の使用によって，新しい建築空間を開拓したもの。

形で，内殻は二重となり，全体は三重殻となっている。

　セント-ポール大聖堂のドーム（図 313）は，最も巧妙につくられた三重殻のドームで，フランスにおけるくふうをさらに発展させた画期的なものであった。

　スタッコによる壁や天井の仕上げも，ルネサンスで活用されたものであるが，バロック建築では，複雑な形態による彫塑的な効果を比較的安価につくり出すために，広範囲に使用されているうえ，多様で強烈な彩色を伴っている。ヴォールト天井も，木造の骨組に木ずりを打ち，スタッコを施したものが多く用いられ，軽量を利用して思い切った形態をつくり，効果をあげている。壁画と天井画も，バロック建築の重要な手段で，建築とよく調和した動

図 302 サンティ-ヴィンチェンツォ-エド-アナスタシオ教会堂正面（1650年，ローマ，ルンギ）
イタリア-バロック教会堂正面の代表作。

§2. バロック建築

的な構図，誇張した遠近法，明暗に富んだ色彩を用いて，建築的な空間の限界を打ち破る奥行と広がりを与えている．注目すべき点は，建築的な要素を画面の中にまで連続して描き込んでいる例が少なくないことである．

したがって，バロックの建築は，極端にいえば，高度に劇化され，様式化された宗教的あるいは貴族的生活の恒久的な舞台装置であるが，個々の作品をみると，巨費を投じ豪華をきわめたもの，比較的安価に効果を上げているもの，超人間的なスケールをもつもの，比較的小さいが変化に富むものなど，さまざまである．

バロック建築にも古典モチーフが用いられているが，その用い方はルネサンス時代よりはるかに自由で変則的である．円柱を密接して並べたり，前後させたり，あるいはねじり柱としたりする．特に重要なのは，大オーダーという2階の高さにわたるオーダーの使用で，建築のスケールを大きくするために愛用された（図303，306）．また，柱の配

図303 キジ＝オデスカルキ邸（1664年，ローマ，ベルニーニ）

大オーダーと大コーニスの使用によって，盛期ルネサンスの威厳を保ったまま，盛期ルネサンスにみられない雄大さを達成している．これ以後の市街地に立つ宮殿・大邸宅の基本的モデルとなった重要な作品．

図304 ブロワの城館のオルレアンの館（1635～1638年，フランソワ＝マンサール）

マンサールの典雅な古典主義をよく示す作品で，イタリアの影響におぼれない堅実な民族的様式として尊重された．

図 305 メゾンの邸館（1642〜1646年，フランソワ＝マンサール）

マンサールの邸宅建築の代表作。大きな屋根，林立する煙突，彫りは鋭いが，淡白な壁面などを，イタリアの邸宅建築と比較してみよう。

置に応じて，エンタブレチュアーを自由に突出させたり，わん曲させたりするうえ，ペディメントを切断したり，2個あるいは3個のペディメントを重ねて用いたりした（図302）。

4) バロックの建築家　バロックの建築家には，多方面にわたる高度の技能と，それらをまとめあげる総合的能力を要したことはすでに述べた。強大な権力をもつ教皇・枢機卿・国王・貴族が主要な建築主であったから，大工事を成就するためには，宮廷人としての教養や社交性も必要とされ，また，

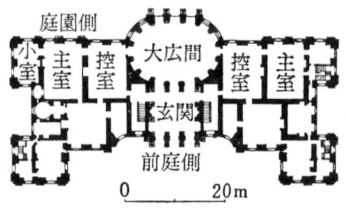

図 306 ヴォー＝ル＝ヴィコントの邸館と平面図（1657〜1661年。ル ヴォー）

大オーダーの使用，マッスの大胆な組合せでバロックの新風を取り入れた邸宅。庭園はル＝ノートルの設計。

§2. バロック建築

図307 ルーブル宮東面（1667〜1674年，パリ，ペロー）
ベルニーニ案の影響で，フランソワ＝マンサールの民族的様式は過去のものとなり，本格的なバロック化に向かいはじめた。急傾斜の大屋根は姿を消し，壮大な列柱廊がイタリア風の立体感を与える。

多くの技能者からなりたつ設計と施工の組織を運営する能力も不可欠であった。

イタリアのベルニーニは天才的な彫刻家で，教皇ウルバヌス8世の保護を受け，建築や広場や噴水の設計にも才能をふるい，1665年には，フランスのルイ14世に招かれて，ルーブル宮を設計したが，これは実現できなかった。

また，フランスのジュール＝アルドアン＝マンサールは，ルイ14世の大臣コルベールによって設立された建築アカデミーで教育を受け，アンヴァリッドのドーム（図308）やヴェルサイユ宮殿（図309, 310）の

図308 アンヴァリッドのドーム（1680〜1691年，ドームは1735年ころ完成，パリ，アルドアン＝マンサール）
フランスの最もすぐれたバロックの三重殻ドーム。

図309 ヴェルサイユ宮庭園側（1678〜1688年，ルヴォー，アルドアン＝マンサール）
マンサールは，ルヴォーの建てた建物の2階のテラスの部分に，鏡の間をつくり込んだのである。

ような大工事を担当して，前例のない大規模な設計組織を運営し，ヴェルサイユ宮殿では2800人の職人を動かしたといわれる。

　イギリスのレンは，29歳でオックスフォード大学の天文学教授となったうえ，数十の発明をなし遂げた天才的な数学者・天文学者・物理学者・工学者であって，建築にはいったのは30歳ころからである。ロンドン大火後，膨大な量の建築を設計し，イギリス17世紀後半の建築界は，ほとんどレンの独占場といってよかった。レンは，自分でもすぐれた図面を描いているが，製図・模型製作に優秀な技能者を雇い，石工・レンガ工・金工・木工にもすぐれた職人を多数使いこなしていた。

　この時代に，すぐれた建築家の社会的地位が著しく上昇しただけでなく，フランスでは建築アカデミーが形成され，建築の研究や教育の振興が，国家の政策の一部として推進され

図310 ヴェルサイユ宮鏡の間（アルドアン＝マンサール）
　ヴェルサイユ宮の豪華な室内装飾を代表する大広間で，窓と反対側のアーチ内に鏡を張り詰めてあるので，この名がある。

§2. バロック建築

たことは、特に注目してよい。

5) **バロックの都市計画**　バロックの都市計画の基本は、モニュメンタルな建築群や広場群を広い直線道路で結び合わせ、都市を整理し、美化することで、これによって建築活動を促進するとともに、空き地やスラムを除去し、上下水道を整備して衛生状態を改善しようとした。ルネサンス時代から、教皇はローマの美化に努めたが、大規模な都市の改善にある程度成功したのは、教皇シクストゥス5世の努力によるところが大きい。

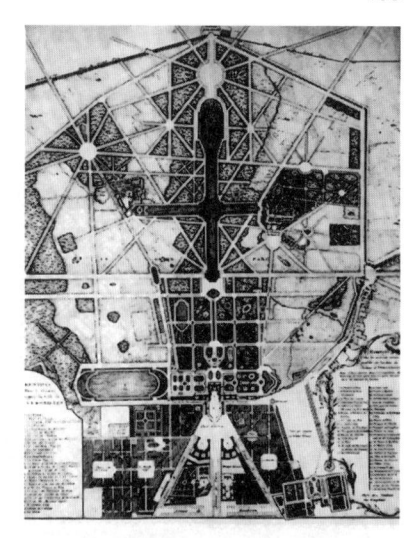

図 311　ヴェルサイユ宮庭園平面図
（1667年起工，ル＝ノートル）

ル＝ノートルは、宮殿と町と庭園を一体とした面積約12平方キロという前例のない大計画を実施した。

フランスでも、イタリア風の広場計画が採用され、パリその他の都市で試みられたが、より大規模な都市の改造はまだなかった。公共事業に関心のうすかったルイ14世の治世では、ル＝ノートルによって実施された、ヴェルサイユの町・宮殿・庭園にわたるバロック的な大計画（図311）がきわだっている。しかし、これは、むしろ建築の背景であり、都市計画としての意味はあまりなかった。

1666年のロンドン大火の直後、レンはバロック的なロンドン再建計画案（図312）を提出した。

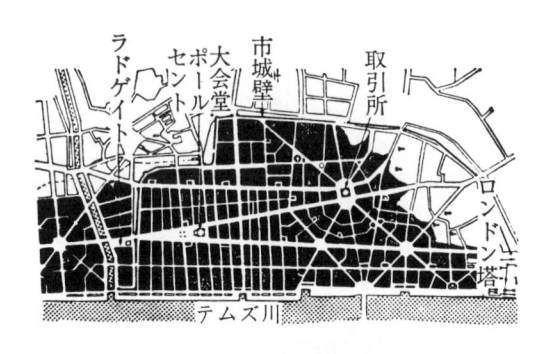

図 312　ロンドン再建計画案（1666年，レン）

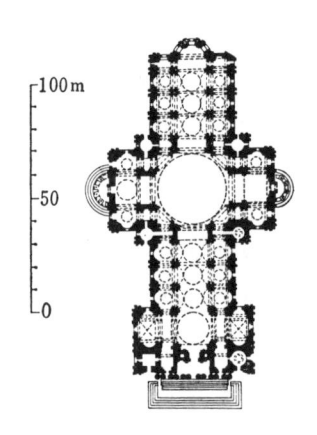

図 313 セント‐ポール大聖堂
正面および平面図（1675〜
1710年，ロンドン，レン）
原案は集中形式であったが，長堂形式
に変更された。十字交さ部の柱は接合さ
れてドームの控壁となっている。

これは，公共建築物と広場をつなぐ直線道路網を特色とする画期的なものであったが，もとどおりの敷地を要求する市民の反対によって実現できず，ロンドンは中世的な街路網のまま再建されてしまった。

バロックの都市計画は，もし，実現する権力と財力さえあれば，その壮麗な効果は明白であったから，たとえ，実現されたものは少なくても，19世紀まで都市計画の理想像とされていた。

6) イタリアのバロック建築 イタリアはバロックの発生地で，その芽生えは，すでにミケランジェロの諸作品にみられるので，ミケランジェロは「バロックの父」とよばれている。ミケランジェロは熱烈なカトリックの信仰をもち，サン‐ピエトロ大聖堂を反宗教改革をめざす教会の真にモニュメンタルな象徴とするため，ブラマンテの集中形式を基本として，さらに緊密な力強い構成とし，高く巨大なドームをのせる計画を立てた。ミケランジェロは，このドームの完成をみないで死んだが，17世紀後期に至って完成した現在のサン‐ピエトロは，その規模と壁面の構成において

§2. バロック建築

ミケランジェロ案を基本とし，その前方に増築していったものである。身廊部を加え，長堂形式にし，正面を付加したマデルナは，最初のバロック建築家といわれる人物であったし，著名な広場と大コロネードを付加して，壮大なバロック的構成を完成したのは，イタリア-バロック芸術家を代表するベルニーニであった。ブラマンテ以来，ルネサンスの天才的人物を歴代の主任建築家としてきたサン-ピエトロであるが，今日ローマに建っているこの大建築は，イタリア-バロック最大のモニュメントである。

イタリアのバロックでは，一方では，このように大きなマッスを壮大なスケールで展開する試みがあり，他方では，比較的小規模な教会堂建築で，あらゆる建築的・彫塑的技巧を尽くして，動的な空間とマッスをつくりあげ，強烈な効果をあげることに成功した。ベルニーニや，その競争者ボルロミーニの教会堂作品はその好例である（図301）。

また，ローマのイル-ジェズ教会堂の平面や正面（図297）は，ヨーロッパのバロック教会堂の基本となったが，イタリアのバロック建築家は，このような小教会堂の正面の意匠でも，多数のすぐれた作例を生んだ。それらの一般的特色は，入口の左右に円柱を密集させたうえ，正面

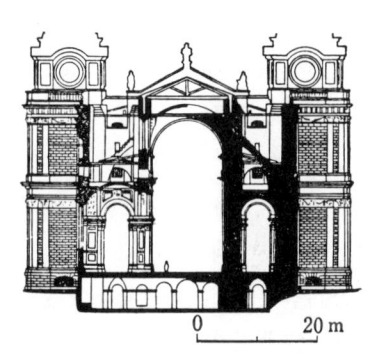

図 314　セント-ポール大聖堂断面図
　2階の外壁のかげに，ゴシック建築の飛控えが利用してあることに注意しよう。

図 315　セント-スティーヴン教会堂
　　（1672～1687年，ロンドン，レン）

単純な矩形平面の小教会堂であるが，複雑で劇的な空間構成が巧みにつくり込まれている。

の中央部分をしだいに突出させ，ペディメントをいくつか重複させて，しだいに正面上方へ効果を盛り上げていき，動的な彫刻をその頂点とするものである（図302）。このような正面の彫塑的な扱い方では，イタリアは他の諸国の追随を許さなかった。

邸宅および宮殿建築では，ベルニーニのキジ＝オデスカルキ邸（図303）が，長い間バロック邸宅建築の模範とされた。これは，1階を基壇のように取り扱い，2階・3階を一括して大オーダーの柱形を適用する形式で，ミケランジェロの先例にならい，それを完成させたものである。

イタリアで特に注目されるのは，この時期に広場や街路が整備されて，噴水や階段を備えたバロック的な広場がつくられはじめたことで，こうした公共事業は，次の世紀まで各地でかなり活発に行われた。

7）17世紀のフランス建築　イタリアのバロック建築は，きわめて多様なものであったが，そのうちで比較的古典主義的なものだけがフラン

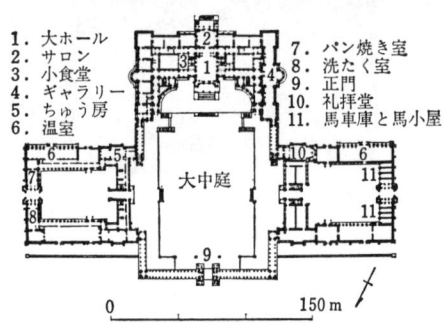

図 316　ブレニム宮（1705〜1725年，オックスフォード近傍，ヴァンブラ）

1. 大ホール
2. サロン
3. 小食堂
4. ギャラリー
5. ちゅう房
6. 温室
7. パン焼き室
8. 洗たく室
9. 正門
10. 礼拝堂
11. 馬車庫と馬小屋

イギリス貴族の大カントリー＝ハウスを代表する大作。主館・ちゅう房館・うまや館を大中庭のまわりに配置している。ちゅう房からサロンや食堂まで100mもある。多数の使用人が働いて，はじめてなりたつ平面である。マールボロ公ジョン＝チャーチルの邸宅。イギリスの首相だったウィンストン＝チャーチルの生家である。

§2. バロック建築

スに取り入れられた。これは，17世紀前期にフランソワ=マンサールが，淡白・優雅で洗練されたフランス的様式を完成させ，端的な古典主義的伝統を確立していたからである。ルイ14世時代になって，はじめてバロックを受け入れる条件が成立した。ルヴォーが本格的なバロックの技法を導入し，ル=ノートルがその原理を造園に適用することによって，フランス王室に関係ある建築では，古典主義的なバロックが主流となった。ヴェルサイユ宮殿はその代表的な作品で，基本的にはルヴォーの計画とル=ノートルの造園からなり，アルドアン=マンサールの大増築によって完成された。

貴族の田舎の屋敷は，小規模なヴェルサイユ型で，幾何学的な大庭園に囲まれていたが，町の屋敷は中庭式で，街路に面しては馬車を中庭に入れるための入口があるだけで，外観は比較的簡素であった。

この時代の室内装飾は，完全にイタリア化され，多彩で豪華な内装は古典モチーフの重厚な組合せを基本としており，スタッコによる彫刻装飾や壁画・天井画も活用されている。

教会堂建築では，はじめからイル-ジェズ型のバロック教会堂が受け入れられ，急速に普及した。したがって，イタリアのバロック様式は，教会堂建築の分野で最も円滑に取り入れられたといえるが，ボルロミーニのような極度に動的な形態は好まれなかった。

8) **17世紀のイギリス建築**　イギリスは新教を国教とした国であり，17世紀前期

図317　メルクの修道院（1702〜1736年，プランタウァー）
ドナウ河岸に建つ大修道院で，その劇的な構成はよくバロック建築の特色を生かしている。

にイニゴ=ジョーンズによって古典主義の伝統が確立されていた。そのうえ，王権の弱体，清教徒革命とその影響によって，バロック建築が十分に発展するための条件を根本的に欠いていた。

17世紀中期のイギリスで注目されるのは，住宅建築の発展で，中廊下の採用によって平面を便利で簡潔なものにし，両翼壁の付加と少数の古典モチーフの適用で，モニュメンタルな邸宅の形式をつくり出していた。

また，当時のイギリスと密接な関係にあったオランダでも，パルラディオの作例を模範とした，簡素だが威厳のある邸宅形式が完成されており，これがイギリスに伝えられて，上層階級に好まれた。

1660年の王政復古以後，イギリス王チャールズ2世は絶対王権の確立をはかったが，これはかえって議会制度の確立（1689年）という世界史的な偉業の達成を促進させることになった。しかし，王の，この態度が，レンの潜在的なバロック的傾向をもった古典主義建築の出現を助けたことは疑いない。レンの手がけた作品は，確実なものだけでも学校建築11，宮殿6，および公共建造物20，教会堂67の多数に達する。その空間構成の巧妙さ，多様で簡素であるが，男性的で威厳のある意匠，施工一般，特に細部のすぐれた技巧によって，長くイギリス建築の模範とされた。ロンドンのセント-ポール大聖堂は，近世の教

図318 ツヴィンガーの楼閣（1709～1722年，ドレスデン，ペッペルマン）

ツヴィンガーは，ザクセン選帝侯の祭典祝宴場で，この階段室の楼閣は，その最も著名な部分である。豊かなスタッコ装飾が特色。

§2. バロック建築

会堂の中でも最も巧妙に設計された作品の一つである。イギリスの本格的なバロックは，18世紀にはいって，レンの後継者により一つの流派となった。その背景は，強大な権力をもった大貴族の巨大なカントリー-ハウス（図 316）建造であった。このバロック派は，いくつかのすぐれた作品を生んだが，約20年足らずの活動ののち衰退し，かわって，より穏健で伝統的なパルラディオ主義という古典主義が主流となった。

9) **ドイツ・オーストリアのバロック建築** フランスやイギリスが近代君主国家として発展したのに対し，17世紀

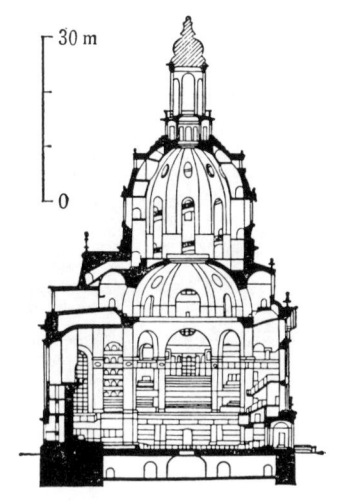

図 319 フラウエンキルへ断面図
（1722～1738年，ドレスデン，ベール）

きれいにえぐられた内部の構成が独創的。ドームも外側まで砂岩でつくられている。

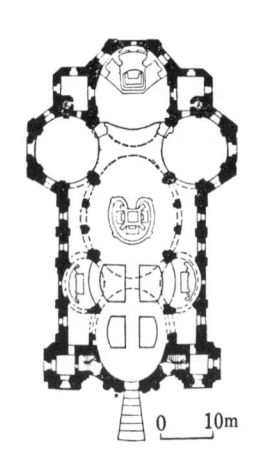

図 320 フィアツェーンハイリゲン巡礼教会堂内部および平面図（1743～1772年，ドイツのフランケン地方，ノイマン）

五つのだ円と二つの円を基本としている。

第3章 西洋近世の建築

図321 ブルックザール宮階段室（1731年起工，ノイマン）
バロックの建築家は，このような豪華な階段の設計に，特に力を注いだ。

図322 ヨハン-ネポムク教会堂内部（1717～1721年，ミュンヘン，アザム兄弟）
弟が画家兼建築家，兄が彫刻家で，幻想的な効果を示すことを得意とした。

末のドイツは300に近い小国家に分裂して衰退し，わずかに南方のオーストリアと北方のプロシアとに2王家が強権をもっているだけであった。これらの王家の隆盛を背景としたバロック宮殿や宗教建築（図317）は，地方の権力者の邸宅・庭園建築や，18世紀になってカトリック信仰地域に点々と建てられた修道院教会堂・巡礼教会堂とともに，ドイツ-バロックの粋であるばかりでなく，バロック建築全体の中でも，ひときわ目だった高度の技巧性を示している。なかでも，アザム兄弟・ノイマンの作品は（図320，321，322），その劇的な空間性という点で，バロック建築芸術の一つの頂点を形づくるものである。他方，新教のための教会堂建築でも，ドレスデンのフラウエンキルヘ（聖母教会堂）（図319）のような独創的作品もあった。

ドイツのバロックは，18世紀にはいって隆盛になったため，中期以降の

§2. バロック建築

作品ではロココ装飾を用いたものが多い。たとえば，ヨハン＝ミヒャエル＝フィッシャーの教会堂群では，ファイヒトマイアのロカイユ装飾（図331）が目だった特色となっているが，建築の基本的構成は明らかにバロックである。

10) スペインのバロック建築　南ドイツと同じように，スペインは熱烈なカトリック教国であり，また，伝統的な装飾愛好の傾向をもっていた。しかし，スペインではマドリッド王宮を除いて，それほど壮大な計画や構造的に巧妙な設計はみられなかった。建築家の意図は，一面に金塗りした祭壇や，教会堂の背の高い正面の意匠を第一とし，次に内部をどのように装飾するかにあった。このような

図 323　トレド大聖堂のトラスパレンテ（1721～1732年，トメー）
スペインのバロックの祭壇を代表する大作で，中央に背面の主祭壇まで貫通した棚があり，そこに置くパン（キリストの肉体を象徴する）が両側からみえるので，トラスパレンテ（透明の意）の名がある。

図 324　グラナダの修道院の聖器室（1730～1747年）
スペイン-バロックの頂点を形づくる室内で，壁は折り曲げ積み上げた無数のくり形と渦巻きで埋め尽くされている。

彫刻装飾には，彫刻されたものとスタッコによるものとがあるが，みる者を幻惑させるという点で，やはり典型的なバロック建築の一種といえよう。

また，これらの装飾には，スペインの中南米植民地から取り入れたと思われる意匠がある（図324）。

§3. ロ コ コ 建 築

1) ロココの発生 ロココ建築は，フランス-バロックの末期に起こった室内装飾の新しい試みがきっかけとなって，18世紀前期のフランス・イタリア・ドイツ・スペインで行われた建築である。

ロココのはじまりは，アルドアン=マンサールの弟子であったピエール=ルポートルが，マルリの邸館で1699年に行った室内装飾だといわれる。ルポートルは，バロックの宮殿や邸宅で行われてきた，白色あるいは金色のアラベスクで充満した華麗な室内装飾をやめ，薄くワニスをかけて生地を出した，薄肉彫の木造のパネルを張り，従来の建築的なモチーフと関連のない非対称で自由な形態の縁取りをつけた。

この軽快で優雅な手法は，バロックの華麗に飽きていた美術家・建築家に歓迎され，急速にイタリア・ドイツ・スペインに伝えられた。初期ロココの普及に功績のあったニコラ=ピノーは，オップノール・メッソニエーらとともに，この新しい非対称の装飾をもつ室内様式をさらに洗練されたものにまとめ上げた。

図325 ロカイユ装飾

2) ロココの室内装飾 ロコ

§3. ロココ建築

コの室内装飾に用いるパネルは，ロカイユとよばれる不規則にわん曲した浮彫装飾（図325），リボンで飾った花飾り，葉飾り，貝がら装飾で飾られ，これらの部分は金色あるいは白く塗られていた。

また，パネルそのものは淡い柔らかな色で塗られ，ときには流行画家によって，その一部に風俗画が描かれた。

入口や暖炉上の鏡やアルコーブ（凹部）のある部分は，アーチ形の縁取りをもつのがふつうで，壁や天井へと曲面でなめらかに移行

図326 ロココの室内壁面

図327 スービーズ公爵邸「冬の間」（1735～1740年，パリ，ボフラン）
最もすぐれたロココの室内装飾の一つ。

して，境界を目だたせないようにしてある。このために，ルネサンスやバロックの室内各部の明瞭な区画はあいまいになり，また，古典モチーフもほとんど消失した。

このような室内は，バロックの誇張した演出や劇的な壮麗さでなく，もっと少人数の親しい会合の背景となることを目的としているので，室内の規模も小さく，目的も限定されているのがふつうである。

3) **ロココ建築の特色** ロココ建築の室内は，バロック時代の広間を分割して改装したものが多いので，部屋の平面は長方形を基本とし，単に隅を丸くしたものが目だつ。しかし，新しく計画された建物では，だ円形や円形の部屋が

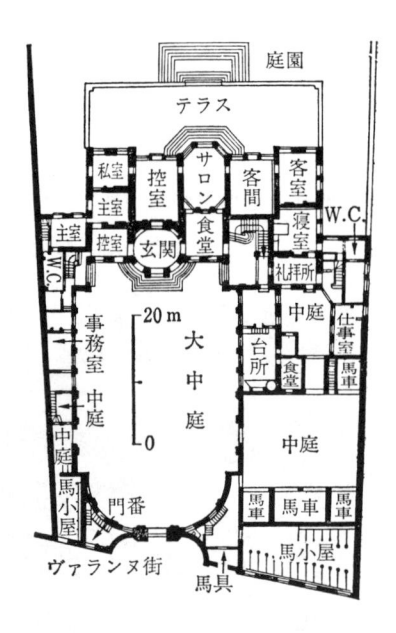

図 328 マティニョン邸庭園側および平面図（1722年起工，パリ，クールトンヌ）

　機能的によく計画された巧みな平面である。大中庭および庭園からみると，主屋が対称形にみえるようにしてある。
　ロココの邸館の外観は，このように，簡素でかつ優雅である。

§3. ロ コ コ 建 築

好んで用いられた（図 327, 329）。また、壮大なバロック宮殿の庭園の片隅に、くつろぎの場所として、休息所とか狩小屋程度の規模で建てられることも多かった（図 329）。

　典型的なロココ期の邸宅建築は、中庭を中心に多数の小室を連続したもので、バロック時代に比べると、機能別に細分された室が、実用に便利なように巧みに配列されていることが目だつ。そのため、平面は必ずしも対称形でないが、2階建の主屋を形づくる部分の立面は対称形を示すようにしてある。外壁はきわめて淡白・簡単に仕上げる。古典モチーフを目だたせないことは内部と同様である。建物の背面には、別に庭園を設けた（図 328）。

　教会堂建築では、ルネサ

図 329　アマリエンブルクの外観と「鏡の間」
（1734～1739年、ミュンヘン、キュヴィエ）

ニュンフェンブルク宮の庭園内にある小さい休憩用の建物で、バロックの大宮殿に対して、ロココの小室趣味を示す。
ドイツのロカイユ装飾は、フランスより彫塑的で、より奔放に展開する。

図330 シュッセンリート修道院図書室
（1754～1761年，ツィンマーマン）

ツィンマーマンは，ファイヒトマイアと並ぶドイツのロカイユ装飾の名手であった。

図331 ツヴィーファルテン修道院教会堂
（1740～1765年，フィッシャー，ファイヒトマイア）

みごとなロカイユ装飾で，幻想的な天井が形づくられている。

ンスやバロックの水平方向の区分がくずれ，内部全体を連続的な空間として扱うようになった。そのため，側廊を高めて壁から身廊へ，身廊から反対側の壁へ，また，柱からヴォールトあるいはドームへ，面や線を連続させていく技巧がくふうされた。ドイツ・オーストリアの教会堂には，イタリア－バロックとロココの総合から生み出されたみごとな作品がみられる（図320,330,331）。

ロココの教会堂の外観は，一般に白く塗られ，単純・淡白であるが，非常に意匠を凝らした場合にも，バロックと比べると，構成がゆるく，輪郭や区画が不明確になるようにしてある。

4）ロココ建築の影響 ロココ建築は，主として室内空間の様式であり，建築の根本的な革命ではなかったが，個人生活の愉快や快適さの追求という点で，さまざまの影響や進歩をもたらした。こうし

た合理主義的な考え方が，様式的にはロココとよべない建築においても，同じ方向への発展を促したからである。たとえば，この時期のイギリスでは，連続住宅形式による都市住宅の基本形式が完成したが，それは，都市と住宅の構成を居住者本位に徹底的に合理化したものであった。また，石炭庫・上下水道・水洗便所・浴室などの設備のくふう・改良が行われはじめた。

§4. ネオクラシシズム建築

1) ネオクラシシズムの古典主義 バロックやロココの自由奔放な構成や複雑な装飾に対して，やがて大きな反動が起こり，伝統的な様式や手法に基づいた二つの建築思潮があらわれてきた。一つは古代の造形を模範とするネオクラシシズム（新古典主義）であり，もう一つは中世以降の造形の絵画的なおもしろさと，文学的な連想を重んじるピクチャレスク（絵画趣味）である。

新たにあらわれてきたネオクラシシズムは，ルネサンスの古典主義と次の点で異なっていた。まず，古典建築というものを，ヴィトルヴィウスやルネサンスの建築書にしるされたようなものでなく，実在する古代建築の考古学的研究に基づいて考えるようになった。

18世紀には，ポンペイやパエストゥムなど，多くの古代

図 332　パンテオン（1755〜1792年，パリ，スフロ）
フランスのネオクラシシズムの代表作。壁・柱・エンタブレチュアー，ペディメントのような古典モチーフをできるだけ純粋な形態で示そうとしている。

遺跡が発見された結果,古代の建築は,ルネサンスの人の考えたような単純な固定したものでなく,さまざまな変種や歴史的発展があり,オーダーでさえ多種多様であることがわかってきた。

この発見は,一方では,古代建築の考古学的研究と,それらの忠実な模写と熱心な応用という傾向を生んだし,他方では,古代は決して絶対的な模範ではないのだから,自分たちの時代も独自の建築をくふうする権利がある,という創造的な考え方も生まれた。

しかし,いずれの場合も,古代建築のもつ壮麗さ,形態の単純さ,また,それらの芸術的完成と誇り高い威厳が,建築の追及すべき究極の目標と考えられたことにはかわりない。

2) **ネオクラシシズム建築** ネオクラシシズムの建築は,1730年代から,ローマにあったフランス-アカデミーと,パリの建築家たちとの協力によってはじめられたが,18世紀後期

図 333 ブランデンブルク門(1789〜1793年,ベルリン,ランガンス)
古典建築を模範とした考古学的なリヴァイヴァルの最も早い作品の一つ。

図 334 エトワールの凱旋門(1806〜1836年,パリ,シャルグラン)
高さ50mという巨大な規模で建てられた点が,独創的である。ローマの記念門は,高さ10mから20mぐらいしかない。

§4. ネオクラシシズム建築

図 335 ベルリンの劇場（1818〜1821年，シンケル）
シンケルは，19世紀の優秀な建築家の一人であった。これは，シンケルの得意としたギリシア様式を取り入れた，当時の最新式の劇場であった。

には，イギリスおよびドイツ，さらに，西欧化をめざすロシア・アメリカ合衆国が加わって，19世紀前期まで，多数の建築が試みられた。

それらは教会堂はもちろん，記念門（図333,334）・記念堂・美術館・劇場（図335）・博物館（図336）・学校・議事堂・官庁・銀行・宮殿・邸宅など，多種多様の建物を含んでおり，西欧学芸の祖と考えられたギリシアの学芸や史上最高とみなされていたローマ文明の栄光を連想させることが，建築の目的の一つとなっていた。新しい技術や計画上の要求を，様式の束縛の中で応用し解決することにも，一応，成功した。

フランスでは，ナポレオン1世がローマ帝国を自己の理想としたために，古代ローマを模範とする建築・室内・家具のデザインが，特に意

図 336 大英博物館（1823〜1847年，ロンドン，スマーク）
シンケルの作品に対抗して，ギリシア式の円柱を並べた大作。

図 337 河川管理人の家の計画案（1770〜1780年ころ，ルドゥー）

図 338 イングランド銀行のホール案（1788〜1808年ころ，ソーン）

識的にくふうされた。これをアンピール式（第一帝政式）という。

3) 独創的様式の開拓 18世紀の末には，古代建築を範としながら，単なる古代建築の模写に終わらず，きわめて個性的・独創的な様式を開拓した少数の建築家があった。すなわち，フランスのルドゥー（図337）・ブーレー，ドイツのギリー，イギリスのソーン（図338）などの様式がそれである。

かれらの最もすぐれた作品の計画案に共通する特色は，古代建築のように壮大な規模，純粋な形態，あるいはこれらの結合である。細部は簡略化され，壁は平坦となり，単純な幾何学的マッスの組合せとなっている点は注目に値する。

これらの建築家の作品は，その簡潔・卒直な形態において，近代初期の作品に最も近づいたものであったが，個性的な様式としては高く評価されても，一般的に受け入れられるものとはならなかった。

18世紀末から19世紀初頭の動乱期が過ぎると，こうした独創的様式は影をひそめた。

§5. ピクチャレスク建築

1) ピクチャレスクの発生 18世紀の中ごろ，イギリスの文人ウォポールは，自分の別荘ストローベリ-ヒル（図339）の内外をゴシック風に増改築して，これが非常な評判となった。18世紀後期には，その影響で多くのいわゆるゴシック-ハウスが建てられた。また，邸宅の庭園にゴシック風のあずまやがつくられたりした。

図339 ストローベリ-ヒル（1748～1777年，ロンドン郊外，ウォルポール他）

これらは，きわめて趣味的なものであったが，中世に対する興味がにわかに高まったことは，二つの重要な結果をもたらした。一つは，それが古代に対すると同様な考古学的研究に変じていったこと，もう一つは，それがフランス革命とナポレオン戦争によって高められてきた民族主義と結びついたことである。

2) ピクチャレスクの建築 フランス革命の直前，ヴェルサイユ宮殿の庭園内のプチ-トリアノンの池のほとりに，10戸ばかりの

図340 ブライトン離宮（1815～1823年，ナッシュ）

インド-イスラム様式を用いたもの。鉄を使用して自由な形態をつくっている。

田舎家が建てられて，絵に描いたような農村の雰囲気をつくり出したが，これはルソーの「自然へ帰れ」の思想とイギリスのピクチャレスクの思想を反映したものだった。

図 341 リージェント公園団地のカンバーランド-テラス（1826〜1827年，ロンドン，ナッシュ）
広大な公園の周囲に，モニュメンタルな連続住宅を配して，上流階級の理想の都市住宅としたもの。窓三つ分の幅が1戸である。

1790年代からイギリスで多数建てられた中産階級の郊外住宅では，このようなハーフチンバーの建物のほか，スイスの山小屋とか，イタリアの小別荘とか，各国の土着の民家形式が採用され，歓迎された。

イギリスのピクチャレスクは，はじめから風景と建築の絵のような調和やおもしろい対照をねらったものであったから，ナッシュのように，インド-イスラム様式で建てたり（図340），公園や道路と住宅を組み合わせて，都市計画的な構想に発展させる建築家もあらわれた（図341）。

図 342 イギリス国会議事堂（1836年設計，1840〜1860年代，ロンドン，バリイ，ピュージン）
ゴシック-リヴァイヴァルの代表的作品で，垂直式ゴシック様式による細部はピュージンがデザインした。

3) ゴシック-リヴァイヴァル 1820年ころにな

§5. ピクチャレスク建築

ると，中世建築の考古学的研究がかなり進んで，単に趣味的なものでなく，学究的な興味をもって，実際の建物に適用されるようになった。

イギリスではピュージン（図342）が，ゴシックは単に民族的であるばかりでなく，キリスト教国の建築様式として唯一の真正なものであると説き，国民的な支持を受けるようになった。そればかりでなく，やがて，ラスキンやモリスのように，中世の社会生活を模範とみなす人物があらわれて，建築と意匠の倫理的・社会的意味について，近代建築運動の基礎となるような思想を生み出した。

図 343　スターテヴァント邸（1872年，ロードアイランド州，ニュートン）
イギリスのピクチャレスク建築に基づき，木造らしさを強く打ち出したアメリカ独自の住宅様式。骨組の露出，多くの凹凸，ベランダが特色。

フランスは，イギリスほど熱狂的ではなかったが，大きな刺激を受け，ヴィオレ゠ル゠デュクのような中世建築研究の大家が出たばかりでなく，そうした研究から，すべての建築形態は，材料と構造の用い方の論理的な発展によって決まるという，構造合理主義の思想があらわれて，近代建築運動の一つの基盤となった。

19世紀中ごろは，ドイツ・アメリカ合衆国でもゴシック－リヴァイヴァルは，古典様式と同じような考古学的精密さで行われるようになった。また，木造建築の国アメリカ合衆国では，イギリスのピクチャレスクの刺激を受け，木造による古典様式の模倣をやめ，木造らしさをそのまま卒直に表現する住宅様式（図 343）が発展しはじめた。

§6. ネオルネサンスとネオバロック

1) ネオルネサンス建築 ネオルネサンスの起源は，フランスのネオクラシシズムの理論にあった。その理論のままに，単純で合理的な構成を追及して，ロマネスク風の形態に到達したドイツの建築家ゲルトナーは，独特の非考古学的な半円アーチ様式を確立し，これはドイツ全土，さらにスカンジナビアやアメリカ合衆国まで普及した。

このような基盤のうえに，当時進行していたギリシア・ローマ・ゴシックなどのリヴァイヴァルの刺激が加わって，イギリスのバリイやドイツのゼンパー（図345）は，イタリア-ルネサンス様式の復興をはじめた。

当時，フランス・イギリス・ドイツも，それぞれゴシック様式は自国で生まれたものと信じていた。

しかし，ルネサンス様式は，それぞれの国に自国の初期ルネサンスがあったのであって，これが民族的なものとして尊重されるようになっ

図344 国立図書館（1831〜1841年，ミュンヘン，ゲルトナー）
ゲルトナーは，自由な半円アーチ様式を発展させようとしたが，それは当然，イタリア-ルネサンスのパラッツォに近いものになった。

図345 ドレスデン歌劇場（1838〜1840年，ゼンパー）

§6. ネオルネサンスとネオバロック

た。

2) ネオバロック建築 1852年, フランスでナポレオン3世が即位し, オースマンに命じてパリの大改造計画に着手するとともに, ルーブル宮の完成を企てた。このルーブル宮新館 (図347) は, 大きなマンサード屋根をかけ, フランス的要素を強調するとともに, たくましい彫塑的な構成で, バロック様式の再来を示す作品となった。続くパリのオペラ座 (図348) も, その壮麗さで各国の建築家を驚かす作品となった。この時期のフランス建築の様式をスゴン-タンピール式 (第二帝政式) という。

このころ, 各国は競って産業を開発し, 植民地の獲得に乗り出し, 強大な帝国を築くことによって, 繁栄を享受し, 国家の権威を高め, それらを内外に誇示しようとしていた。スゴン-タンピール式をはじめとする各種のバロック的な様式は, この

図 346 サント-ジュヌヴィエーヴ図書館 (1838〜1840年, パリ, ラブルスト)

パラッツォのようにみえるが, 内部は鉄柱や鉄の梁を用いて広い閲覧室がつくられている。初期の鉄骨建築としても著名であるが, ルネサンス様式の代表作である。

図 347 ルーブル宮新館 (1852〜1857年, パリ, ヴィスコンティ, ルフュエル)

動感に満ちたバロック的な壁面の扱い方と, 盛り上がるようなマンサード屋根が特色であった。

ような各国の思潮を背景として生まれてきたもので，これらを一括してネオバロックとよんでいる。

ナポレオン3世の第二帝政治下のパリの壮観が知られるにつれ，ルーブル宮やオペラ座，またバロック的なパリの都市計画（図 350）の手法が，各国で模倣されるようになった。西欧文明の世界的普及に伴って，その影響は日本にまで及んだ。

3）19世紀建築の衰退

19世紀後期の，やや，とりとめのない変化や，根拠の薄い動きをみると，建築と社会とのつながりが，きわめて浅薄なものにかわってしまっていることがわかる。

公共建築物は，進歩し繁栄する社会の装飾品のようになり，一般建築は，様式的統一のない乱雑なものになり，質的に著しく低下した。また，新しく急速に数を増してきた建物，すな

図 348 オペラ座正面（1861～1874年，パリ，ガルニエ）
ルーブル宮新館に倍する工費を投じて，あらゆる種類の大理石その他の高級材料を用い，世界最大・最美の劇場として知られた。

図 349 ブリュッセル裁判所（1866～1883年，ペレール）
19世紀最大の建築で，建築面積 24600m^2，高さ104m，圧倒的なマッスの効果を示す作品である。

§6. ネオルネサンスとネオバロック　　　　　　　　　　　　　　　　　217

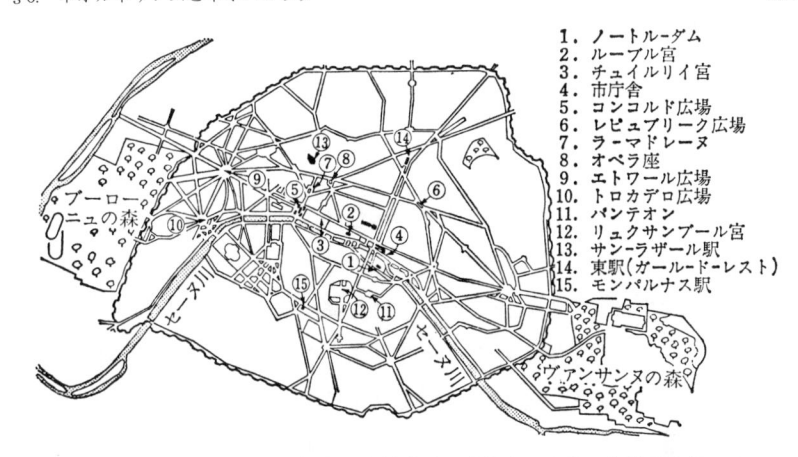

1. ノートルダム
2. ルーブル宮
3. チュイルリイ宮
4. 市庁舎
5. コンコルド広場
6. レピュブリーク広場
7. ラ・マドレーヌ
8. オペラ座
9. エトワール広場
10. トロカデロ広場
11. パンテオン
12. リュクサンブール宮
13. サン-ラザール駅
14. 東駅（ガール-ドー-レスト）
15. モンパルナス駅

図 350　パリの都市計画　幅広い直線道路で広場をつなぎ，街路樹を並べる。

わち工場・鉄道駅・倉庫・小住宅などの設計は，エンジニアや建築業者に任せきりになっていた。それらの大多数には，ほとんど美的な考慮が払われなかったため，都市や田園は醜悪化するばかりだった。従来の建築家の知識や考え方や仕事のやり方，また，建築界の組織は，このような膨大な量の建設と急速な変化には，まったく対応することができなかった。

　18世紀後半から急速に波及した産業革命が，すべての社会組織を根本から変革していったことが，これらすべての原因であった。このときまでに，一般建築家の社会的地位はかなり確立されていたが，そのために，かえってエンジニアや産業界と密接に協力することができず，新しい産業時代の到来に応ずる態勢がとれなかった。

　こうして，有史以来の急速な進歩と繁栄の中で，多くの問題が未解決のまま放置された。これらの新しい時代の新しい建築の課題を解決することが，近代建築運動の目標となったのである。しかし，その芽生えとなる思想や業績は，すでに19世紀に形成されつつあった。

　4）西洋近世建築の史的意義　中世以来の西欧の建築を振り返ると，二つの顕著な傾向を認めることができる。第一は，ゴシック建築と近代建築に代表されるような，理知主義的な性格を強く打ち出した建築の創造であ

る。第二は，ルネサンス建築とバロック建築に代表されるような，過去や外来の影響を取り入れ，美術工芸の成果を一体化した総合的な建築の形式である。したがって，西洋近世は，もっぱら総合的な建築の形成に努力した時代ということができよう。

　すでにみてきたように，西洋中世の建築的課題は，ほとんど宗教建築に限られていた。城郭は，まず何よりも防備施設であり，住宅は，一般的にまずしく，都市は，どちらかというと自然発生的であり，規模も小さかった。人間中心の世界観をもったルネサンスになって，建築の領域は著しく拡張された。建築家という職業が生まれ，建物の種類が増し，建築に対する要求が多様になり，都市も膨張して都市計画を必要とするようになった。近世建築が総合化に向かったのは，こうした建築の多様化と都市化に対応するためである。そして，それらを統一するものとして，古典主義あるいはバロックの美的原理が採用されたのであった。

　これらの美的原理を支持してきたのは，貴族階級であったから，貴族階級の衰退とともに，この原理もゆるみ，19世紀の建築は目だった混乱を示すようになった。近代建築は，この混乱を収拾し，新しい産業時代に対応する建築の原理を確立するために生まれてきた。しかし，近代の社会は，近世の社会よりも，さらに複雑化し，より大規模に都市化して，建築的環境は，さらに著しい混乱を示している。近代社会の支配階級が，かつての貴族階級のように，豊かで明確な建築の美的原理をもつことができるか，また，近代建築が近世建築を上回るような強力な統一原理と豊かな人間性，および芸術性をもち得るかは，まだ，ほとんど今後の問題である。このような総合的観点からみるとき，西欧近世の建築は，やはり，人類の生んだ最高の建築文明の一つであったことがわかる。

近代建築史

レークショア - ドライブ -
アパート

第1章　近代建築の発生

§1. 産業革命と建築

　人類の歴史は，産業革命を契機として激しい変革を迎えた。近代国家にとって，工業化による経済の成長は，欠くことのできない条件となった。産業革命は，政治・社会・文化の変革をもよび起こし，建築に対する社会の要求も大きく変化した。産業革命によって，新たに必要となった工場建築をはじめとする多種多様な産業施設では，大きな機械をすえ付け，作業能率を上げるのに妨げになる壁や柱をできるかぎり取り去ることが求められた。

　また同時に，都市の敷地を有効に利用できる高層建築の重要性が増してきた。このために，従来の木造・レンガ造では屋内空間の利用効率が低いので，効率の高い骨組構造が要求された。

	一般史	時代	世紀		建築史
1775	アメリカ独立戦争		18	1776	最初の鋳鉄の橋
1840	あへん戦争				
1848	フランス二月革命				
1850	太平天国の乱			1851	クリスタル－パレス
1861	アメリカ南北戦争		19		
1871	ドイツ帝国の成立			1889	パリ万国博覧会の機械館・エッフェル塔
1898	米西戦争			1897	ウィーン，ゼツェッシォン
				1901	エルンスト＝ルウドウィッヒ館
				1903	フランクリン街アパート
1904	日露戦争			1904	カーソン－ピリー－スコット百貨店・ガルニエの工業都市計画案
1905	ロシア第一革命		20	1906	ウィーン郵便局
				1909	A. E. G. タービン工場
1911	中国辛亥革命				
1912	中華民国成立				
1914	第一次世界大戦			1913	ファグス製靴工場
				1916	オルリーの飛行船格納庫

これらの建築は，できるだけ安価に建てる必要があり，こうした要求に応ずることのできるのは，鉄・ガラス・セメントなどの新しい建築材料を使った鉄骨造や鉄筋コンクリート造であった。

1) 新構法とエンジニア 19世紀の建築家も，鉄やコンクリートにまったく無関心だったわけではない。しかし，建築家がこれらの新材料を利用したのは，主として組積造の補強材としてである。

また，産業革命によって必要となった工場その他の諸施設は，最小の投資によって最大の利益を求める実用建築であったから，恵まれた経済条件の建築だけを手がけていた建築家には，無縁なものであった。

したがって，新しい建築課題の解決には，産業革命を推進してきたエンジニアが，みずから当たらねばならなかった。

エンジニアはすでに，大きな梁間に架構をかけわたす課題では，イギリスのコールブルックデールの鋳鉄橋（図351）などにみられるように，大河や峡谷を越えて道路や鉄道を通すために，18世紀後半から鉄を用いて橋を建設していた。

図351 コールブルックデールの鋳鉄橋（1776年，イギリス）
スパン30.5m，高さ12m。鉄が大梁間架構に用いられた最も初期の実例。

図352 クリスタル-パレス（1851年，ロンドン，パクストン）
鉄とガラスを大規模に用い，新しい建築表現を生み出した最初の記念すべき建築である。

§1. 産業革命と建築

2) 鉄骨造建築の発達 1851年にロンドンで開かれた万国博覧会の会場クリスタル-パレス（図352）は，鋳鉄の骨組に規格のガラスを張り詰めた大建築であった。この建築の骨組は，鋼の大量生産がはじまる（1855年）直前であったため，強さの劣る鋳鉄によっているが，鉄の細い骨組とガラスだけによる構成は，古い材料による構法の建築とは異なる，新しい建築表現と内部空間を生み出した。

1889年に開かれたパリ万国博覧会では，高さ300mのエッフェル塔（図353）や，スパン115m，全長450mの広大な機械館（図354）が出現した。しかし，建物の高層化は，鉄骨造によって構造的には解決されても，階段による昇降の実用的な限界に制約されていた。高層建築の著しい発展がみられたのは，19世紀末にエレベーター・電気・機械設備などが発達してからである。このような鉄骨造の発達が比較的早いのに比べ，鉄筋コンクリート造が実用化され

図353 エッフェル塔（1889年，パリ，エッフェル）

図354 パリ万国博覧会の機械館（1889年，デュテール，コンタマン）

たのは，19世紀末から20世紀にかけてのことである。

§2. 近代建築運動のはじまり

1) 近代建築運動の発生 近代建築の発生に重要な役割を果たしたエンジニアも，建築美についての19世紀の社会通念から独立していたわけではなかった。鉄・ガラス・コンクリートをそのまま卒直に用い，新しい建築表現を創造したエンジニアも，経済的な余裕があれば，それらの建築に過去の様式の装飾を加え，建物を美化しようと努めた。

したがって，建築の形を整え美化する専門家としての建築家と，その構造的要求を解決する専門家としてのエンジニアという分業は，ごく自然なものとして受け入れられた。しかし，このような協力から生まれる建築は，新しい構法を，それとまったく異なった構法から生まれた様式のわくに押し込めるという矛盾に陥った。

新しい材料と構法の特色を生かして，近代独自の建築美を打ち立てるには，建築美に対する考え方そのものが変革されねばならなかった。この変革をなし遂げるために，少数の先覚者のさまざまな試みが行われ，努力が払われた。

図355 赤い家（1859年，ロンドン，ウェッブ）
実用美を尊ぶモリスの思想を尊重して，友人のウェッブが設計したもの。宮殿を模倣したものが多い当時の住宅の中で，清新な感じを与えた。

2) ウィリアム゠モリスの工芸運動 19世紀後半のイギリスに興ったウィリアム゠モリスの工芸運動（アーツ-アンド-クラフツ）も近代建築運動の一つであった。産

§2. 近代建築運動のはじまり

業革命において，最も進んでいた当時のイギリスでは，機械でものをつくる方法が，家具や工芸の分野にまで及び，安価であるが低俗な製品があふれていた。

その原因は，当時の機械が，量産する力はあっても，微妙な美しさを生み出すほど精巧ではなく，しかも，機械仕事には適さない手仕事の形だけを追い，粗雑に模倣したにすぎなかったからである。モリスは，この状態を機械生産の害悪とみなし，中世の職人の実用性を重んじた誠実な手仕事の美しさを復活させる運動を興した。モリスの，この工芸運動は，当時の美に対す

図 356　チューリン街の家の階段室
　　　　（1893年，ブリュッセル，オルタ）
　　鉄の曲げやすい性質を巧みに生かした柱頭が特色である。

る社会通念を批判したことで，後の新しい芸術運動に大きな力を与えた。

　3) アールヌーボー　モリスの工芸運動は，虚飾の多い19世紀の工芸に対して，清新な感銘を与えた。19世紀末のヨーロッパでは，イギリスの工芸運動から刺激を受けた若い芸術家たちが，

図 357　パリ地下鉄駅入口（1893年，ギィマール）
　　アールヌーボーにおける曲線の愛用は，奇妙な形態に陥りがちであった。

旧来の工芸美や建築美の通念を打破する活動を興した。

19世紀末，ブリュッセルで活動していたオルタ（図 356）やヴァン＝デ＝ヴェルデ（図 358）の作品は，過去の様式をいっさい使用しないで新しい美をつくり出そうとした。流れるようなゆるやかな曲線と曲面，平滑な壁面，簡単なくり形などで構成されたこの様式は，パリで流行し，やがてドイツにもその影響を及ぼした。この様式を

図 358　フォルクヴァンク博物館（1901年，ハーゲン，ヴァン＝デ＝ヴェルデ）
アールヌーボーの代表作。節制のある曲線の使用。

アールヌーボーという。

　アールヌーボーは，モリスの工芸運動と異なって，新材料の使用にも意欲的で，特に，鉄の自由に曲げられる性質が，この様式の曲線に生かされている。しかし，節度のない曲線の強調は，かえってアールヌーボーの建築をとりとめのないものとし（図357），アールヌーボーは急速に衰えた。

　4）各国の新芸術運動　グラスゴーでは，マッキントッシュ（図 359）が曲線をモチーフにして清新な室内装飾様式を創造するとともに，わずかに曲線を混じえた幾何学

図 359　グラスゴー美術学校の西翼図書室内部(1907〜1909年，マッキントッシュ)

的形態による新しい建築の表現を試みていた。

また，ドイツやオーストリアでも，アールヌーボーの影響を受ける以前に，すでにユーゲント－シュティルとよばれる曲線様式をつくっていた。スペインでは，ガウディ（図360）が曲面の幻想的な構成に，強烈な個性を発揮していた。そしてアメリカ合衆国でも，サリヴァンが曲線をモチーフにした新しい装飾様式を生み出していた。

これらの作品は，装飾における新しいモチーフの使用によって，一時的には清新な感銘を与えたが，新しい時代の建築様式となるだけの社会的基盤をもたなかった。しかし，過去の様式と断絶するという歴史的な役割は果たしたのである。

図360　カサ-ミラ（1905～1910年，バルセロナ，ガウディ）
幻想的な曲面の構築が特色である。

§3. 近代建築の造形的開拓

1) ワグナーの建築理論　ウイーンのオット＝ワグナーは，1895年に「現代建築」という書物を著わし，その中で新しい建築を生み出す設計の原理として，次の4項目をあげた。

1) 目的を正確にとらえて，これを完全に満足させる。
2) 材料の適当な選択。
3) 簡単にして経済的な構造。
4) 以上を考慮したうえで，きわめて自然に成立する形態。

この考えは、さらに要約されて、「芸術はただ必要によってのみ支配される。」となり、さらに「必要様式」ということばでもあらわされた。

ワグナーの建築理論は、建築の合目的性と、工学的かつ経済的な合理性を重んじたものであり、近代建築の合理主義理論の基本を示した点で、重要であった。

ワグナーが、その理論の実践として示した作品（図361）は、古い様式にとらわれない単純・明快な幾何学的形態の構成を特徴とし、そこに新しい感銘を生み出した。ワグナーの主張は、建築の合理性を強調するあまり、芸術的追求を否定しているかのような印象を与えるが、その真意は、建築が踏みはずしてはならない基本原則を確認し、その上に立った芸術的追求を主張したものであった。

図361 ウイーン郵便局内部（1906年、ワグナー）
実用性を重んじたワグナーの思想が最もよくあらわれている。

図362 ヘッセン大公成婚記念塔（1907年、ダルムシュタット、オルブリッヒ）
ゼツェッションの代表的建築。

§3. 近代建築の造形的開拓

2) ゼツェッション ワグナーの「現代建築」での提唱は，かれの門弟であるオルブリッヒやホフマンたちが，新芸術の達成を目指す画家や彫刻家とともに，1897年，ウイーンで結成した団体ゼツェッションの理論的背景となった。ゼツェッションは過去の様式からの離脱をはかる目的にちなんで，「分離」を意味するラテン語に由来して名づけられた。

しかし，ゼツェッションの建築家たちは，ワグナーの理論を実践し発展させるよりも，ワグナーや，イギリスのマッキントッシュの作風に直接刺激を受けて，造形的な面から運動を展開する傾向が強かった。オルブリッヒによるダルムシュタットのヘッセン大公成婚記念塔（図362）と展覧会場や，ホフマンのストックレー邸（図363）など，その好例である。

図 363　ストックレー邸（1905～1911年, ブリュッセル, ホフマン）
過去の様式は用いてないが，装飾美には強い意欲が注がれている。

3) 近代的造形の先駆 ゼツェッションの中では十分に生かされなかったワグナーの理論を，厳格に実践し，発展させたのは，ウイーンで孤独に活動したロースであった。1898年，ウイーンにつく

図 364　シュタイナー邸（1910年, ウイーン, ロース）
徹底した無装飾の意匠。

図 365 カーソン‐ピリー‐スコット百貨店の窓(1904年,シカゴ,サリヴァン)
実用性の追求から生まれたシカゴの高層建築の窓で,シカゴの窓とよばれている。

図 366 クーンレイ邸内部(1908年,リヴァーサイド,ライト)
西ヨーロッパの若い近代建築家に大きな影響を与えたライトの初期の代表作。

った商店の室内をはじめとするロースの作品(図364)は,装飾をまったく用いず,近代建築の造形の特質を先駆的に示していた。また,シカゴで高層建築を設計していたサリヴァンも,しだいに装飾を抑制するようになり,20世紀初頭のかれの作品(図365)では,近代高層建築の造形的表現として,ほとんど完全に近い解決に到達していた。

これらの先駆者たちは,建築美に対する当時の社会通念から,かけ離れたものをつくったため,結果は,その属する社会から無視された。ロースが認められたのは,かれの死後のことであった。

サリヴァンも,1893年のシカゴ万国博覧会で,ただひとり新様式の会場建築(交通館)をつくった。世評は,これに冷たく,大衆が賛美したのは会場を埋めたクラシシズムの建築であった。

サリヴァンの弟子フランク=ロイド=ライトは,20世紀のはじめ,住

§3. 近代建築の造形的開拓　　　　　　　　　　　　　　　　　　　　　　　*231*

宅建築の分野で，当時最もすぐれた近代建築をつくった（図 366）。ライトの住宅の自由な平面計画，戸外と室内を巧みに接続する空間構成，そして豊かな造形は，ヨーロッパの若い近代建築家たちに大きな刺激を与えた。しかし，母国アメリカ合衆国の社会は，一部の少数の理解者を除いては，この天才的な建築家に大きな活動の場を与えなかった。

4) 保守的傾向における合理主義　ワグナーの理論的主張とほとんど同じ立場にたち，しかも，その作品においては，保守的な建築界と著しい対立を起こさずに，新しい建築芸術への接近をはかったのは，オランダのベルラーヘである。

ベルラーヘは，「建築を設計しているあいだは，様式という概念でものを考えてはいけない。」といい，また，建築は「真の用の芸術」であると主張した。

かれの代表的作品であるアムステルダム取引所（図 367）は，アールヌーボーの流行やゼツェッションの結成で騒がしい，20世紀を迎える直前の建築であるが，レンガと石と鉄骨を使い，その材料の特質を生かした合理的な用い方は，ヨーロッパ各地に大きな感銘を与えた。

このような新しい創意を示しながら，この建築は，アムステルダムの保守的な人々が，建築にいだく美の感情にも，あたたかく訴える浪漫的な彫刻を石に施していた。

郷土の人々の造形感情を尊重しながら，新

図 367　アムステルダム取引所（1903年，ベルラーヘ）
　むき出しのまま用いられた半円の鉄骨アーチが，ロマネスク的大ホールのむき出しのレンガ壁とよく融合している。

しい建築美を打ち立てようとする態度は、産業革命の実現に遅れた保守的傾向の強い環境の中で、近代建築への接近をはかる一つの道であり、ベルラーへの示した啓示が、後に与えた影響は少なくなかった。

後の、スエーデンのエストベリ設計のストックホルム市庁舎（図 368）は、その傾向の代表である。

図 368 ストックホルム市庁舎（1923年，エストベリ）

§4. 近代建築様式の確立

1) 芸術と産業の融合 ゼツェッションに参加していたペータ゠ベーレンスは、1906年、ベルリンの A. E. G. の芸術顧問に迎えられた。これは、芸術家が近代の先端をいく産業と、はじめて積極的に協力する意欲を示したという点で、画期的な事件であった。ベーレンスは電気製品のデザインをするとともに、工場建築の設計に従事した。

その中で、1909年につくられたタービン工場（図 369）は、工場の機能的な内容と結びついた広大な鉄骨造の骨組と、大きなガラス面が、簡潔で、しかもモニュメンタルな建物にまとめられていた。この建物は造形的に高い水準をもつものとして、「最初の近代建築」とよばれた。

2) 建築表現の革新 タービン工場の設計当時、ベーレンスの事務所で働いていたワルター゠グロピウスは、やがて独立して、1913年、ファグ

§4. 近代建築様式の確立

図 369 A.E.G.タービン工場（1909年，ベルリン，ベーレンス）
工場建築にはじめて美をもたらした記念すべき建築。

ス製靴工場（図 370）を設計した。
　この工場は，建物のぐう角部にガラスのカーテンウォールを大胆に用いた。また，1914年，ケルンの展示会に出品したモデル工場事務所（図 371）においても，建物のぐう角部にガラス張りの階段室を設けて，新しい建築表現を示した。これらの建築は人々にきわめて新鮮な感銘を与えた。
　グロピウスの，この二つの工場建築によって，近代建築を支配する普遍的な造形の原理と表現形式の基本的要素とが，ほとんど確立された。

図 370　ファグス製靴工場（1913年，アルフェルト，グロピウス）
ガラスで構成されたぐう角部に特徴がある。

3) 鉄筋コンクリート造の開拓者

一体構造になる鉄筋コンクリートのすぐれた特性を建築表現の革新に役だたせることも，近代建築の形成にとって，重要な課題であった。この課題に最も大きな貢献をしたのは，フランスのトニー＝ガルニエとペレー兄弟であった。

ガルニエは，フランス工業の中心地リヨンの工業都市計画を独力で 1904 年につくりあげ，約 20 年をかけて，この計画の実施に当たった。この工業都市の諸施設に，そのころ一体構造方式として発明されたばかりの鉄筋コンクリート造を大規模に利用し，この構法の特色を生かした建築への基本的な応用方法を，ほとんどすべてにわたって案出し，単純・明快な近代建築表現をつくり出した（図 372）。

また，ペレー兄弟は，コンクリートの柱や梁の構造を，ほとんどそのまま建築表現の要素として取

図 371 ケルン展示会のモデル工場事務所（1914 年，グロピウス）
内部を見透せない平滑なレンガ壁と，内部の回り階段を完全に見透せるガラス張り階段室との大きな対比が，新しい建築美をかもし出している。

図 372 ガルニエの「工業都市」の停車場計画（1904 年，ガルニエ）
鉄筋コンクリート造による建築表現の開拓を示す。

§4. 近代建築様式の確立

図 373　フランクリン街のアパート
（1903年，パリ，ペレー兄弟）

図 374　ブレスロウの世紀ホール
（1914年，ベルグ）　直径65m。

り扱い，鉄筋コンクリート造独自の構造美を追求した（図 373，376）。

　鉄筋コンクリート造は，もともと，コンクリートが石材の安価な代用品として考えられていたこともあって，そのむき出しの肌は，みにくいものとされ，石やタイルで仕上げられ，また，その柱や梁も，すっかり隠されてしまって，みかけを組積造の表現にするのが，一般的な方法であった。

図 375　オルリーの飛行船格納庫（1916年，フレシネ）
鉄骨と鉄筋コンクリートでつくられた幅91m，高さ60mのアーチ40個からなる。

図 376 ル-ランシーのノートルダム（1923年，オーギュスト＝ペレー）

第一次世界大戦後も，ペレーの鉄筋コンクリート造に対する情熱的な追求が続けられ，打ち放しコンクリートとプレキャストコンクリートによる独特の意匠が生まれた。

ペレー兄弟は，この根強い組積造の造形感情の束縛から脱け出して，鉄筋コンクリート造独自の構造美を開拓しようとしたのであり，はじめは，コンクリートの上にモルタル仕上げを施していたが，後には，ついに打ち放しのコンクリートの肌のままで，新しい建築美をつくり出すに至った。「よくつくられたコンクリートは，大理石よりも美しい。」というペレーのことばは，鉄筋コンクリート造の開拓に一生をささげた人の，はじめていい得たことばであり，この新しい意識が，近代建築表現に及ぼした影響は大きかった。

このような開拓者の努力によって，鉄筋コンクリート造は，きわめて短期間に，鉄骨造と並んで，近代建築の最も主要な構造法とみなされるようになった。

第2章 近代建築の発展

§1. 第一次世界大戦後の近代建築

1) 第一次世界大戦後の社会と建築 第一次世界大戦（1914～1918）を境として，欧米における近代建築の動きは，ようやく活発化した。それは，戦後の新しい時代の到来を喜ぶ風潮と，新しい芸術に理解をもつ知識層の成長とによって，それらの知識層の要求と，思潮とを背景として近代建築家の活動が拡大されたからである。

戦禍の激しく及んだ国々では，破壊された大量の住宅や社会施設を復興する問題が，経済的にも技術的にも困難に直面した。

戦後の復興の過程で示された，すぐれた近代建築家の業績が，やがて，少数者の先駆的な運動にすぎなかった近代建築運動を，大きな運動へ発展させる基盤となった。

一般史		時代	世紀	建築史	
1917	ロシア十一月革命			1921	アインシュタイン塔
1918	第一次世界大戦終わる			1926	バウハウスのデッソウ校舎
1919	ヴェルサイユ条約			1927	ワイゼンホーフのジードルンク展
1920	国際連盟成立				
1929	世界的経済恐慌起こる			1930	サヴォア荘
				1933	パイミオのサナトリウム
				1936	カウフマン邸落水荘
1939	第二次世界大戦起こる			1939	ロックフェラー－センター
1945	第二次世界大戦終わる 国際連合成立			1943	ブラジル教育保健省
1949	中華人民共和国成立		20	1949	ジョンソン－ワックス研究所
1950	朝鮮動乱起こる			1950	国際連合本部
1951	対日講和条約調印			1951	レイクショアー－ドライブ－アパート
				1952	モスクワ大学
				1953	マルセイユのアパート
1954	インドシナの休戦協定			1956	ロンシャンの教会堂
1957	人工衛星打ち上げ成功			1959	ブラジリア大統領官邸
				1960	ピレリー－ビルディング・ペンシルバニア大学医学研究所

図 377 ベルリン大劇場改築（1919年，ベルツィヒ）

図 378 チリー-ハウス（1923年，ハンブルク，ヘーガー）

2) 表現主義の建築 しかし，着実な復興がはじまるまでの数年間は，戦争直後に特有な社会的混迷の中での不安定な心情や，新しいものへの激情的なあこがれ，あるいは退廃的な享楽への欲求など，奔放な主観や感情を表現しようとする動きが芸術界に広くあらわれた。

この動きが建築界にも反映して，一部の建築家は，きわめて感覚的な建築表現の追求に傾いた。

この動きのおもなものは，ドイツの表現派，ソビエトの構成派，オランダのアムステルダム派，イタリアの未来派で，これらは，いずれも感覚的な造形の追求を目指しているので，これを表現主義と総称しているが，その中心をなしたのは，表現派と構成派であった。

ドイツにおける表現派の建築は，その代表的作品であるエーリッヒ＝メンデルゾーンのアインシュタイン塔（図 379）にみるように，曲線や曲面による造形によって，神秘的な，あるい

§1. 第一次世界大戦後の近代建築

は幻想的な感情を,その形態に強く表現した。

またソビエトの構成派は,工学的な実利主義を掲げたが,現実には,鉄・ガラス・コンクリートなどの新材料を造形の素材として,機械的・抽象的な近代美の形成を試みた。第三インターナショナル記念塔(図 380)

図 379 アインシュタイン塔(1921 年,ポツダム,メンデルゾーン)
ドイツにおける表現派の代表的作品。

図 380 第三インターナショナル記念塔(1919〜1920 年,タトリン)
ソビエト構成派の象徴的な表現を示す好例。

は,その例である。

このような造形的表現の追求から生まれた作品は,作者の感性と主観に深く根ざした強烈な個性的表現のために,普遍性に乏しく,また,戦後の社会が早急に解決を求めていた建築課題には,ほとんど貢献するところがなかった。

3) **表現主義建築の意義** 表現主義建築は,近代建築のその後の発展に直接結びつかなかったが,その作品には,鉄・ガラス・コンクリートによる造形の可能性を積極的に開拓したものが多かった。そして,その形態や構成が観念や感情をどこまで表現できるかを試

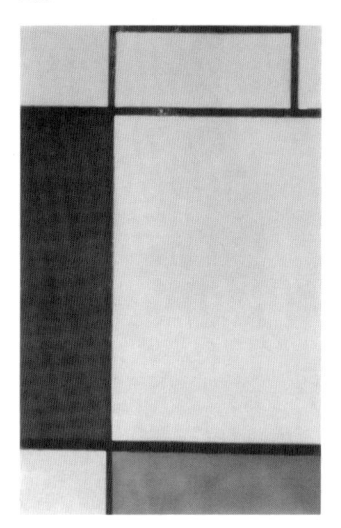

図 381 デ-スティール派の抽象絵画（モンドリアン）

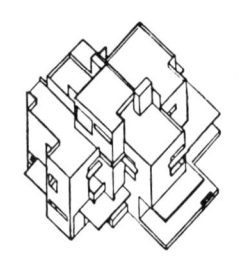

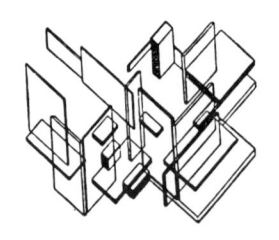

図 382 デ-スティールの造形原理を示す作品（テオ=ファン=デースブルヒ）

みたことで，建築の芸術性に一つの意義をもつものであった。

4) 工業主義的近代建築の造形理論

表現主義と平行して起こり，近代建築の主流へ直接つながるものは，オランダのデ-スティール，ドイツのバウハウス，フランスのエスプリ-ヌーボーなどであった。

大戦前にグロピウスその他の先駆者たちが開拓した工業主義的な近代建築の表現が，多数の作品に裏づけられ，近代建築の普遍的な表現形式として普及したのは，主として，これらの諸派の活動によるものであった。

5) デ-スティール オランダのロッテルダムで，1917年に創刊された雑誌「デ-スティール」を中心とした芸術活動は，立体派からさらに発展した抽象主義によって，建築表現をも革新しようとした。この抽象絵画理論を建築へ取り入れたことによって得られた最大の成果は，平面と直線からなる構成の美について，多くの研究と実験を重ねたことであった。

簡単な幾何学的形態と，単純な色彩との相互関係の中で，新しい美を創造するという抽象美学は，装飾を用いず，建築の個々の構成要素をできるだけ単純化し，その組合せの中に，美と豊かさをみい出

§1. 第一次世界大戦後の近代建築 241

そうとする造形理論であった。さらに，抽象主義絵画（図 381）は，空間に交錯する形と色彩の構成ばかりでなく，色彩をもつ形と形との間にある空白の果たす効果と意義を積極的に認めていた。

近代建築は，このデ-スティールの実験的な表現形式（図 382，383，384）の追求によって，近代建築の構造的要素を，純粋な造形美にまで高める手がかりを得た。その影響は，まもなくガラスの建築表現に強い関心をいだいたミース＝ファン＝デル＝ローエの作品やバウハウス派の作品にもあらわれ，国際的な近代建築様式に貢献することになった。

6) バウハウス

ドイツでは，グロピウスが 1919 年にワイマール美術学校の校長となり，この学校を再編成して，デザインと建築の近代的総合を目指す野心的な計画に着手した。1925 年，この学校はデッソウに移転し，まもなくグロピウスの設計で斬新な新校舎が建設され，その

図 383 シュレーダー邸（1924 年，ユトレヒト，リートフェルド）
デ-スティールの造形原理を，最も忠実に建築に適用した実験住宅。

図 384 ロッテルダムの連続住宅（1924 年，アウト）
デ-スティールの中で，穏健で，最も建築的おさまりの着実な作品。

教育方針とともに，この運動の最も強力な拠点となった。

グロピウスは，工場生産こそ近代的な生産方法であるとし，その量産のモデルをつくる適任者は，職人や技術者ではなく，芸術家であると考えていた。

バウハウスの追求目標は，量産化される新しい工芸や建築のモデルを創造することにおかれ，材料の研究とその合理的使用，家具・食器・工芸品の機能の分析など，基礎的な研究が行われた。

これらの研究は，その実験住宅とともに発表され，機能主義的な建築計画学の形成に刺激を与えた。

7) **エスプリ－ヌーボーとル＝コルビュジェ**　フランスのエスプリ－ヌーボーは，立体派の理論を発展させ，主導者の一人ル＝コルビュジェは，その理論を新しい建築表現に利用した。エスプリ－ヌーボーとデ－スティールとは，ともに立体派という同じ母体から出発しているので，建築における造形理論（図 385）や表現も，似たところが多い。

ル＝コルビュジェはベーレンスの門をたたくまえに，ペレーに師事し，鉄筋コンクリート造に深い関心をもった。かれが，近代建築の特色として掲げた「ピロティ，独立骨組，自由な平面，自由なファサード，屋上庭園」

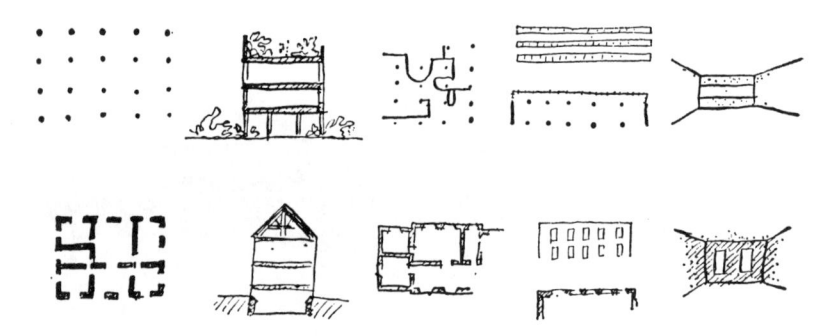

図 385　近代建築の特色解説図（ル＝コルビュジェ）
組積造には組積造特有の構造と表現があるように，鉄筋コンクリート造による近代建築には，また，独自の特色と表現があると主張したもの。図の上が鉄筋コンクリート造，下が組積造。

は，かれが好んで用いた鉄筋コンクリート造の構法の可能性から生まれた特色であった。

　1920年代のル＝コルビュジェの作品は，住宅などの小品が多いが，そのすぐれた芸術性によって人をひきつけたばかりでなく，その設計の造形的特色（図 391）は，だれでも容易に模倣できる普遍的な性格をもっていたから，急速に大きな影響力を及ぼすようになった。

§2. 国際建築の発展

1）バウハウスと国際建築　1925年，デッソウに移ったバウハウスは，同時にバウハウス叢書を刊行して，その成果の普及に努めた。叢書の第1巻は，各国の新建築の特集であったが，表題はグロピウスによって「国際建築」と名づけられた（図 386）。それは，世界共通の材料や技術と，合理的な考え方とから生まれてくる新時代の建築は，風土や

図 386　バウハウス叢書第1巻「国際建築」の表紙

図 387　バウハウス校舎（1926年，デッソウ，ワルター＝グロピウス）

図 388　バウハウス校舎全景

民族の相違を越えて，国際的に共通の建築様式になるという主張に基づいていた。

　国際建築の思想は，大きな反響を得て世界に広まり，国際建築様式ということばさえ使われるようになった。それは，垂直・水平の簡明な直線的構成を基調とし，装飾を施さない平滑な壁面と連続ガラス窓，陸屋根，白色を基調とする淡白な色彩などで特色づけられた。このような国際様式の模範とされたのは，すでに述べたデッソウのバウハウスの新校舎（図 387，388）であった。その平面計画や造形は，当時では，近代建築の頂点とみなされていた。

　2) 近代建築家の国際的交流　国際建築の思想は，近代建築の特色を社会に啓蒙し，その運動を普及するのに大いに役だった。欧米諸国の近代建築家の交流が盛んになり，共通テーマによる国際的展覧会や懸賞設計も，活発に行われた。

　1927年に公募されたスイスのジュネーブに建つ国際連盟本部の競技設計では，各国のおもだった近代建築家が多数応募した。ル＝コルビュジェの案（図 389）が最もすぐれたものとして注目を集めたが，結局，採用されなかった。しかし，それを非難したル＝コルビュジェの公開状などによって，一般の関心を集め，かれの設計案は世界各国に知られることになっ

§2. 国際建築の発展

た。

国際連盟の競技設計は,それまで古い様式主義の建築家が支配し続けてきた,モニュメンタルな大建造物の設計においても,近代建築家がすぐれた才能を示したという点で,きわめて大きな意義があった。

3) シ ア ム 建築家の国際的交流が盛んになって,1928年には,シアム(近代建築国際会議=CIAM)が結成された。この会議は,個々の建築家の力では解決しがたい共通の問題を取り上げ,結集・協力して前進をはかろうとしたもので,そこに取り上げられた議題は,近代建築の発展に重要な意味をもつ建築課題を示していた。

それは,「生活最小限住居」(第2回議題,1929年),「配置の合理的方法」(第3回議題,1930年),「機能的都市」(第4回議題,1933年),「建築の工業化」(第5回議題,1937年)などで,近代建築の研究および普及に役立ったが,1937年を最後に第二次世界大戦後まで,総会は開かれなかった。

4) 住宅問題と建築の工業化 住宅問題は,戦災復興の

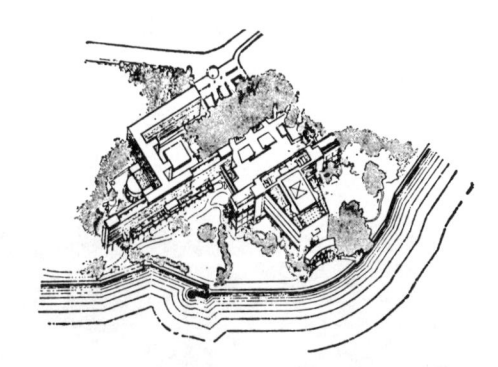

図 389 国際連盟本部案(1928年,ジュネーブ,ル=コルビュジェ)
右上は鳥かん図,下は透視図である。

図 390 乾式構法の量産住宅（1932年，グロピウス）
ヴァイセンホーフ住宅展覧会後も，グロピウスは量産住宅の研究を進め，新たな考案を発表した。

問題としてばかりでなく，戦禍の及ばなかった国にも共通した問題であった。この課題の解決には，国家や地方自治体がその政策の一部として，庶民住宅を建設することが絶対に必要であった。ドイツでは，1920年代の中ごろから，ジードルンクとよばれる公営集合住宅の建設がはじまり，近代建築家の能力が発揮される建築課題の一つとなった。

1927年，ドイツのシュツットガルトで開かれたヴァイセンホーフ住宅展覧会は，グロピウス・ローエ・アウト・ル＝コルビュジェをはじめ，ヨーロッパ各国の代表的建築家が，それぞれくふうした住宅案の実物を展示して，新しい住宅の啓蒙と普及をはかった。この住宅展覧会の共通テーマには，新し

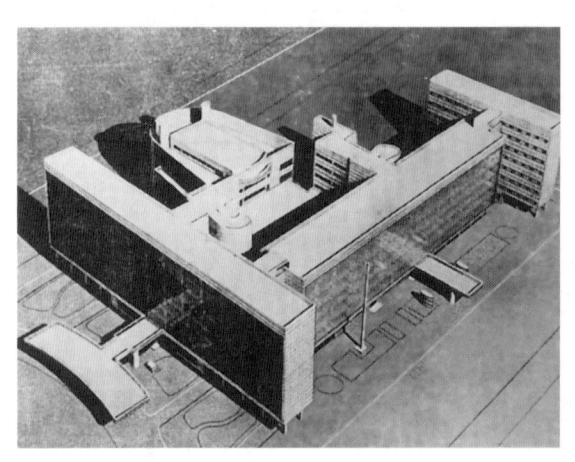

図 391 セントロソイゥス（1929年，モスコー，ル＝コルビュジェ）
全面ガラスの美しいこの建物は，ソビエト政府の依頼で設計された中央共同組合会館である。

§2. 国際建築の発展

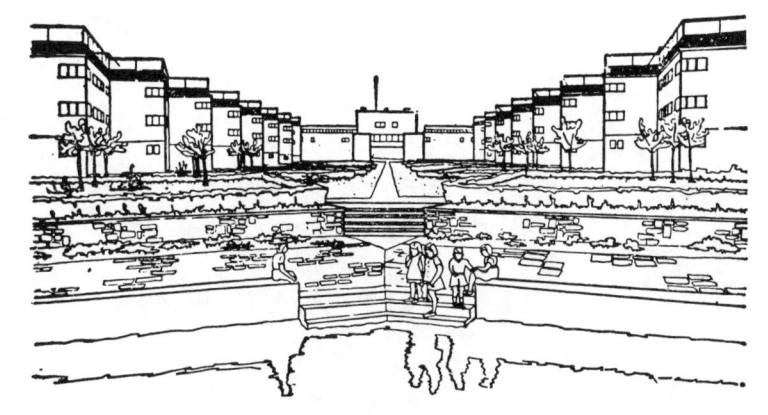

図 392 フランクフルト-アム-マインの公営集合住宅
整然と配置された住みよい団地。

い住宅の追求において住宅生産を工業化するために，構造部材やその他の建築部品を整理・規格化することが含まれていた。グロピウスは，この課題に対して，施工現場では，工場で生産された部品を組み立てるだけで，水を必要とする施工を含まない乾式構法の住宅（図 390）を出品した。グロピウスの案は，住宅に限らず，近代建築の生産方法の合理化に刺激を与えた。

5) 生活最小限住居 集合住宅の設計や住宅生産の工業化における建築計画上の問題点の一つは，庶民が負担できる家賃で，文化的な生活を営むことのできる住居の規模と質の限界である生活最小限住居を決めることであった。

シアムの取り上げた最初の具体的議題が，「生活最小限住居」であったことは，この問題の重要さを示したもので

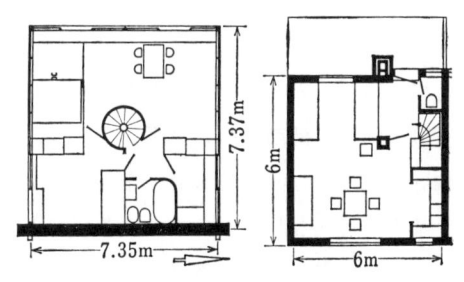

図 393 生活最小限住居案平面図（1928年，マイ）

庶民が負担できる家賃で，人間らしい文化的な生活を営むことのできる住居の規模と，質の限界を追求したもの。

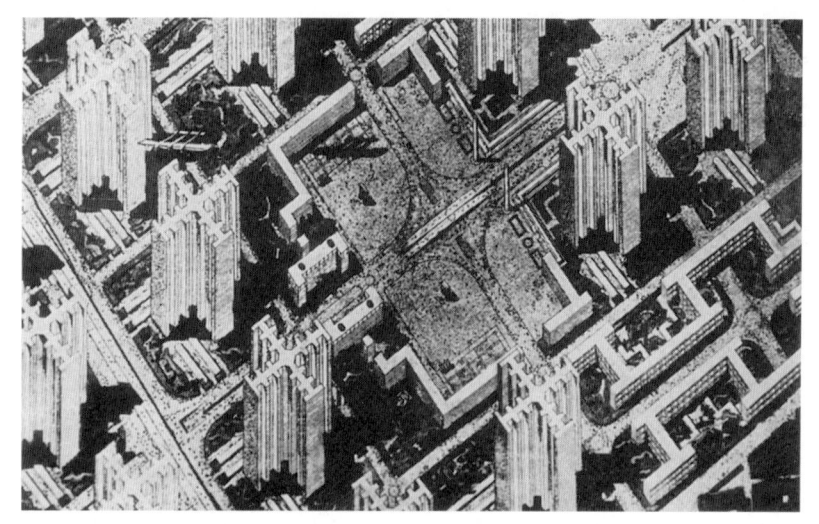

図 394 輝く都市（1930年，ル＝コルビュジェ）
低層の密集住宅地を高層化することで，緑地と日照を回復させようとしたもの．

あった．この会議は，フランクフルト‐アム‐マイン市で開かれたが，それは，同市が1925年から1928年末までに，ヨーロッパ中で最も大規模に公営集合住宅（図392）を建設して，大きな成果を上げたことへの敬意からであった．

この建設の実施を進めた建築家エルンスト＝マイは，生活調査をもとに最小限住居を研究し，徹底した計画を行い，新しい都市の庶民住宅のあり方に，数多くの創造的な提案を示した（図393）．

6) 新しい都市像への提案 マイは，商業活動を都心へ集中させ，住宅地区を郊外に分散させる計画を立て，土地の経済的利用のために集合住宅を基本的形式とし，その中で，各戸が平等に好適な条件を得るよう心がけた．また，限られた広さ（35m^2）の住居から分離できるものを共同化させ，集合住宅における中央暖房と共同洗濯場などを設けた．

そして，一定の集合住宅群ごとに，学校・図書館・託児所，その他の公共施設を配置した．

§2. 国際建築の発展

近代建築家の都市に対する関心は，都市全体が一つの建築的施設として，能率的，かつ調和的に計画されなければ，個々の建築の合理化も進まないという認識から発しており，シアムが，のちに「機能的都市」を議題にしたのも，そのためであった。

ル＝コルビュジェが，都市の密集した住宅を高層化することで，緑地と日照を回復することを提唱した「輝く都市」の提案（図 394）は，前述のような近代建築家の都市計画への積極的な関心を示すものであった。

7) 近代建築の造形的発展 新しい材料や構造法に対する研究が進むとともに，これまでの抽象的形態の造形的追求が，しだいに実を結んで，これらを自由に駆使し，ほとんどすべての点で近代の条件を満たし，しかも高い芸術性をもつ作品がつくられるようになった。

ローエのバルセロナ国際博覧会ドイツ館（1929年）やトゥーゲントハット邸（図 395），ル＝コルビュジェのサヴォア荘（図 396）は，1920年代のさまざまな合理主義的追求の成果を基盤にした新しい空間芸術の創造であ

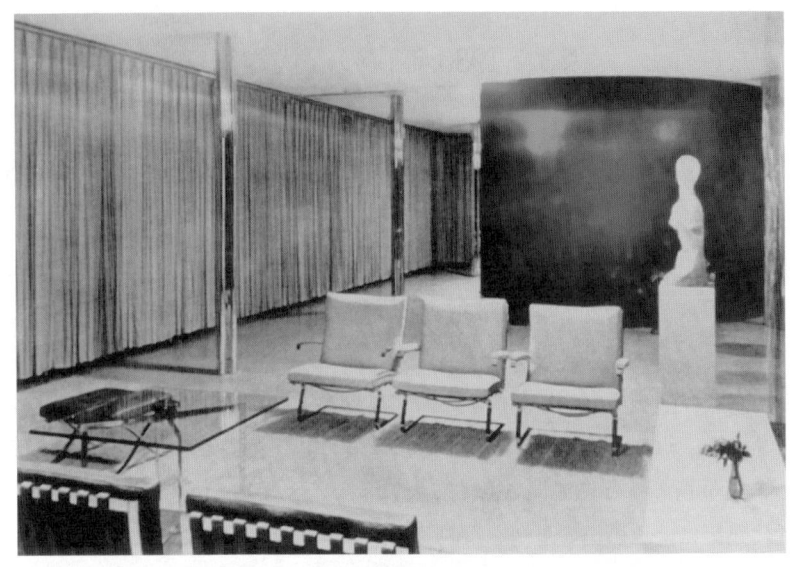

図 395 トゥーゲントハット邸内部（1930年，ブリュン，ローエ）

図 396 サヴォア荘（1930年，ポアシイ，ル＝コルビュジェ）

った。しかも，そうした理論や技術を越えて，視覚的にも十分魅力ある形態に到達した。

§3. 1930年代の近代建築

1) 近代建築の普及 1930年代にはいると，北ヨーロッパをはじめ，東ヨーロッパにも，近代建築運動が波及し，近代建築が国際的に着実に普及しはじめた。

しかし，ドイツにおけるナチス政権の成立とその国家主義政策の圧迫によって，バウハウスは1932年に閉鎖された。グロピウスやローエなど，おもだった建築家は，やがてアメリカ合衆国に亡命した。

西ヨーロッパの近代建築は，工業化は進んでいるが保守的傾向の強いイギリスや，近代建築の導入には意欲的でも近代工業の遅れた国々で，さまざまな事情のもとに展開されることになった。そのために，1930年代の近代建築は，その国の事情を反映して，多様に展開することになった。

2) イギリスの状況 ラスキンやモリスのような先覚者を生んだイギリ

§3. 1930年代の近代建築

スは，20世紀にはいってからは，近代建築の発展にほとんど貢献することがなかった。

イギリスに近代建築が着実に根をおろしたのは，1931年に結成された若い建築家の集団テクトンの活動がはじまってからであった（図397, 398）。しかし，この活動も，集合住宅のような民衆と結びつきの強いものになると，人々の近代様式に対する強い反対により，その発展は容易ではなかった。

3) 北欧における地方主義

フィンランドやスウェーデンでは，近代建築が新旧の激しい対立を起こさず，既存の建築の流れの実際的な発展として，社会にとけ込んだ。

北欧のこれらの国は，木材をはじめとする自然の材料に強い愛着があり，また，工業化の遅れから，手工業的職人技法の伝統が強かった。

フィンランドに国際建築の導入をはかったアールトォ（図399, 400）や，スウェーデンにおける同じ立場のアスプルンド

図 397 工場建築（1932年，イギリス，テクトン）

図 398 集合住宅玄関（1932年，イギリス，テクトン）
保守的な住民の感情と妥協してつけられた彫刻。

図 399 パイミオのサナトリウム
（1933年，アールトォ）
北欧の近代建築の代表作である。

図 400 ニューヨーク博覧会フィンランド館（1939年，アールトォ）
近代的造形と風土的な材料との融合例である。

の作品は，国際建築の流れに属する近代的感覚にあふれ，その構造的合理性や機能の解決において，国際建築の理念が強く保たれていた。そして，それと同時に，風土的な感情や自然の材料への愛着，あるいは職人技芸の効果的な利用など，伝統的な感情に訴える要素を穏やかに取り入れ，国際建築様式に人間的な雰囲気と豊かさを加え，北欧の近代建築の特色ある性格をつくりあげた。

4） イタリアとスイスのエンジニア イタリアでは，第一次世界大戦以後，新芸術への意欲が芽生え，また，国際主義が興った後も，ファシスト政権は新芸術の創造を政策の一つとした。

しかし，イタリアで注目されるのは，すぐれたエンジニアの活動であった。特にネルヴィによる鉄筋コンクリート造の大架構（図401）の追求は，独創的な構法を新しい造形の創造に結びつけた点で，大きな刺激を与えた。

また，スイスでも，マイヤールが鉄筋コンクリート造による新しい造形美の創造に活躍した。マイ

§3. 1930年代の近代建築

ヤールのスイス博覧会のセメント館（図402）は，シェル構造の近代的造形美を，はじめて世に示した作品であった。

5) アメリカ合衆国の状況　第一次世界大戦を境にして，世界で最大の工業生産力をもつ国に発展したアメリカは，すべての活動に伝統的な実用主義を発揮しながら，建築に関する限りは，シカゴ派における少数の先駆者を例外として，伝統的な様式建築を保持し続けてきた。

高さ300mを越えるクライスラー－ビルディング（1930年）とエンパイア－ステイト－ビルディング（図403）は，商業的な宣伝効果をねらう高層化競争の極限に生まれた。これらの建築は，アメリカ合衆国の工業力やすぐれた構築技術を示すものであったが，平面計画や意匠の面では，当時のヨーロッパの近代建築に比べて，はるかに遅れていた。しかし，1939年に建ったロックフェラー－センター（図404）では，はじめて近代的な計画がなされ，都市高層化の模範を示すとともに，事務能率を高める設備計画に高度の工業技術が結集された。この点では，ヨーロッパの水準をはるかにしのいだ。

このようなアメリカ合衆国の

図 401　ローマの大格納庫（1938年，ネルヴィ）
大胆な構造美の追求を示す作品。

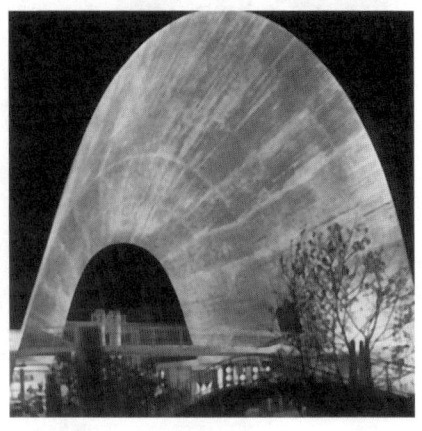

図 402　スイス博覧会のセメント館（1939年，ジュネーヴ，マイヤール）
構造力学的な追求が生んだ新しい建築美を示す。

内部から生まれてきた合理主義的機運を決定的にしたのは，いく人かのヨーロッパの国際建築運動の指導的建築家が，1930年代の後半にアメリカ合衆国へ移住したことであった．かれらは，アメリカ合衆国の高い工業水準を活用して設計活動を続けるとともに，アメリカ合衆国の建築教育の革新に携わって，近代建築の理念をアメリカ合衆国の若い建築家に植え付けた．

この結果，1930年代の末から第二次世界大戦中にかけて，急速に近代建築が普及し（図405は，その例），第二次世界大戦後のアメリカ合衆国は，世界の近代建築の中心地となった．

6) 反国際建築の動き 国家主義の強化のために，バウハウスの国際建築を追放したナチスドイツでは，政策的に反国際主義の立場を固め，その建築は，壮大な列柱，豪壮な階段，民族的な装飾・紋章などで特徴づけられた記念性を高揚す

図403 エンパイア-ステイト-ビルディング（1931年，ニューヨーク）
世界最高の高層ビルディングである．

図404 ロックフェラー-センター（1939年，ニューヨーク）
高さよりも使いやすさを追求して，高層と低層との建築を巧みに配したすぐれた街区計画を示す．

§3. 1930年代の近代建築

図 405 デトロイトのトラック工場（1938年，カーン）
アメリカにおける国際建築の例である。

るものであった（図 407）。

かつては，国際的な新建築の保護者として，意識的に近代建築を取り入れたソビエトも，資本主義国家との対立から，1930年代には急激に国際様式を棄て，ナチスドイツの傾向に似た記念性をもった様式主義的な建築

図 406 ローマ会議場（1942年,テーラーニ）
ファシスト時代のイタリア建築の好例。モニュメンタルな列柱の扱いが目だつが，近代技術の粋であるシェル屋根を用いている点は，ナチスドイツの建築より近代的である。

に向かった。

7) ライトと有機的建築 このような，国際建築に対する政治的な意図からの対立とは別に，近代

図 407 ナチスドイツ総統官邸
（1936年，ベルリン）
記念性を優先させた意匠を示す。

第2章　近代建築の発展

建築の内部から，建築理念のうえで鋭い非難をあげたのは，アメリカにおけるライトであった。

ライトは，国際建築という名でよばれる工業主義的建築が，自然から離反して機械化の方向をたどり，その内容と形式が固定化して，画一的な造形に陥り，人間性を無視した建築になっていると非難した。人間が建築に求める合理性は，工業生産方法が要求する合理性とは別のものであり，建築は「有機的」でなければならないというのがライトの主張であった。

ライトの作品（図408，409）は，工業生産の成果を積極的に取り入れ，構造的合理性に基づきながら，しかも，自然の環境と融合し，また，豊かな装飾的効果をもつものであった。

しかし，あまりにも個性的な造形であったため，芸術的に高く評価されても普遍性のあるものとはならなかった。

図 408　カウフマン邸落水荘（1936年，ペンシルバニア，ライト）
自然との調和によって美しさを増したライトの代表作。

図 409　ジョンソンワックス会社（1939年，ウイスコンシン，ライト）
作家の偉大な構想力が生み出す幻想的な建築美を示す。

§4. 第二次世界大戦後の近代建築

1) 新時代の到来 第二次世界大戦（1939～1945年）の間に，戦禍の及ばなかった南アメリカの諸国では，ブラジルを中心として，近代建築が定着し，発展していった。南アメリカにおけるこのような近代建築の発展は，近代建築が民族と風土の違いを越えて，世界共通の建築様式となることを予言した国際建築の立場を勇気づけた。大戦が終わったとき，国際建築の理念は，世界の国々が世界平和の建設に一致して当たる新時代にふさわしいものとして迎え入れられた。

この新しい時代の出発を飾るのにふさわしい大建築は，ニューヨークに置かれることになった国際連合本部（図410）の建築であった。その設計は，国際的な協同設計によって進められることになり，国際的に知名な10名の建築家からなる委員会が生まれ，ル＝コルビュジェの原案が採択され，それに基づいて，アメリカ合衆国の建築家ハリスンによって実施設計に移された。

2) アメリカ合衆国と工業主義の建築 1950年にできあがった国際連合本部は，一方では，そのすぐれた機械設備や徹底した抽象的形態の美によって，世界に知られるとともに，他方では，その造形の冷たさや，若干の計画上の欠陥によって，非人間的な建築，国際

図410 国際連合本部（1950年，ニューヨーク）

連合という目的にふさわしくない建築として非難された。

しかし，国際連合本部のこの特徴は，アメリカ合衆国によって独自に開拓されたものというよりは，1920年代以来いろいろ行われてきた近代建築の実験提案の成果を，アメリカ合衆国の工業技術によって実現したものであった。

工業主義的追求は，近代建築の中に，はじめから一貫して流れていた基本的態度の一つであった。それは，やがて到来する高い工業水準を想定し，その仮定の上に立って合理性の追求を行うものであった。

このような，未来の仮定の上に立った工業主義的な追求が，矛盾なく社会に定着し得たのは，巨大な工業力を背景としたアメリカ合衆国だけであった。たとえば，ローエは，ヨーロッパにいたときから，鉄とガラスの摩天楼案（図411）を発表し，未来の工業主義的な建築の姿を夢みていたが，アメリカ合衆国に移住した後，シカゴのレークショア-ドライブ-アパート（図412）で，年来の夢を

図411 鉄とガラスの摩天楼案（1921年，ローエ）

図412 レークショア-ドライブ-アパート(1951年，シカゴ，ローエ)

§4. 第二次世界大戦後の近代建築

図 413 マルセイユのユニテ-ダビタシオンとモデュロール（1953年，ル=コルビュジェ）

この大集合住宅は，ル=コルビュジェの「輝く都市」の提案や，住宅に対するかれの実験提案を総合集大成したもの。ル=コルビュジェの年来の夢が実現されたこの建物は，ローエの場合と違って，1920年代のかれの提案の中で示された，工業主義的な平滑な建築表現が影を潜めて，工業先進国でなくても実現し得る構築技術でつくられ，しかも，すぐれた近代建築美を発揮している。

実現できたのは，その好例である。

3) 現代建築の諸傾向　工業主義的な建築は，単調な建築表現に陥りやすく，また，人々に親しみにくい冷たさを感じさせる。この欠陥を批判し，あるいは救おうとする動きは，ライトの有機的建築ばかりでなく，戦後の建築における一つの大きな傾向となった。

しかし，この傾向は，決して一様なものではなく，作家の自由な造形によって建物に個性を

図 414 ロンシャンの教会堂（1956年，ル=コルビュジェ）

平滑さに代わって荒々しい面。軽快で薄い壁の規則正しい開口部に代わって，深い陰影をもつ不規則な開口部。そして，非幾何学的な自由な形態。このような特質をもつロンシャン教会堂の出現は，それ以前の近代建築の諸性格に厳しく対立し，人々を驚かせた。そして，その後の建築に大きな影響を与えた。

与えようとする流れ，新しい構造の導入によって大胆な造形表現をつくり出し，新鮮な感銘を生み出そうとする流れ，風土的あるいは伝統的民族的な感覚を導入しようとする流れなど，きわめて多様な展開をみせている（図 414〜419）。

ライトは，終生，個性的な設計活動を続け，特に1930年代以降の作品では，その豊かな造形力をますます発揮した（図 415）。また，ル＝コルビュジェは，かつての抽象幾何学的な造形を捨てて，彫塑的な効果を強調するようになり，マルセイユのユニテ・ダビタシオン（図 413），ロンシャンの教会堂（図 414），インドのチャンディガーの高等裁判所（1957年）その他の建築をつくり，世界中の建築家に大きな衝撃を与えた。

新しい構造技術を生かした建築の分野では，イタリアのネルヴィをはじめとし

図 415　グッゲンハイム美術館（1959年，ニューヨーク，ライト）

特異な外観で有名なこの建物は，最上部までエレベーターで昇って，周壁に沿うらせん状のスロープを下りながら陳列品を鑑賞するようにくふうされている。
　その機能的にすぐれた処理や，内部空間の表現の豊かさのほかに，メッシュコンクリートを用いた構造上のくふうは，ライトが近代工学に背を向けて「有機的建築」を主張したのではないことを示している。

図 416　ブラジリアの大統領官邸（1959年，ニーマイヤー）

ブラジルの新しい首都ブラジリアの建設を托されたニーマイヤーの作品は，作家の奔放な造形力によって建築に個性を与える系列の一つの代表例である。

§4. 第二次世界大戦後の近代建築

て，メキシコ・スペインなどにもすぐれたエンジニアがあらわれ，次いで，ほとんどすべての国に，この方向を志すエンジニアが輩出した。

これらの構造学的な建造物に刺激されて，建築家たちは積極的にエンジニアと協力して，新しい建築表現の開拓に進んでいる。

北欧の建築は，第二次世界大戦前から伝統的あるいは風土的特色を強調する傾向を示していたが，その洗練された材質感覚は，北欧建築の水準を高めるのに役だっている。これに対して，メキシコでは，土俗的な色彩感覚や民族色の濃い絵画を，壁画やモザイク

図 417 メキシコ大学 (1953 年，メキシコシティ，ラソ)

新しい近代建築の感覚に一見調和しそうにない土俗的な色彩の装飾画が外壁全面に施され，その強引さがかえって荒々しい力強さをかもし出しており，ヴァイタリズムの建築ともよばれている。

図 418 モスクワ大学 (1952 年)

建設技術は近代化していながら，意匠は過去の様式によっている特有な様式である。この過去様式の巨大趣味の建築を，第二次世界大戦後の西欧近代建築家が，近代建築にあるまじきものとして批判した。これに対して，ソビエトの建築家は，何が美しいものかを決める主人公は建築家ではなく民衆であり，民衆が好む様式を用いて設計するのが建築家の社会的責任であると反論した。この反論の基になる美学理論は，社会主義リアリズムと呼ばれるもので，社会主義国家の芸術一般に共通した創作方法論である。

装飾として，大胆に近代建築に施し，民衆のもつ造形感情との融合をはかっている（図 417）。機械的な美を追求してきた近代建築に，強烈な色彩を施したことは，近代建築に強い生命力を吹き込んだものとして注目されている。

　第二次世界大戦前までの合理主義建築は，造形表現が人間の感情に訴える点について無視していたわけではないが，形や色彩の豊かさそのものの追求に走ることを抑制していた。

　しかし，戦後の傾向は，むしろ積極的に豊かな表現を目指す動きが活発になり，社会が落着きを取り戻すにつれて，ますます強まっている。このことは，近代社会の充実が，建築にそぼくな合理的実用性だけでなく，より豊かな表現を求めてきているためで，現代建築の新しい課題であるといえよう。

図 419　シーグラムビルディング
　　　　（1958 年，ニューヨーク，ローエ）

工業主義建築の最高峰を示す。

第3章　日本の近代建築

§1.　産業革命と洋風建築

1）　産業革命と洋風化　日本の産業革命は，19世紀中ごろから江戸幕府や大藩によって，欧米の進んだ技術を取り入れることによって進められ，明治維新（1868年）後，新政府によって，さらに強力な指導・奨励が行われた。

　鉄・ガラス・セメントなどの生産は，政府の手によって早くから保護・育成がはかられたが，鉄・セメントが主要な建築材料として広く普及したのは，日本の産業革命がかなり進んだ大正年代にはいってからであった。

　19世紀後半の日本においては，洋風化が近代化とほとんど同じ意味を

一般史		時代	世紀	建築史	
1868	五か条の御誓文発布	明治	19	1868	築地ホテル館
1889	大日本帝国憲法発布			1894	三菱一号館・秀英社
1894	日清戦争起こる			1896	日本銀行本店
1904	日露戦争起こる			1909	東宮御所（赤坂離宮）
1914	第一次世界大戦起こる			1918	東京海上ビルヂング
1915	対華21か条要求			1923	帝国ホテル・丸の内ビルヂング
1923	関東大震災	大正			
				1925	東京中央電信局
				1926	同潤会青山アパート
1927	金融恐慌				
1931	満州事変はじまる			1935	十合百貨店（大阪）
1937	日華事変はじまる			1937	東京逓信病院・パリ万国博覧会日本館・若狭邸
1939	第二次世界大戦起こる		20		
1946	日本国憲法発布				
1950	朝鮮動乱起こる			1951	リーダーズダイジェスト東京支社・鎌倉近代美術館
1951	対日平和条約調印	昭和			
	日米安全保障条約調印			1952	日本相互銀行
				1955	広島平和記念資料館
				1958	東京都庁舎・香川県庁舎・晴海高層アパート
1960	日米新安全保障条約調印			1961	東京文化会館
				1964	日本生命日比谷ビル・国立代々木屋内総合競技場

図 420 グラバー邸（1863年, 長崎）
イギリスの商人グラバーが, 日本の工匠を使って建てた, 初期洋風建築の代表例である。

図 421 大浦天守堂（1864年, 長崎）
フランス人フューレによって設計された本格的な教会堂である。1879年の改修により, 現状は上図のものとはかわっている。

もっていたから, 建築においても, 洋風建築技術の輸入と普及が第一の目標となった。

当時, 欧米の建築や建築界は, すでに動揺期あるいは変革期にはいっていたから, 日本の洋風建築の輸入も, その事情を反映して, 複雑な様相を示すことになった。しかし, 19世紀後半を全般的にみると, 洋風建築の研究と習熟の期間を通して, 欧米の生活様式や建築様式に対する理解が深められた。また, 従来の大工・棟梁にかわる建築家の養成と, それに対応した建築生産組織の編成が進み, 本格的な近代建築への変革に備える基盤が築かれていった。

2) 洋風建築の伝来 日本が欧米の建築様式にはじめて接したのは, 幕末, 開港場に建設された外人居留地の建築（図 420, 421）と, 殖産興業のためにつくられた工場の建築であった。なかでも, 居留地の建築は, 幕末・明治初年の人々の目にも珍しく映り, 錦絵の画題にもされて, その形式や特色が広く知ら

§1. 産業革命と洋風建築

れるようになった。

長崎・神戸・横浜などに建築された居留地建築の主流は，欧米諸国の東南アジア植民地における建築や，アメリカ合衆国西部および太平洋岸の住宅形式に共通なベランダ形式のものであった。この形式は，酷暑を防ぐ庇つきの木造ベランダが建築の前面や周囲に設けられ，その列柱が記念的な効果を上げる意匠となっていた。

それらの設計を指導した外人は，必ずしも建築の専門家とは限らなかったから，細部には，日本独自の大工技術や様式が混合していた。また，主屋部分の壁も，幕末に発達していた土蔵造の技法が利用されることが多かった。このような，きわめて粗雑な西洋建築の概念と，伝統的な工法との混合から，初期洋風建築は独特な形態をもっていた（図422，423）。

明治初年の文明開化の風潮と，新政府の強い要望にこたえて，県庁・郡役所・小学校（図423）・警察署など，新たに建設

図 422　国立第一銀行（三井組為替座）
（1872年，東京，清水喜助）
江戸時代末の伝統的な工匠によって消化された洋風建築である。

図 423　開智学校（1876年，長野，立石清重）
地方の工匠が建てた洋風建築である。

図424 富岡製糸所（1872年，群馬，バスチャン）
外人技師によって指導・建築された洋風建築である。

図425 工部大学校講堂（1877年，東京，ボアンビル）
外人技師による明治前期の洋風建築の中で，最も本格的な建築である。

される地方の公共の建物を洋風建築でつくることができたのは，従来の大工技術によって建てられる洋風様式が編み出されていたためであった。

3) 外人技師の活動 西欧からの工業を移植するために建設された工場施設は，初期の洋風建築の中では，比較的まとまりのある技術指導のもとにつくられたものである。紡績の技術を指導する機械技師が，同時に紡績工場とその付属建築の建設指導に当たるというように，洋風建築の技術指導が，西欧の19世紀エンジニア特有の多方面な活動の一つとして行われた。

外人技師たちは，レンガ焼成の指導からはじめ，レンガ積みの構法を教え，そしてレンガ造の工場を建設した。このようにして，基礎的な組積造技術の教育が行われたのである。また，これらの工場建築は，エンジニア特有の実用主義に徹底したものが多かった。たとえば，明治初年につくられた富岡製糸所（図424）などは，今日の目からみても，合理的で堅実な

§1. 産業革命と洋風建築

建物であった。

同じころにつくられた大阪造幣寮（図 426, 427）の諸建築は，明治政府にとって重要な国家的施設であったから，その記念的性格を反映して，造幣寮鋳造所玄関には，神殿風の意匠が施された。この設計は，エンジニアとして来日したウォートルスによるものである。

明治初期の日本は，これら外人技師の作品を通じて，はじめて本格的な洋風建築に接したのであり，その実績によって，明治政府はかれらを建築技師として雇い入れ，洋風建築の建設指導に当たらせた。

4) **コンドルの来日と日本人建築家の育成**　1877 年（明治 10 年）ごろになると，明治政府の西洋の実態に対する理解も深まり，本格的な 19 世紀建築の移植が企てられ，芸術的な設計を本職とする建築家の招へいが行われた。また，1875 年，日本人建築家を養成するために，工部省工

図 426　大阪造幣寮鋳造所玄関（現，桜宮公会堂玄関）(1871 年，大阪，ウォートルス）

外人技師が設計した記念性の強い意匠。

図 427　泉布観（1871 年，大阪，ウォートルス）

大阪造幣寮内の応接所として建てられ，初期洋風建築の特色をよく示している。

図 428　旧東京帝室博物館（1882年，東京，コンドル）
細部に東洋趣味を織り込み，環境との調和をはかっている。

学寮にはじめて造家学科が設立された*。

　この日本の建築教育に大きく貢献したのは，1877年（明治10年）にイギリスから来日したジョサイア=コンドルである。コンドルは，来日以来，1888年（明治21年）まで，工部大学校で造家学（後の建築学）を担当し，あわせて建築設計に携わり，その施工監理を通じて実習教育を行った。明治時代に活躍した日本人の指導的建築家の多くは，コンドルに教育された人々であった。コンドルの設計活動は，旧東京帝室博物館（図 428）・鹿鳴館（1883年）・ニコライ堂（1891年）・三菱一号館（図 429）などをはじめ，かれが1920年（大正9年）に日本で死去するまで続けられ，その作品は，日本における洋風建築の模範として，直接・間

図 429　三菱一号館（1894年，東京，コンドル）
日本における最初の洋風事務所建築である。

＊工部省工学寮は，工業教育機関として1871年（明治4年）に設立，1877年（明治10年）に工部大学校と改称，のちの東京大学工学部の前身である（図 425）。
　造家学科は，1875年（明治8年）に発足し，1877年より教育を開始した。

§1. 産業革命と洋風建築

図 430 日本銀行本店（1896年，東京，辰野金吾）
コンドルによって養成された日本人建築家の輝かしい傑作である。

図 431 東宮御所（赤坂離宮）（内部中央階段室，1909年，東京，片山東熊）
明治における洋風建築摂取の最高水準を示す作品。

図 432 東宮御所（赤坂離宮）（全景）

接に大きな影響を与えた.

5) 19世紀様式建築の消化　外人建築家にかわって,若い日本人の建築家の本格的な設計活動がはじまり,1890年ごろになると,欧米の19世紀の建築様式をほとんど完全に理解したすぐれた作品もつくられるようになった.なかでも,日本銀行本店(図430)・東宮御所(赤坂離宮)(図431,432)は,明治後期の代表的作品であった.

§2. 耐震建築構造の発展

1) 新構法の導入と耐震構造のくふう　日本の建築家たちが,欧米の建築様式をそのまま受け入れることに疑問と反省をいだいた契機は,1891年(明治24年)に濃尾地方を襲った大地震であった.そのとき,名古屋付近の組積造の建築は,外観の堅固さに似ず,大きな被害を受けた.これによって,大地震の少ない欧米で発展した技術を無批判に受け入れることが深く反省された.

このとき以来,日本の建築家にとっては,耐震的な構造法の完成が一つの目標となり,西欧の工学技術の中から,この課題に役だつ技術を選びとろうとする研究がはじまった.

まずはじめに,鉄筋や鉄の帯で補強する改良レンガ造の導入となり,さ

図433　東京海上ビルヂング(1918年,東京,會禰・中条建築事務所)
日本の構造学者の指針に従って建てられ,関東大地震にみごとに耐えた記念すべき建築である.

§2. 耐震建築構造の発展

図 434 丸の内ビルヂング（1923年，東京，三菱地所）
本格的な高層建築の設計と建築技術を導入した最初のビルディングである。

らに鉄骨造・鉄筋コンクリート造などの耐震的に有効な構法の研究と実用化が試みられた。

鉄骨造の一般的な普及がみられたのは，1910年（明治43年）前後であり，鉄筋コンクリート造の普及は，さらに遅れて，1920年（大正9年）ころからであった。

2) 耐震設計理論の研究 明治時代における殖産・興業の強力な奨励の結果，産業資本の育成も進んで，1910年代（明治43年〜大正8年）には，高層建築の需要がしだいに活発になった。1918年（大正7年）には，東京駅前に東京海上ビルヂング（図 433）が建てられたのをはじめとして，大都市の中心部には高層建築の建設が行われはじめた。

このような高層建築の耐震上の不安を解決する工学研究が，1910年代の中心課題となり，佐野利器・内藤多仲などによって，すぐれた耐震建築理論が生まれた。佐野の耐震設計理論の有効性は，やがて1923年（大正12年）の関東大震災によって実証され，建築設計に対するこれらの指導的構造学者の影響力は著しく強いものとなった。

高層建築の建設において，当時，最も進んだ技術と経験をもっていたのはアメリカ合衆国であった。そのため，関東大震災直前にアメリカ合衆国の建築技術を取り入れて建てた丸の内ビルヂング（図 434）は，全幅の信

頼がおかれた建物であった．しかし，このビルディングの完成直後に襲った大地震のため，この建物が，他の多くの高層建築と同様に被害を受けたのに対して，建築構造学者の設計理論に従った建築は，ほとんど破壊を受けなかった．こうして，日本の建築界の主導権は，関東大震災以後，これらの構造学者に移り，いったん確立されかけた西欧的な建築家の伝統は，一時，著しく後退した．構造学者は，本来，徹底した合理主義であるから，指導的な立場に立てば，近代建築の発展に有力なささえになるはずであった．しかし，構造学者の安全主義は，新しい建築表現の追求に消極的であり，その後の日本の近代建築の発展に大きく影響した．

§3. 近代建築思潮と国際建築様式の展開

1) **西欧近代建築思潮の影響** 1910年代の初期（大正初年）には，すでに日本にも，アールヌーヴォーやゼツェッションの活動が紹介され，マッキントッシュやベーレンスの作品が関心をよぶようになっていた．

そして，やがて第一次世界大戦直後の新建築である表現派の，強烈で個性的な建築表現が紹介されるに及んで，当時の若い建築家は，はじめて模索していたものをみい出したのである．

2) **分離派建築会** 1920年（大正9年），東京帝国大学建築学科を卒

図 435 帝国ホテル
(1923年，東京，ライト)

有機的建築の巨匠として有名なライトの日本における作品である．

§3. 近代建築思潮と国際建築様式の展開

業した若い学生が，卒業直前に結成した分離派建築会は，過去様式圏より分離し，すべての建築をして真に意義あらしめる新建築圏を創造することを目的とし，その宣言を発表すると

図 436 東京中央電信局（1925 年，東京，山田守）

ともに作品展を催し，活発な運動を開始した。

分離派建築会の会員が，はじめて実際の建築活動にはいったのは，1922年（大正11年）の平和博覧会のときであった。そして，関東大震災後の復興の勢いにのって，会員もしだいに大きな建築を手がける機会を得て，東京中央電信局（図 436）・東京朝日新聞社（図 437）・白木屋本店（図 438）などの新建築が生まれた。

3) 関東大震災後の公共建築 大震災後の仮建築から本格的な首都の復興建築にはいった東京では，都市の不燃化のために，耐震・耐火にすぐれた鉄筋コンクリート造が奨励された。この不燃化の機運の中で，建築の質の向上を遂げることができたのは，官庁・学校その他の公共建築や

図 437 東京朝日新聞社（1927年，東京，石本喜久治）

社会施設であった。

それまで建築予算の制約から，木造でつくられることが多かったこれらの建築に，建築費の増加が見込まれる新しい構造法を採用するには，工学的にも経済的にも合理性の追求によって，建築費の縮減をはかることが，すべてに優先する設計条件となった。このような昭和初年の建築事情が，合理主義・機能主義的な建築設計を普及させた。

4) 近代建築思想の普及 分離派建築会の旧様式打破の運動は，その宣言の中に，ゼツェッションの影響がみられるが，その主張に直接の刺激を与えたのは，主としてドイツ表現派の建築であった。

しかし，この先駆的活動が日本の建築界に与えた刺激によって，単なる実用の建築にとどまらず，最新の西欧近代建築思潮を積極的に取り入れようとする動きが高まった。当時の近代建築の諸流派の中では，理論的基盤

図438　白木屋本店（1927年，東京，石本喜久治）

図439　東京中央郵便局（1931年，東京，吉田鉄郎）

§3. 近代建築思潮と国際建築様式の展開

をもっていたグロピウスの「国際建築」の思想が，主流となっていた。国際建築の提唱が1925年に発表されてから，わずか2年後に，関西で「日本インターナショナル建築会」が結成されたように，海外の近代建築思潮の動向に対する日本の反応は，しだいに敏感になった。

西欧から遠く離れた日本での近代建築に関する知識は，海外から入手する専門雑誌や書籍に，大部分たよっていたが，ル＝コルビュジェに学んだ人々をはじめ，バウハウス留学者などの帰国によって，近代建築理論が紹介され，同時に設計方法の啓蒙普及が行われた。

ライトの帝国ホテル（図435）建設を助けていたアントニン＝レイモンドは，日本にとどまり，西欧の近代建築の名作をよく消化して実現した。かれは，東京ゴルフクラブハウス（1932年）・東京女子大学チャペル（1938年）に鉄筋コンクリート造による近代建築表現の国際的な水準を示した。そのきめ細かい作品の魅力が，近代建築の啓蒙に果たした役割は大きかった。

5) 国際建築様式の展開 1930年代（昭和5～14年）は，第二次世界大戦前の日本において，近代建築活動の最も盛んな時期であった。国際建築様式は，着実な成長を示し，東京中央郵便局（図439）・日本歯科医学専門学校（1934年）・大阪十合百貨店（図440）・東京逓信病院（図441）・慶応義塾寄宿舎（1938年）・大島測候所（1939年）などの作品が生まれた。

昭和初期の近代建

図440 大阪十合百貨店（1935年，大阪，村野藤吾）

築の中で，逓信省営繕課による電信・電話・郵便局舎，東京市建築課による小学校校舎（図442），同潤会建設部によるアパート（図443），鉄道省建築課による駅舎など，いくつかの官庁，その他特定のグループによって設計された建築が，比較的高い水準を示した点が注目される。

このような設計組織においては，同一種類の建物に対する研究と経験の蓄積に，設計指導者の個性的創造の自由が融合することが可能であった。東京中央郵便局・東京逓信病院などは，このような背景から生まれた1930年代の日本を代表する近代建築であった。

6) **様式主義建築の近代化**　使いやすく，構造的に堅固で，経済性を重んずる実利的な追求は，明治以来の様式主義建築の流れにおいても，合理主義建築ほど厳密ではないとしても，常に関心がはらわれていた。そのうえ，地震という風土条件から生まれた構造学上の設計指針が，合理主義建築も様式主義建築も同様に拘束したことが，日本で両者の隔たりを少なくさせた原因であった。

図 441　東京逓信病院（1937年，東京，山田守）

§3. 近代建築思潮と国際建築様式の展開

図 442　東京市高輪台小学校（1935年，東京，東京市建築課）

　ただ異なるのは，様式主義建築が，平面計画では左右対称をなるべく維持しようとし，記念性を意識して，組積造的な重々しい形式感を形態の比例や外装の石張りなどであらわし，適度に装飾を用いるなどの点であった。
　こうした保守的な表現を残しながら，様式主義建築の流れを汲んだものは，簡素で単純化された建築表現をとり，構造や設備の点では飛躍的に近代化されていった。
　様式主義建築の頂点をなすのが，1936年（昭和11年）に完成した国会議事堂（図 444）であった。この近代化された様式主義は，記念性をもった建築に多く用いられた。
　このほか，明治生命館(1934年)・東京放送会館(1938年)・第一生命館(図 445)などが，その代表的な建築である。
　7) 伝統と近代建築との交錯　明治初年の日本が，

図 443　同潤会江戸川アパート(1934年,東京,同潤会建設部)

図 444 国会議事堂（1936年，東京，大蔵省営繕管財局）

欧米先進国に対する近代化の遅れを取り戻すために，過去の伝統様式と断絶して洋風化をはかって以来，過去の日本独自の建築は，近代化の方向に無価値なものと考えられた。日本の建築遺産の芸術的価値が認識されはじめたのは，様式主義建築の基盤として，建築教育に西洋建築史が取り入れられたことに刺激され，日本建築史の研究が，伊東忠太・関野貞などによって開拓され，19世紀末に体系化されてからであった。

19世紀初頭から20世紀初頭（明治末期）にかけての日本は，あいつぐ戦争の勝利によって国家意識が高まり，社会文化一般に国粋主義が興隆した。建築でも，伝統の上に立つ国民的建築様式の創造が叫ばれ，従来の洋風建築の模倣偏重が非難された。

しかし，国民的建築様式として，当時実際に提案されたものは，鉄筋コンクリート造によって，伝

図 445 第一生命館（1938年，東京，渡辺仁ほか）

§3. 近代建築思潮と国際建築様式の展開

図 446 旧東京帝室博物館（現東京国立博物館，1937年，東京，渡辺仁ほか）

統的建築様式をつくり上げたもので，構造と表現に矛盾があり，大きな発展はみられなかった。

明治神宮宝物殿（1921年）・歌舞伎座（図 447）は，先駆的な例で，この手法は，関東大震災後の復興に，社寺や古典文化と関係の深い特殊な用途の建築に普及した。

第二次世界大戦前に，再び国粋主義が盛んになり，反国際主義の動きが強まった。このとき，民族的様式として推奨されたのが，この様式であった。軍人会館（1934年）・旧東京帝室博物館（図 446）は，その例である。

8) 和風と洋風との統合 明治以来，日本人の生活は，洋風いす式生活と和風座敷生活とを，社会生活と私生活に用い，二重生活を続けてきた。このような生活様式は住宅において，応接用の独立した洋館と居住用の和風住

図 447 歌舞伎座（1924年，東京，岡田信一郎）

図 448 聴竹居内部（1928年，京都，藤井厚二）

和風意匠と洋風生活との融合をはかった記念すべき作品である。

図 449 若狭邸（1937年，東京，堀口捨巳）

宅とからなる明治上流住宅を生んだ。

1920年（大正9年）ころから，中流住宅として普及した中廊下式住宅は，玄関わきに洋風応接間をもち，明治上流住宅の構成を理想として，それを縮小したものであった。このため，住宅の建築表現は，二つの対立する様式が，不自然に結合されたものになったが，大正年代の人々は，中流文化住宅にこの表現を好んで用いた。この不統一を解消しようとして，いろいろのくふうが行われた。和風も洋風も，既往の様式をそのまま用いず，不必要な装飾を取り除き，近代建築特有の簡明で平滑な構成美の表現に生まれかわらせることにより，自然に統一感をもたらすことが目標であった。

このような住宅建築における和洋の統一に，大きく尽くしたのは，分離派建築会結成以来，近代建築運動に活動してきた堀口捨巳であった。岡

§4. 第二次世界大戦後の傾向

田邸（1934年）・若狭邸（図449）は，その代表的な作品である。

新しい日本建築の創造を契機として，日本の建築遺産が近代建築の思想によって，かえりみられるようになった。特に，ナチスドイツに追われて1933年（昭和8年）に来日したブルーノ=タウトの「日本美の再発見」に

図450　パリ万国博覧会日本館（1937年，坂倉準三）

よって認識された，日本のすぐれた伝統的造形を近代建築に取り入れる試みも生まれた。1937年（昭和12年）のパリ万国博覧会場につくられ，すぐれた会場建築として特別賞を与えられた日本館（図450）は，その成果であった。

§4. 第二次世界大戦後の傾向

1）産業の発展と近代建築の普及　第二次世界大戦によって，日本の都市はほとんど戦災を受けた。戦災による異常な住宅不足は，戦後の日本の切実な社会問題となり，地方自治体による公営住宅の建設が1948年（昭和23年）からはじめられた。

第二次世界大戦後の数年間は，資財の不足と経済の混乱のために，木造による仮建築が多く，みるべき建築活動は少なかった。しかし，明治以来，軍事力の増強を中心につちかわれてきた科学技術と工業力は，平和産業に転換し，すぐれた創意と活動力を発揮して，経済の安定を迎え，さらに，生産設備の更新と拡張によって，生産力を飛躍的に増大させ，驚異的な経

済成長を遂げることができたのであった。

1950年（昭和25年）以降，戦後の復興と工業力の発展・充実によって，日本の建築活動は活発になり，しだいに国際水準に近づき，国際的に注目を集める建築作品が生まれるようになった。公営住宅の建築も，戦後社会の復興に伴って，恒久的な耐震・耐火の近代建築技術による高層集合住宅（図451）に発展した。

実際の建築活動ができなかった戦後数年間に，建築家は，主として理論的な追求に努めた。機能主義や合理主義理論の再確認にはじまり，そぼくな機能主義への批判や建築設計のあり方について活発な議論がたたかわされた。

この準備期間にたくわえられた，近代建築に対する認識と創造意欲が，本格的な復興の建設期を迎えて，具体的な建築設計に実現された。

図451　公営団地住宅（1959年，大阪府矢田部団地）

図452　リーダーズダイジェスト東京支社（1951年，東京，レイモンド）

2) 戦後の代表作品の傾向

戦後の建築の傾向は，国際水準にまで発展した工業の成果を，そのまま建築に生かすことであった。鎌倉近代美術館（1951年）・リーダーズダイジェスト東京支社（図452）・日本相互

§4. 第二次世界大戦後の傾向

銀行本店（図 453）・図書印刷原町工場（1954年）・東京都庁舎（図 454）など，この傾向のおもな作品である。特に，最近の高層ビルディング外壁では，主としてカーテンウォールシステムがとられ，精度のよい金属工業の水準が示されている。

また，戦前の建築では，構造学者の確立した耐震構造指針によって，壁と窓とが均等に配分された単調な建築表現から脱することは困難であったが，戦後は，建築構造力学が目ざましく進歩したので，建築構造計算の可能な領域は，著しく拡大された。

建築家は，構造エンジニアと協同して，耐震性を確保しながら，より自由な建築表現をとることができるようになった。香川県庁舎（図 455）や京都会館（図 456）において，日本の伝統的な造形感覚を生かした新しい近代建築の表現が開拓された。さらに進んで，特定の構造方式そのものを建築の形態とする新しい傾向も生まれた。1964

図 453　日本相互銀行本店（1952年，東京，前川国男）

図 454　東京都庁舎（1958年，東京，丹下健三）

図 455 香川県庁舎（1958年，香川，丹下健三）

図 456 京都会館（1960年，京都，前川国男）

年（昭和39年）の東京オリンピックの施設として建てられた国立代々木屋内総合競技場（図 457）は，その典型的な例である。

このような傾向のほかに，戦後の建築界は，その時期の問題意識によって，いくつかの諸派を形づくっている。その一つは，近代建築に民族的・風土的特性を取り入れようとする傾向である（図 458, 459）。これは，民族と風土の伝統をどこに発見するかという問題につながり，戦前にも，その模索が行われた。戦後では，1953年（昭和28年）以降，日本の伝統的建築のすぐれた造形に対する注目と検討が，繰り返し行われた。

一方では，工業主義的な建築の画一的な造形にあきたらず，他方では，単なる欧米作品の模倣や追随に満足できず，わが国独自の特色や性格を国際的な水準で示そうとする意欲が，このような追求をささえてきた原動力であった。

§4. 第二次世界大戦後の傾向

図 457 国立代々木屋内総合競技場（1964年，東京，丹下健三）

　また，日本生命日比谷ビル内のオーディトリアム（図 460）にみられるように，感情に訴えるきわめて彫塑的な，あるいは工芸的な造形を意識的に用いて，工業主義建築の画一性や単調さに対抗しようとする傾向や流派もある。

　こうしたいくつかの現代建築の流れは，相互に独立したものではなく，

図 458 斎藤邸（1952年，東京，清家清）

図 459　藤村記念堂（1948 年，長野，谷口吉郎）

互いに影響し合い，混合されて，ますます多様なものになっていくように考えられる。

3) 都市問題と建築家　戦後の都市の急激な膨張・発展は，都市生活を混乱に陥らせ，特に，その平面的な拡大が，都市交通や都市設備の整備に障害を与え，多くの欠陥をあらわしている。このため，建築を個々にいかに合理的につくっても，その集合体である都市の状態は必ずしもよくならないという矛盾は，ますます激しくなってきている。

この矛盾に直面して，都市そのものを合理的につくり直すことに，建築家の関心が寄せられ，都市再開発への提案

図 460　日本生命日比谷ビル内のオーディトリアム（1963 年，東京，村野藤吾）

§4. 第二次世界大戦後の傾向

が数多くなされた。この提案の可能性は別として，このような住みよい都市の未来像を描きながら，その方向を目指して，個々の建築の設計を進めることが，現代建築家の責務といえよう。

ところで，このような都市に対する建築家の関心は，ことさら現代に限られたものではない。古代ローマのヴィトルヴィウスの建築書は，都市を建築家の手がけるものとして述べている。また，近世では，バロック建築家の都市への関心は，並々ならぬものがあった。パリの都市計画にみられるように，バロック建築家の理想は，都市の中心建築の劇的な壮観を盛り上げるために，都市の景観の整備・改造に着手できることであった。

また，19世紀における田園都市の提案は，産業革命によって無統制に成長・発展した近代都市の，当時のスラム化した都市環境に対する批判から生まれたものであった。そしてまた，ル＝コルビュジェの「輝く都市」の提案は，このような都市から田園への逃避に傾いていた建築家の理想都市案に対して，スラム化した都市そのものを積極的に再開発することで，そこに緑と太陽を取り戻そうとするものであった。

こうした，建築家の一連の都市に対する関心の流れを展望すれば，現在の日本における建築家の都市に対する深い関心が，その職能から逸脱しているものではなく，一つの重要な職能上の伝統であることが理解されよう。

このような建築家の都市問題に対する関心の底には，建築の群として都市をとらえ，その景観における美的秩序を維持し，あるいは発展させようとする本能がひそんでおり，それが阻害されるとき，勢いとして，その関心が都市問題に集中する傾向がある。この場合に，都市美に対する個々の建築家のうけとめ方によって，あるいは混乱とみたり，あるいは新しい都市美の姿とみたりする，主観的な対立も起こってくる。東京における，皇居周辺の超高層建築の規制問題は，こうした主観の対立の好例である。

したがって，建築家が都市問題に立ち向かうとき，それは，単に合理性や機能上の問題ばかりでなく，いかなる姿を未来の都市美と考えるかという問いに，各自の答えを用意しなくてはならないのである。

現代建築

「現代建築」の収録にあたって

(1) 『建築史』では，本編の「近代建築史」において，戦後の建築に関する世界的傾向を「第二次世界大戦後の近代建築」（第2章第4節）として，また日本での傾向を「第二次世界大戦後の傾向」（第3章第4節）として記述している。しかし，頁数の関係もあって，あくまで概要であり，採り上げた建築も世界においては1950年代まで，日本においては1960年代前半までのものである。したがって，今回の増補改訂版では，本編との重複を避けつつ，これとは別に1960年前後から2000年までの建築を「現代建築」としてまとめた。

(2) 『建築史』は，日本建築史・西洋建築史・近代建築史のそれぞれの分野において，建築の歴史的な流れをとらえたきわめてオーソドックスな記述が特色である。その増補改訂版であることを考慮し，現代建築においても掲載する建築の選択に当たっては，可能な限り歴史的な視点を重視した。すなわち，当時の社会や建築界にどのような影響，あるいは，インパクトを与えたか，その時代のエポック的建築であるかどうかなどである。また，単なる建築家の作品目録ではなく，特に，日本においては，社会基盤や生活基盤としての建築の流れが概観できるように心掛けた。そのため，新しいデザインにとどまらず，技術・都市・住宅・景観・保存等に関する提案も重視した。

(3) 「現代建築」は，まだ歴史的価値が確定していないものも含んでいることから，通史としての記述を避け，建築の個別解説にとどめた。ただ，解説においては，社会や建築界における歴史的意義にも触れるよう配慮した。なお，建築名称は，原則として発表当時のものを用いている。

（河東義之）

目次

§1. 日本の現代建築 ………… 292

- 1958 日本住宅公団晴海アパート ……… 292
- 1959 ミゼットハウス, 1960 セキスイハウスA …………………………… 292
- 1961 東京計画1960 ………………… 293
- 1958 メタボリズムグループの都市デザイン …………………………………… 293
- 1961 正面のない住宅 ………………… 294
- 1963 出雲大社庁の舎 ………………… 294
- 1966 パレスサイドビル ……………… 295
- 1966 塔の家 …………………………… 295
- 1966 千代田生命保険本社ビル ……… 296
- 1967 白の家 …………………………… 296
- 1967 山梨文化会館 …………………… 297
- 1968 霞が関ビルディング …………… 297
- 1969 代官山集合住居第一期 ………… 298
- 1970 桜台コートビレッジ …………… 298
- 1972 中銀カプセルタワービル ……… 299
- 1974 倉敷アイビースクエア ………… 299
- 1975 群馬県立近代美術館 …………… 300
- 1977 住吉の長屋 ……………………… 300
- 1978 中京郵便局庁舎 ………………… 301
- 1982 名護市庁舎 ……………………… 301
- 1983 つくばセンタービル …………… 302
- 1987 ヤマトインターナショナル …… 302
- 1987 小布施町並修景計画 …………… 303
- 1989 藤沢市湘南台文化センター …… 303
- 1991 東京都庁舎 ……………………… 304
- 1992 熊本県営保田窪第一団地 ……… 304
- 1992 コモンシティ星田 ……………… 305
- 1995 神戸の鷹取教会と仮設住宅 …… 305
- 1997 東京国際フォーラム …………… 306
- 2000 馬頭町広重美術館 ……………… 306

§2. 西洋の現代建築 ………… 307

- 1956 ピレリー-ビル ………………… 307
- 1962 ケネディー空港TWAターミナル … 307
- 1963 レスター大学工学部棟 ………… 308
- 1963 イエール大学芸術建築学部棟 … 308
- 1964 カステルヴェッキオ美術館 …… 309
- 1964 ウォーキング-シティ ………… 309
- 1965 ソーク研究所 …………………… 310
- 1965 シーランチ-コンドミニアム … 310
- 1965 レッティ蝋燭店 ………………… 311
- 1967 モントリオール万博アメリカ館 … 311
- 1967 ハビタ'67 集合住宅 …………… 312
- 1968 フォード財団 …………………… 312
- 1973 シドニー-オペラハウス ……… 313
- 1973 ガララテーゼ集合住宅 ………… 313
- 1973 世界貿易センター ……………… 314
- 1974 シアーズタワー ………………… 314
- 1976 フランクリン-コート ………… 315
- 1977 ポンピドー-センター ………… 315
- 1982 ポートランド-ビル …………… 316
- 1984 AT&T本社ビル ………………… 316
- 1986 香港上海銀行 …………………… 317
- 1986 国立古代ローマ博物館 ………… 317
- 1987 アラブ世界研究所 ……………… 318
- 1989 グラン-アルシュ ……………… 318
- 1989 ルーブル美術館改修計画 ……… 319
- 1989 ラ-ヴィレット公園 …………… 319
- 1989 ルーフトップ-リモデリング … 320
- 1994 フランス国立図書館 …………… 320
- 1995 バーゼル-シグナルボックス … 321
- 1997 エデュカトリアム ……………… 321
- 1998 ビルバオ-グッゲンハイム美術館 … 322
- 1999 ユダヤ博物館 …………………… 322

§1. 日本の現代建築

1958　日本住宅公団晴海アパート（設計：前川國男　東京都中央区）

　東京湾岸の埋立地に建設された日本住宅公団による最初の高層アパートである。3層6戸を単位とした大架構，3階ごとにエレベーターを停めるスキップ-フロアー方式，都市の街路にみたてた外部廊下，各住戸に設けられたベランダ，開放的な室内空間など，それまでの公営アパートとは明らかに一線を画していた。量から質への転換を試みた建築家による実験的な集合住宅ではあったが，残念ながら，その後の公団住宅に受け継がれた形跡はほとんどみられない。

1959　ミゼットハウス，1960　セキスイハウスＡ

　戦後，工業製品としてのプレファブ住宅が注目を集めはじめたのは，1959年に大和ハウス工業が軽量鉄骨による「ミゼットハウス」(上)(3坪)を販売してからである。次いで翌年には，積水化学工業の「セキスイハウスＡ」(下)をはじめ，「三井ハウス」や「永大国民ハウス」などが販売された。以後，高度経済成長による住宅建設ブームに乗って，鉄骨系・木質系のプレファブ住宅が続出し，1970年にはユニット工法による「セキスイハイムＭ１」が登場する。

§1. 日本の現代建築

1961　東京計画 1960（設計：丹下健三）

　戦災復興期に，各地の都市計画に携わった経験をもつ丹下が，研究室のスタッフ（神谷宏治，磯崎新，渡辺定夫，黒川紀章，康炳基）を率いて完成させた東京改造計画である。1000万都市 - 東京の将来の発展を見据え，東京湾を横断する都市軸を中心に，段階的に拡張可能な交通システムや都市・交通・建築の有機的統一を目指した建築群を提案したもので，国際的にも注目を浴びた。しかし，日本の建築界の一部からは，その実現性や居住環境，一極集中などに関する疑問も出された。

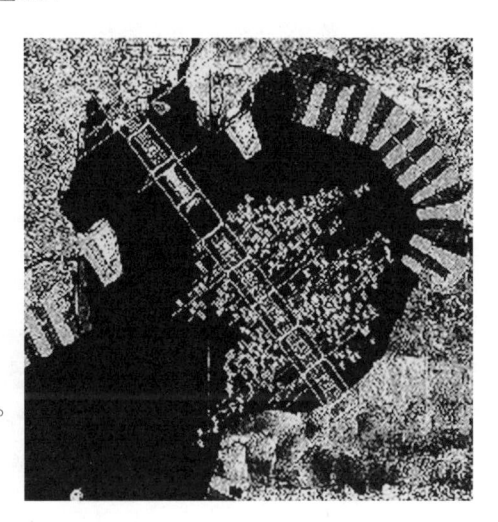

1958〜1962　メタボリズムグループの都市デザイン

　戦後の高度経済成長期を迎えたころから，若手建築家たちによって次々に近未来の都市デザインが提案されるようになった。菊竹清訓の「塔状都市」（左）と「海上都市」（右）(1958年)，大高正人の「海上帯状都市」(1959年)，黒川紀章の「新東京計画」(1959年)，や「東京計画1961」(1962年)，大高正人と槇文彦の「新宿副都心計画」(1960年)，磯崎新の「新宿計画」(1960年)などである。彼らは，1960年にわが国で開催される世界デザイン会議を機に，「メタボリズム」（新陳代謝の意）グループを結成し，より積極的に建築と都市のありかたを提案した。

1961　正面のない住宅（設計：西沢文隆　兵庫県西宮市）

　閑静な住宅地に建設された独立住宅であるが，周囲をRC造の壁で囲うことによって，敷地全体を外界から謝絶した住空間とするとともに，中庭を配して内外部の一体感を目指したコートハウスを提案している。内に向かっての開放性が特徴で，都市部の住宅地にありがちな小規模敷地において，プライバシーを確保しながら自然の光や風を室内に取り入れるための解決策であった。西沢による同名の作品はその後も発表され，コートハウスの名をわが国に定着させるきっかけとなった。

1963　出雲大社庁の舎（設計：菊竹清訓　鳥取県出雲市）

　1953年に焼失した庁の舎（社務所）の復興建築である。両端部に柱型をあらわした階段コアを立て，その上に高さ50mのPCコンクリート梁（棟梁）を2本掛け渡した大胆かつ単純な構造で，農村の稲掛けを連想させるスリット状の壁面もまたPCコンクリートが用いられている。伝統と格式を誇る出雲大社の神域にあって，柱と梁による伝統的な木造架構を最新の構造技術によって表現したもので，コンクリートによる伝統表現のあり方に一石を投じた。

§1. 日本の現代建築

1966　パレスサイドビル（設計：林昌二・日建設計　東京都千代田区）

　名作として知られたアントニン＝レーモンド設計のリーダーズ－ダイジェスト東京支社（1951年）の跡地に建設された複合ビルである。それぞれ独立した円筒形のコア－シャフトをもつ2棟の事務所棟をずらして配置し、耐用年限の異なる骨格（構造部分）と装置（設備部分）を分離することによって、建設の合理化をはかるとともに、将来の更新にも配慮した設計方法が採用された。水平ルーバーや竪樋、傘型のキャノピーなどのくり返しによる軽快な外観もまた、この建築の大きな特徴である。

1966　塔の家（設計：東孝光　東京都港区）

　開発が進む都心の、わずか約 $20m^2$ の敷地に建設された建築家の自邸である。建坪は $12m^2$ で、各階をワンルームとして6層に積み上げ、階段を室内に取り込み、吹き抜けや中2階を用いるなど、上下の空間のつながりに配慮している。内外部とも、無表情な打ち放しコンクリート仕上げで、床もリノリウムシートが敷かれたままであるが、いたるところに楽しさとやさしさを感じさせるのは、住まいに対する建築家・東の主張であろう。都市型住居の一つの典型例として、建築界以外からも注目を集めた作品である。

1966　千代田生命保険相互会社本社ビル（設計：村野藤吾　東京都目黒区）

　外部をアルキャスト（アルミ鋳物）のルーバーで囲った大規模かつ斬新なオフィスビルである。地形の高低差を巧みに活かした配置や，水を配したエントランスホールと中庭の扱い，非常階段を建物内部に設け，煙を屋上に追い出すスモーク-スタッフの採用なども特筆される。平成12年に会社は経営破綻したが，土地・建物を目黒区が買い取り，2年後に区の総合庁舎として再生させた。耐震補強と内部改装，屋上緑化などを行ったが，外装や中庭をはじめ，内部の主要部分も，大切に保存・再利用されている。

1966　白の家（設計：篠原一男　東京都杉並区）

　住空間を単なる個人的な生活空間ではなく，抽象的な空間表現の場としてとらえた住宅作品である。伝統的な表現から出発した篠原らしく，方形造の瓦屋根に漆喰塗の外壁，内部には杉丸太の独立柱や障子などが用いられている。また，居間と食事室からなる大広間は，壁と天井を白く一体的に仕上げた2階吹き抜けの，象徴的な内部空間となる。この作品をきっかけに，以後，篠原は，より抽象的な住空間を次々に発表し，若い建築家たちに大きな影響を与えた。

§1. 日本の現代建築

1966　山梨文化会館 （設計：丹下健三　山梨県甲府市）

アーバンデザインの構想やシステムを実践した意欲的な作品として知られる。新聞社・放送局・印刷会社・商業施設からなる複合ビルであるが，共有する円筒形のコア－シャフトにかけわたされたフロアー－ブロックが機能的に配置されている。将来の機能の変化や拡大に対応すべく，垂直・水平方向への増設を見越した構成と大胆な造形が特徴である。この時期，丹下は，東京築地の電通第一次計画案（1967年，実施されず）や東京新橋の静岡新聞・静岡放送ビル（1968年）で同様な試みを行っている。

1968　霞が関ビルディング（設計：三井不動産，山下寿郎設計事務所　東京都千代田区）

都心の千代田区霞ヶ関三丁目に建設された36階建147mのオフィスビルで，それまでの高さ制限（31m）撤廃と容積地区制度の新設（1963年）に伴って実現した，わが国初の超高層建築である。設計に際しては，建主・設計事務所・建設会社・研究者などからなる霞が関ビル建設委員会が組織され，建築家はプロジェクト－マネージャーとしての役割を担った。柔構造の採用やカーテンウォール技術，防災・設備計画，オフィスの管理システム，施工方法など，わが国におけるその後の超高層時代の先駆けとなった。

1969　代官山集合住居第一期（設計：槇文彦　東京都渋谷区）

　ヒルサイドテラスの名で知られる都市型複合建築の最初の計画で，旧山手通りに面する2棟の低層集合住宅である。1階に商業施設を配置し，2階および3階に設けられた住居部分のプライバシーと独立性に配慮しながら，ショッピングモールやサンクンガーデンによって多様な街路空間と回遊性を創出している。以後，ヒルサイドテラスは都市と建築をテーマに6期25年にわたって，槇の設計により段階的に開発・建設されたが，その都度，都市環境の変化に合わせて平面やファサード・機能等を変化させている。

1970　桜台コートビレッジ（設計：内井昭蔵　神奈川県横浜市）

　多摩丘陵における田園都市開発計画の拠点として計画された低層集合住宅である。傾斜地に対して45度に振った段状の住戸構成が特徴で，採光やプライバシーを確保しながら，オープンスペースを生かしたメゾネット形式の住戸を配置している。単調になりがちな集合住宅の外観や平面に変化を与えるとともに，地形と一体化させることによって，自然環境との調和を図った建築として評価された。なお，内井は，これに先駆けて近隣に同様な設計意図に基づいた桜台ビレッジ（1969年）を完成させている。

1972　中銀カプセルタワービル（設計：黒川紀章　東京都中央区）

都心に建設された分譲の高層のカプセル－ハウスとして内外に知られる。

いわゆるワンルーム－マンションであるが，個室カプセルにはオフィス機能も備えられている。エレベーターとパイプスペースを組み込んだ2本のコア－シャフトに，完全にプレファブ化された着脱式カプセル140個をボルトによって取り付けるという大胆な試みである。かつて，黒川が提唱したメタボリズムの実践例でもあり，増殖可能な高層の近未来住居として国際的にも注目されたが，今やその存続が危ぶまれている。

1974　倉敷アイビースクエア（設計：浦辺鎮太郎　岡山県倉敷市）

町並み保存地区（重伝建）に隣接する倉敷紡績工場（明治22年建設）の保存・再生事例として知られる。煉瓦造の壁体に鋸屋根をかけた典型的な工場建築の一部を取り壊して広場とし，保存部分を改造または改装して，ホテルを中心とする複合建築に再生させた。新設部分にも，解体部材がさまざまな場所に再利用されている。必ずしも本格的な保存とはいえないものの，次々に姿を消す明治の産業遺産を現代によみがえらせた点で，画期的な意義をもつ。

1974　群馬県立近代美術館（設計：磯崎新　群馬県高崎市）

　純粋形態としての立方体（キューブ）によって構成された美術館。外装のアルミパネルやサッシも，正方形のグリッドで割り付けられている。あえて個性的な造形や表現を避け，美術品を展示するための枠の提供に徹することで，逆に，その斬新さと明解さとを強調している。この時期，磯崎は形態のあり方を中心とする建築の手法論を展開しており，同じ年に完成した北九州市立中央図書館や北九州市立美術館とともに，その実践作品としても知られる。

1976　住吉の長屋（設計：安藤忠雄　大阪市住吉区）

　間口2間，奥行7間の敷地いっぱいに建てられた鉄筋コンクリート造2階建，打放し仕上げの住宅である。通りに面しては窓を設けず，周囲の建物に壁面を揃えて，町並みの連続性に配慮している。通風や採光，各部屋への動線は中央部に設けられた吹き放しの中庭に集約されており，伝統的な関西の町家における通り庭や後庭を想起させるとともに，自然の変化を日常生活に取り込むことによって，機能性だけでは得られない生活の豊かさを求めた現代住宅の提案として，発表当時から大きな反響をよんだ。

§1. 日本の現代建築

1978　中京郵便局庁舎 (設計：郵政大臣官房建築部　京都市中京区)

　1902（明治35）年に京都郵便電信局庁舎として建設されたネオルネッサンス様式の建築を前身とする。一時期，改築が計画されたが，保存を望む声が強く，赤煉瓦の明治建築が点在する三条通りの景観に配慮して，道路側の外壁のみを保存（屋根の一部を復元）する方法が採用された。煉瓦造の外壁は独自に仮設の鉄骨で支持され，内部には鉄筋コンクリート造3階建の新館が建設されている。近代建築の外壁保存（ファサード保存）としては，わが国における初の事例であり，その後も同様な方法が各地で実践されている。

1982　名護市庁舎 (設計：象設計集団　沖縄県名護市)

　沖縄の地域特性を体現できる新しい市庁舎をテーマに，2段階の公開設計競技によって実現した。この地方でアサギ（祭祀用の建物）とよばれる屋根と柱だけの建物を段状に配し，日差しを遮り，風を導くテラスとすることによって，集落を思わせる独特の外観をつくっている。柱や壁には，地場産のピンク色のブロックを組み入れ，自然換気のために外廊下と室内を貫通する「風の道」を設けるなど，沖縄の風土に根ざした建築のあり方を追求した建築として知られている。

1983 つくばセンタービル （設計：磯崎新　茨城県つくば市）

　筑波研究学園都市の中枢部として建設された複合施設である。中央の広場に面してホールやホテル・公民館・銀行・店舗，オフィスなどがL字型に配されているが，あえて全体の統一感を避け，建築を装置のように扱った点が大きな特徴である。さらに，ローマのカンピドリオ広場（ミケランジェロ設計）を思わせる広場中央のフォーラムをはじめ，歴史様式や幾何学的造形を随所に引用することによって，磯崎が主張するポスト－モダニズムを印象づけており，内外の建築家たちの大きな評判を呼んだ。

1986 ヤマトインターナショナル （設計：原広司　東京都大田区）

　東京湾岸の埋立地に建てられたアパレルメーカーのオフィスビルである。鉄筋コンクリート造9階建の下層部の3階までを「基壇」とよぶ人工地盤として物流機能をあて，上層に軽やかで変化に富んだオフィス－スペースを乗せている。外装には，無機質のアルミパネルが採用され，特に，複雑かつリズミカルに重なり合った道路側の壁面構成は，季節や天候の変化によって様相をかえる。海外における集落調査の豊富な経験をもつ原が，風景としての建築を目指した斬新かつ意欲的な作品として知られる。

§1. 日本の現代建築　　　　　　　　　　　　　　　　　　　　　　　　　*303*

1987　小布施町並修景計画（設計：宮本忠長　長野県小布施町）

　栗菓子と，葛飾北斎が晩年に滞在したことで知られる小布施町の町並み修景計画。「北斎館」（美術館）の開館（1976年）をきっかけに，歴史的建造物の保存・再生，住宅や商業施設・文化施設の新築・改築，さらに既存建物の曳屋等によって，広場や路地を巧みに配した統一感のある町並みが創出された。「マスタープランのないまちづくり」ともいわれ，一人の建築家と住民・企業・行政が一体となり，十数年にわたって継続的に進められた点に，今後の町並み再生のあり方を示唆する大きな特徴がある。

1989　藤沢市湘南台文化センター（設計：長谷川逸子　神奈川県藤沢市）

　公民館や市民センター・子供館などからなる複合施設で，公開設計競技によって長谷川の案が選出され，市民との対話を経て実施された。市民シアターとプラネタリウム（子供館）の二つの大きな球体は宇宙を，金属材料による幾何学的な屋根や柱の連なりと繰り返しは，森や林を暗示させている。中央の広場には人工のせせらぎや小路も用意されているが，あえて自然の樹木を避け，最新の技術と素材を駆使することによって，近未来的な「第二の自然」をつくり上げようとした，大胆な試みである。

1991　東京都庁舎（設計：丹下健三　東京都新宿区）

　名作として知られた有楽町の旧東京都庁舎（1957年）を移転・改築したもので，指名設計競技によって旧都庁舎と同じく丹下案が選ばれた。第一・第二本庁舎と議会棟からなり，本庁舎はスーパーストラクチュア方式を採用した超高層ビルである。従来の超高層ビルに比べて，ガラスより御影石張りの壁面が強調されており，特に第一本庁舎は，フランス-ゴシックの双塔を想起させる。バブル期の建築であるが，超高層ビルが建ち並ぶ新宿副都心のランドマークとして，今なお大きなインパクトを与えつづけている。

1991　熊本県営保田窪第一団地（設計：山本理顕　熊本県熊本市）

　熊本アートポリスの一環として建設された中層集合住宅。外部から完全に遮断された中央広場を囲んで，3棟の住居棟と集会室が配置されている。各住戸は，外周道路に面したパブリックスペースと，中央広場に面したプライベートスペースとに分離され，コートやブリッジで連絡される。住戸は，団地における内と外の二つの異なる空間を，自主的なコントロールによって遮断したり，接続したりする装置として位置づけられており，その配列によって，新たな人間関係を求めた意欲的な集合住宅である。

1991　コモンシティ星田（設計：坂本一成　大阪府交野市）

　ゆるやかな傾斜地に建設された低層集合住宅で、「戸建て住宅の共有化はどこまで可能か」という、公開設計競技の最優秀案である。地形をそのままに、対角線状に中央緑道を通し、スロープに沿って緑道や通路・水路を設け、合計112戸の住戸と集会所を分散・配置している。住戸は、1階がRC造、2階は鉄骨造で、それぞれの平面や外観を、敷地の形状や隣戸との対応で微妙に変化させ、現在の住宅団地が失いつつある、多様でこまやかな生活空間と、日常的な景観の確保に成功した。

1995　神戸の鷹取教会と仮設住宅（設計：坂茂　兵庫県神戸市）

　鷹取教会(上)は、阪神・淡路大震災で全焼した聖堂跡に建設された仮設の教会兼集会所で、「紙の教会（ペーパードーム）」とよばれる。長さ5mの紙管58本を用いて、ボランティアの手で建設された。また、仮設住宅(下)は、同じ長田区の南駒栄公園と新湊川公園に建設された「紙のログハウス」であり、その後も、海外の難民シェルターに応用された。いずれも、仮設とリサイクルをテーマにした紙管構造（PTS）による新たな建築の提案であり、地球環境と建築のあり方に一石を投じた貴重な提案である。

1997　東京国際フォーラム (設計：ラファエル゠ビニオリ　東京都千代田区)

　東京都庁舎の新宿移転跡地に建設された公共の総合文化施設で，わが国初の国際公開設計競技によってアメリカ人建築家ビニオリの案が選ばれて実現した。建物は，ガラス棟とホール棟からなるが，特に前者の，船底を思わせる大規模な楕円形のアトリウムが圧観である。鉄とガラスの大架構は，2本の柱に支えられ，片側の閉鎖的な会議室ブロックが耐震ユニットとなる。「バブル建築」との評価もあるが，大胆かつ繊細なデザインは，わが国における構造表現主義の代表作として，注目を集めた。

2000　馬頭町広重美術館 (設計：隈研吾　栃木県那珂川町)

　歌川（安藤）広重の肉筆画の寄贈を機に建設された町立美術館。公共建築にありがちなモニュメントとしての建築を避け，裏山の自然景観との融和を図るため，平屋で切妻・平入りという単純で素朴な形態が選択された。屋根も外壁も全面が杉のルーバーで覆われ，内部には壁に和紙，床に自然石が用いられている。繊細さと軽快さだけでなく，木材の不燃化や和紙の補強，ディテールなどに最新の技術を用いながら，伝統的な自然素材の復権を目指した点に大きな意義と個性が認められる。

§2. 西洋の現代建築

1956 ピレリー-ビル（設計：ジオ=ポンティ，イタリア）

　ヨーロッパにおける超高層ビルの初期の作品。高さは127m，31階。主構造体は，両端の三角形コアと膨らみをもつ中央部の2対の壁柱でささえられている。幅70.4m，奥行18.5mの多角形平面は，端部で先細り，側面からの外観は驚くほどに薄い。構造と意匠がみごとに統合し，個性的な外観をつくり出している。地上階で幅2mある壁柱は，上部に行くに従い断面が縮小し，先端部では幅50cmに至る。端正でしなやかな超高層ビルの美しさを，RC造によって表現できることを示した。

1962 ケネディー空港TWAターミナル（設計：エーロ=サーリネン　アメリカ）

　アメリカの近代建築を代表するエアターミナル。2枚の翼を拡げた大きな鳥のような外観は，4枚のコンクリート-シェルから構成される。長さ105m，高さ17mの内部空間は，コンクリートの可塑性を生かした流れるような曲面，スリット状のトップライト，曲線を用いた内装や家具により，来訪者をドラマティックに迎え入れる。「建築とは，有用性を越えて，人間に生きる喜びを与えるもの」というサーリネンは，フィンランド系アメリカ人として，建築界を牽引した。

1963　レスター大学工学部棟 （設計：ジェームス゠スターリング　イギリス）

　モダニズムの流れを継承しつつも，素材のもつ性質をそのままむき出しに表現したニュー‐ブルータリズム建築の代表作。イギリスにおける形式主義と大衆性という矛盾する二つの要素を，近代的な透明ガラスと土着的な赤茶色のレンガの組み合わせにより，みごとに融合させた。伝統的な素材を用い，近代的な抽象形態にまとめ上げた表現は，スターリングの形態を決定する構築力によるところが大きい。細いコンクリート柱にささえられたタワー棟と，鋸歯状のガラス屋根の実験棟から構成される。

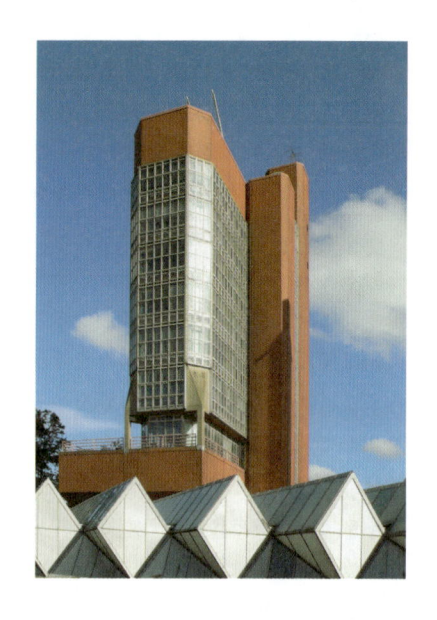

1963　イエール大学芸術建築学部棟 （設計：ポール゠ルドルフ　アメリカ）

　アメリカにおけるニュー‐ブルータリズム建築の代表作。凹凸の際立つ垂直性の強い外観に，細かい縦リブと，はつり仕上げによる荒々しい打放しコンクリートの表現は，それまでの白く均質な表情をもつモダニズム建築にはない，重厚な存在感を放つ。抽象性と素材感を兼ね備えたルドルフの個性的表現は，彼の描くダイナミックな断面パースペクティブとともに，多くの若手設計者を熱狂させた。内部空間は，30以上の異なるレベルが吹抜けを介して連続していたが，後年の火災などにより改築されている。

§2．西洋の現代建築

1964　カステルヴェッキオ美術館（設計：カルロ＝スカルパ　イタリア）

　14世紀の城塞建築を改築した美術館。既存の歴史的建造物に，新しい建築の要素を組み込み，新たな空間の均衡を築いたスカルパの代表作。それまでの修復や保存とは異なり，既存部分に対して積極的に介入し，現代によみがえらせる姿勢は，その後の転用・改築計画に大きな影響を与えた。ゴシック様式の開口部にスチールサッシを重ねた意匠，2階の屋外に突き出て展示された騎馬像など，古い断片と新たな意匠が巧みに融合した空間が展開する。展示物と空間要素が一体的に織りなす展示構成も秀逸である。

1964　ウォーキング－シティ（設計：ロン＝ヘロンとアーキグラム）

　昆虫の脚ような脚柱をもつ，機械化された巨大な都市ユニットが，超高層ビル群の街を集団で移動するユートピア都市構想。ピーター＝クックやロン＝ヘロンらによるイギリスの前衛建築家集団であるアーキグラムは，テクノロジーによる可変性や可動性を全面に打ち出したSF的建築ドローイングによって，現代都市の到達点を批判的に示し，世界に衝撃を与えた。実作をつくらず，ドローイングによって，世界に伝播できるメディアとしての建築の可能性を示すとともに，のちのハイテック建築を生み出す土壌を築いた。

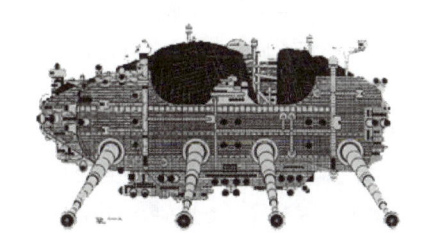

1965　ソーク研究所（設計：ルイス＝カーン　アメリカ）

　南カリフォルニアに建つ研究施設。
　太平洋に開かれたトラバーチンの中庭をはさんで，打放しコンクリートに白木の開口部をもつ研究棟が2棟並ぶ。研究フロアと機械・設備フロアが交互に積み重ねられ，カーンが唱えるサーヴド-スペースとサーヴァント-スペースの概念が実現されている。研究棟は，限定された素材を用いた立方体や三角形の幾何学形態から構成され，光と陰影の織りなす建築空間の永遠性が追求されている。近代合理主義の陰に忘れられていた，思考に満ちた空間のあり方を示している。

1965　シーランチ-コンドミニアム（設計：チャールズ＝ムーア　アメリカ）

　サンフランシスコの北方，太平洋に突き出した断崖の上に建つ10戸の分譲集合住宅。厳しい潮風にさらされた敷地に，軒も庇もない木造住宅群が，中庭を囲んで肩を寄せ合うように建つ。1辺24ft（約7.3m）の立方体に片流れの屋根がかかる建物は，地域に自生するレッドウッドによる縦張りの外壁と板葺き屋根からなる。モダニズムを継承しつつも，素朴な納屋を想起させる住宅群は，自然と向き合う地域性を重んじた建築のあり方を示した。内部には，大胆な色彩と構成をもつスーパーグラフィックが取り入れられている。

§2. 西洋の現代建築

1965　レッティ蝋燭店（設計：ハンス＝ホライン　オーストリア）

　ウィーンの高級ショッピング通りに建つ小さな店舗。歴史的街並みの中でひときわ異色を放つアルミニウムのファサードは，伝統に対峙する近代性の試みとして，世界の建築界から注目を集めた。内部は二つの小さな部屋から構成され，向かい合う鏡と照明の配置により，空間が無限に繰り返されるようにみえる。外部と内部には，同じアルミニウムが主要材料として用いられ，内外は一体的に連続する。近代技術の産物である機械的な設備や器具・素材を空間要素の一部とすることで，建築とテクノロジーの統合が計られていた。

1967　モントリオール万博アメリカ館（設計：バックミンスター＝フラー　カナダ）

　建築・発明・思想など，様々な分野で活躍したバックミンスター＝フラーによるジオデシック－ドームの代表作。化と省エネルギーを追求したものである。

　最小限の資源で，最大の空間を確保できる革新的な球体構造。球体の表面を三角形の単位に分割し，正三角形からなる構造材ユニットから組み上げることで，単純明快な直径250ft（約76.2m）の透明な3/4球の大空間を実現させた。後年，火災により外皮は焼け落ちている。「より少ないものから，より多くのことをなす」というフラーの言葉は，構造体の軽量

1967　ハビタ '67　集合住宅 （設計：モシェ＝サフディ　カナダ）

　モントリオール万博のために建設されたプレキャスト‐コンクリートによる工業化住宅プロジェクト。工場で製作された住居ユニットを現場で積み重ねてつくる集合住宅を提案し，完成度の高い住宅を，安価で大量に供給できる新しい手法を示した。

　短調になりがちな直方体からなる住居ユニットには，プランやサイズの異なるバリエーションをもたせ，選択の自由と空間の豊かさも追求している。モントリオール万博の際に建設され，現在ではフラーのアメリカ館と，ハビタ '67 のみが残されている。

1968　フォード財団 （設計：ケヴィン＝ローチ・ジョン＝ディンケルー　アメリカ）

　庭園付きアトリウムを屋内に設けた最初のオフィスビル。緑豊かなアトリウムの吹き抜けを囲むように，L字型にオフィスが配置されている。外部からも見通せるガラス張りの庭園は，周囲の緑との調和もはかられた。1枚のガラスを境に人工的に環境調節された屋内の外部空間は，悪天候にも左右されない，まさに厳しい都市環境におけるオアシスの理想を実現させたといえる。水音が響き，緑が生い茂るアトリウムは，憩いの場としての公共性を兼ね備え，都市に開かれたオフィスビルのあり方を提示した。

1973　シドニー‐オペラハウス （設計：ヨルン＝ウッツオン　オーストラリア）

　白帆をイメージさせるシンボリックなシルエットで有名なオペラハウス。1957年の国際コンペで，当時無名であったウッツオンが選出された。曲線群が重なる独創的な建物は，構造設計の難航により，世界中の関心を集めた。当初，想定されていたシェル構造は，構造および施工上の問題から，構造家オヴ＝アラップとの協働により，PCコンクリートによるリブアーチの集合体として解決された。コンペから完成まで16年の歳月を費やした建物は，いまでは，シドニーのシンボルとして欠かせない存在となっている。

1973　ガララテーゼ集合住宅 （設計：アルド＝ロッシ　イタリア）

　建築の様式や言語を抽象化し，幾何学的表現に重きをおいた合理主義の代表作。薄い壁柱が等間隔に連続するピロティ，規則正しく配された正方形の開口部，強い秩序を与えられた単純な形態からなる空間が展開する。設計者の記憶の中にある街や建物の断片的イメージを再構築し，設計することで，ディテールは簡素化され，人の記憶に残る形態のみが繰り返されている。182mにわたる強い光と影が織りなす，無機質で禁欲的な空間は，デ＝キリコの形而上学的絵画を想起させ，我々の心の底に強く語りかける。

1973　世界貿易センター（設計：ミノル゠ヤマザキ　アメリカ）

　ニューヨーク　マンハッタンの両端，高さ411m，110階のツインタワーとプラザを囲む複数の低層棟からなるオフィス・商業複合施設。中央部のコアと外周部の鉄骨柱で全体を支持する構造形式により，フロア内の無柱空間を実現させた。シンプルな外観をもつ巨大な四角いツインタワーは，身体的なスケールを越え，効率性を最優先した近代建築の象徴であった。マンハッタン一の高さを誇る超高層ビルのシンボルであったが，2001年9月11日，アメリカ同時多発テロ事件の民間航空機衝突により，2棟とも崩壊した。

1974　シアーズタワー（設計：SOM　アメリカ）

　20世紀末まで，世界一の高さを誇った超高層オフィスビル。1辺22.5mの正方形平面のチューブを九つ束ねた「バンドルチューブ構造」によって，高さ443m，109階の高さを極めた。同じくSOMの設計によるジョン-ハンコック-センター（1970年）で，外壁全体にブレースをかけた「チューブ構造」からの発展である。それぞれに異なる各棟の高さは，風洞実験をもとに効率性を重視して決定され，階ごとに異なるフロアの形を形成している。超高層ビルにおける構造と意匠表現の新しい可能性を示した。

§2. 西洋の現代建築

1976　フランクリン-コート （設計：ロバート=ヴェンチューリ　アメリカ）

　1812年に解体されたアメリカ建国の父ベンヤミン=フランクリンの家の復元計画。ヴェンチューリは、敷地にあえて建物をつくらず、住居跡にはスティールフレームでかつての家の輪郭のみを表現した。地面には、平面プランが示され、建物の基礎などの遺構をみせるためののぞき窓がある。地下は、関係資料を展示する博物館となっている。家型のフレームのみで、想像力を喚起させるイメージの復元は、復元という建築行為の解釈のあり方を拡大させた。ヴェンチェーリは、形態のもつ多義的な意味の重要性を説き、ポストモダンを牽引した。

1977　ポンピドー-センター （設計：リチャード=ロジャース，レンゾ=ピアノ　フランス）

　パリ中心部のマレ地区に建つ美術館を併設した複合文化施設。さまざまな現代芸術の活動拠点として、1971年のコンペで選出された。機械装置のような外観は、歴史的街並みの中で異色を放ち、論争を巻き起こした。長さ166m、幅60m、6階建の建物は、数千に及ぶプレファブリック部品によって組み立てられている。ファサードとなる主構造体のフレームに、設備配管、サービス空間、動線が収められ、吊り構造である内部全体は無柱空間となっている。テクノロジーの装飾的表現により、ハイテック建築の先駆けとなった。

1982 ポートランド-ビル（設計：マイケル＝グレイヴス　アメリカ）

　ポートランド市役所の別棟。古典的形態に記号的な操作を加えて表現したポストモダン建築の代表作品の一つ。正面の1対の柱が巨大なキーストーンをささえる外観は，歴史的な建築言語を単純化し，建物全体をおおうスケールに誇張されている。古典的形態の解釈と表現に重きをおき，現代建築における歴史の再認識を説いた点が評価された。しかし，一方では，脈絡のない古典的形態を引用し，自由自在に変形・肥大化させて組み合わされた虚構性の強い表現は，多くの批判の対象ともなった。

1984 AT＆T本社ビル（設計：フィリップ＝ジョンソン　アメリカ）

　ニューヨーク中心部に建つ，高層オフィスビル。外観は，古典的な三つの異なる様式からなり，アーチにより高く持ち上げられたルネサンス風の基壇部，ゴシック様式の垂直性が強調された中層部，裂け目のついたペディメントをもつ切妻風の頂部から構成される。周囲に建ち並ぶ鉄とガラスの無表情な高層ビルを批判するかのような外観は，重厚で立派にみえる。インターナショナル-スタイルを先導してきたジョンソンの，ポストモダンへの転向は，建築の表現が相対的で一過性のものであることを印象づけた。

§2. 西洋の現代建築　　　　　　　　　　　　　　　　　　　　　　　317

1986　香港上海銀行（設計：ノーマン＝フォスター　香港）

　当時の最先端技術を結集させ，構造と設備ユニットを意匠表現とした超高層オフィスビル。外観には，メガストラクチャーが露出し，建物全体を巨大な吊り構造とすることで，多様な業務形態への対応を可能とした。1階部分は，自由に通り抜けできるピロティーとして開放されている。インテリジェント－ビルとしての高い性能だけでなく，ソーラーリフレクターによる自然光の取り込みなど，環境との調和もはかられている。都市における人間活動とテクノロジーの，共生のあり方を示した先駆的な作品である。

1986　国立古代ローマ博物館（設計：ラファエル＝モネオ　スペイン）

　古代ローマ都市の遺跡の上に建つ博物館。視覚的な記号操作に偏重したポストモダンに対し，敷地の歴史や文脈を重視した批判的地域主義の代表作とされる。地上3階の平面計画は，10室の並列した細長い部屋を巨大なアーチの廊下が直交する構成をもち，平面の軸は地下に残る遺跡の軸に対して，意図的にずらされている。ローマ時代の手法で積まれたレンガ壁と巨大なアーチの連続が，美術館内部の空間を特徴づける。敷地との対話を通じて，地域の固有性とモダニズムの普遍性とが，巧みに融合している。

1987　アラブ世界研究所 （設計：ジャン＝ヌーベル　フランス）

　パリのセーヌ川沿いに建つ幾何学模様をまとったガラス張りの研究所。アラブの伝統的な意匠と最新技術を融合した表現が，高く評価された。南側のファサード全面に取りつけられたダイアフラム（調光用の絞り）は，日々刻々とかわる天候にあわせて開閉し，研究所内の明るさを自動で調節する。メカニカルな形態の組合せは，アラブ世界の民族的シンボルである幾何学表現へと巧みに読み替えられている。ガラスや鏡面効果をもつ素材が多用された内部は，機能美を越えた幻想的様相を呈している。

1989　グラン－アルシュ （設計：ヨハン＝オット＝フォン＝スプレッケルセン，ポール＝アンドリュー　フランス）

　パリ西郊の新都心ラ－デファンス地区に建つ，展望台を兼ねた高層オフィスビル。人工地盤の広場の正面に配置された，1辺105mの立方体の中央をくり抜いた門形の建物。シャンゼリゼ通りと凱旋門を結ぶ歴史軸の延長線上に位置し，現代の凱旋門として設計された。巨大な中空部分は，イベントなどの公共行事に使用され，展望台へと続くエレベータシャフトと雲のモチーフが，くり抜かれた大空間の密度を高めている。建物は，都市軸に対して6.33°ふって配置され，視覚的な奥行き感を与えている。

§2. 西洋の現代建築

1989 ルーブル美術館改修計画 （設計：I. M. ペイ　フランス）

　グラン-プロジェの一つとして実施されたルーブル美術館の大改修。度重なる増築の繰り返しによって複雑化した宮殿を，地下部分の増築によって統合した。動線の要（かなめ）となる中央広場には，底辺35m，高さ21mのピラミッドがエントランスホールとして配されている。ガラス・棒鋼・ワイヤーから構成されるガラスのピラミッドは，高い透明性をもち，歴史上のピラミッドと対照をなす。歴史的建造物からなる美術館の改修で，対比する現代的要素を大胆に挿入した計画は，世界中の関心を集めた。

1989 ラ-ヴィレット公園 （設計：バーナード＝チュミ　フランス）

　パリ郊外の旧食肉市場跡を再開発した都市公園。グラン-プロジェの一つとして，国際コンペにより選出された。チュミは，現代都市における機能と形態の断絶を指摘し，従来の，用途別に区分けするゾーニング手法ではなく，自立した複数の「プログラム」を敷地に重ね合わせることで，公園内のさまざまな場所で，予期せぬ「ハプニング」をつくり出すことを提案した。フォリーとよばれる赤いパヴィリオンは，予期せぬできごとを誘発するしかけとして，機能と関係なく，120m間隔のグリッドの交点に配されている。

1989　ルーフトップ－リモデリング（設計：コープ＝ヒンメルブラウ　オーストリア）

ウィーンの古い建物の屋上に増築されたオフィススペース。鉄骨とガラスでできた巨大な昆虫が，暗色のスレート屋根でおおわれた街中に突如出現したような造型。水平と垂直からなる完結した形態を廃し，鋭角的な形態や線の集合により，動的で未来的なイメージをつくり出している。目を閉じて線を描くなど，現代美術の影響を受け，偶然性を取り込んだ設計手法を用いている。哲学的理論を引用し，歪みや混乱を起こす過激な形態を生成させるディコンストラクティヴィズム（脱構築主義）の代表作の一つ。

1994　フランス国立図書館（設計：ドミニク＝ペロー　フランス）

パリ東端の荒廃した工業跡地に計画された図書館。グラン－プロジェの一つとして，国際コンペにより選出された。複数の建物に分散していた図書関連部門を集約させ，膨大な書籍と資料の保管，データベース管理機能を担う。L字型のガラス張りの高層棟が緑に覆われた広大な中庭の4隅を囲む。高層棟の大部分には書庫が入り，閲覧や検索などのサービス機能は，中庭に面する低層部に配されている。装飾を排除した抽象的な外観は，具象的モチーフや歴史的な引用を用いたポストモダン建築の終焉を決定づけた。

1995　バーゼル‐シグナルボックス（設計：ヘルツォーク＆ド＝ムーロン　スイス）

バーゼル駅の線路脇に建つ信号所。

内部の電子器機を保護するため，外壁に幅20cmの銅板が巻かれている。銅板は，建物中央部でめくれるようにねじれ，みる角度や天候の違いによってさまざまな表情をみせる。素材の特性を生かしたシンプルな形の表現により，素材の質感は存在感を増し，ファサードの視覚性が強調されている。

簡素で控え目な造型表現は，モダニズムの抽象表現主義を批判的に継承し，主観的・感覚的な要素をできるだけ削ぎ落とした，現代美術におけるミニマリズムの影響がうかがえる。

1997　エデュカトリアム（設計：レム＝コールハースとOMA　オランダ）

ユトレヒト大学の講堂と食堂を併設した学生会館。1枚の床スラブが地面から傾斜したまま徐々にもち上がり，端部で円弧を描いてわん曲し，屋根スラブとなる。床・壁・屋根が一体化した傾斜スラブは，従来の床や階段などの建築的制約から逃れることがもくろまれている。これまで明確に区別されてきた内部の活動を，途切れなくシームレスに体感できる空間を実現させた。コールハースの社会的合理性に裏づけられた前衛的姿勢は，従来の機能的構成の概念を拡張させ，新たな空間の可能性を示した。

1998　ビルバオ - グッゲンハイム美術館 (設計：フランク＝O＝ゲーリー　スペイン)

スペイン北部にある工業都市の古い街並みで，ひときわ異色を放つ近・現代美術館。うねる曲面を集めたオブジェのような外観は，強度と軽さを備えたチタンパネルからできている。設計は，航空機や自動車の設計に用いられる3次元CADソフトを活用し，複雑な形態を構造的に解決すると同時に，施工に必要な部材の加工プロセスと連動して行われた。

地域の歴史や敷地の文脈によらない，自己完結した個性的建築表現は，現代アートと建築の境界をなくし，美術館建築のあり方に大きな影響を与えた。

1999　ユダヤ博物館 (設計：ダニエル＝リベスキンド　ドイツ)

ベルリン中心部の南に建つ，ユダヤ教徒の宗教生活や文化を展示する博物館。1989年のコンペで選出された。平面は，稲妻のようにジグザグに折れ曲がり，壁面には無数のひっかき傷のような不規則な開口部がきざまれている。ユダヤ教徒の苦難の歴史が，断片化した幾何学形態の無秩序な集積として表現されている。この博物館に出入り口はなく，入館者は隣りの建物から地下を通じてアクセスする。地下には，敷地を斜めに貫く複数の通路が交差し，暗く出口のみえない精神的状態を建築空間に表現している。

索　　引

建物・項目索引

【あ行】

アイル…………………… 127
アインシュタイン塔…… 238, 239
アウグスブルク市庁舎… 181
赤い家…………………… 224
赤坂離宮………………… 269
赤門……………………… 67
明障子………………… 55, 67
A. E. G. タービン工場… 233
アカンサス……………… 137
アーカンサス…………… 111
アーキトレーブ………… 109
アクロポリス…………… 112
アゴラ……………… 112, 113
アサギ…………………… 299
飛鳥寺…………………… 15
校倉……………………… 21
アッシリア帝国………… 103
安土城…………………… 60
アトリウム……………… 118
アバクス………………… 109
アーバンデザイン……… 295
アブ-シンベルの大神殿
　………………… 100, 101
アプス…………………… 122
アーヘンの宮廷礼拝堂… 141
雨戸……………………… 67
アマリエンブルク……… 205
アミアン大聖堂………… 153
アムステルダム取引所… 231
アムステルダム派……… 238
アムールのモスク……… 138
アヤ-ソフィア…… 132, 133, 134, 140
アラブ世界研究所……… 316
アラベスク……………… 137

アルキャスト…………… 294
アルコーブ……………… 203
アールヌーボー…… 225, 226
アルハンブラ宮殿… 138, 139
アルビ大聖堂…………… 155
アンヴァリッドのドーム
　………………… 187, 191
アントワープ市庁舎…… 179, 180
アンピール式…………… 210
イエール大学芸術建築学部棟…………………… 306
イオニア式………… 110, 115
イギリス国会議事堂…… 212
石がき…………………… 60
石の間…………………… 80
イシュタール門………… 104
出雲大社…………… 13, 292
出雲大社庁の舎………… 292
イスラム建築…………… 137
伊勢神宮………………… 14
石上神宮摂社出雲健雄神社
　………………………… 50
板校倉…………………… 14
板敷……………………… 27
出文机…………………… 56
板扉………………… 28, 41
板葺……………………… 25
厳島神社…………… 37, 38
イブン＝トゥルンのモスク
　………………… 138, 139
入母屋…………………… 38
イル-ジェズ教会堂…… 186
イワン…………………… 140
イングランド銀行……… 210
因州池田屋敷表門……… 67
インテリジェント-ビル
　………………………… 315
ヴァイセンホーフ住宅展覧

会………………………… 246
ヴィチェンツァのバシリカ
　………………………… 174
ヴィラ-カプラ………… 174
ウイーン郵便局………… 228
ウェストミンスター-アベイ
　………………………… 158
ヴェルサイユ宮…… 191, 192, 193, 197
ヴェンドラミニ邸……… 169
ウォーキング-シティ… 307
ウォラトン-ホール…… 183
ヴォー＝ル＝ヴィコントの邸館…………………… 190
ヴォールト…… 106, 138, 157
ヴォールト天井………… 143
ウォルムス大聖堂……… 148
宇佐神宮………………… 37
内法制…………………… 88, 89
ウルム大聖堂…………… 159
宇和島城………………… 62
永大国民ハウス………… 290
エーゲ海建築…………… 107
エジプト建築…………… 96
エスプリ-ヌーボー…… 240, 242
エッフェル塔…………… 223
AT&T 本社ビル………… 314
エデュカトリアム……… 319
江戸城…………………… 63
エトルリア人……… 114, 121
エトワールの凱旋門…… 208
海老虹梁………………… 45
エピダウロスの劇場…… 113
エリザベス式…………… 181
エル-エスコリアル宮… 180, 182
エレクテイオン………… 111
円座……………………… 28

エンジニア………… 222, 224
園城寺勧学院客殿…………64
エンタシス…………… 109
エンタブレチュアー 110, 190
エントランスホール…… 294
エンパイア-ステイト-ビルディング……… 253, 254
延暦寺………………………30
大浦天守堂………………264
大奥…………………………65
大阪城………………………61
大阪造幣寮……………… 267
大阪十合百貨店………… 275
大阪府矢田部団地……… 282
大島測候所……………… 275
大広間………………………65
おが（大鋸）………………51
岡田邸…………………… 280
置畳…………………………28
屋上庭園………………… 242
押板…………………………55
押縁…………………………69
オスティアのアパート… 118
オーダー…… 109, 115, 125
尾だる木……………………20
鬼斗…………………………20
小布施町並修景計画…… 301
オペラ座………… 215, 216
オベリスク…………………99
表……………………………65
オランジュの劇場……… 124
オリエントの建築……… 102
オリエント文化………… 113
オルケストラ…… 112, 123
オルリーの飛行船格納庫
………………………… 235
オルレアンの館………… 189

【か行】

会所…………………………53
海上帯状都市…………… 291
海上都市………………… 291
戒壇院………………………19

開智学校………………… 265
外壁保存………………… 299
回廊……… 15, 16, 144, 157
カウフマン邸落水荘…… 256
甍股…………………………21
火炎式…………………… 157
家屋文鏡……………………7
加賀前田家上屋敷御住居御門…………………………67
鏡天井………………………45
輝く都市………………… 249
香川県庁舎………… 283, 284
鶴林寺………………………49
傘型のキャノピー……… 293
カサ-ミラ……………… 227
春日神社……………………36
春日造………………… 36, 49
カステルヴェッキオ美術館
………………………… 307
霞が関ビルディング…… 295
風の道…………………… 299
河川管理人の家………… 210
カーソン-ピリー-スコット百貨店……………… 230
竪樋……………………… 293
合掌造………………………88
桂離宮………………………68
カテドラル……………… 147
カーテンウォール……… 233
カーテンウォール技術… 295
火頭窓………………………45
歌舞伎………………………85
歌舞伎座………………… 279
カプセル-ハウス……… 297
鎌倉近代美術館………… 282
神魂神社……………………13
紙の教会………………… 303
紙のログハウス………… 303
加茂御祖神社………… 36, 37
加茂別雷神社………………36
カラカラ浴場………117, 119
唐破風………………………55
唐様…………………………46
ガララテーゼ集合住宅… 311

伽藍…………………………43
カルナクのアモン大神殿
………………………… 99, 100
ガルニエの「工業都市」
………………………… 234
ガールの水道橋………… 115
カルロス5世宮…… 180, 182
川原寺………………………15
瓦……………………………24
瓦葺…………………………34
官学校昌平坂学問所………82
丸桁…………………………20
願成寺………………………33
鑑真…………………………19
観心寺金堂…………………49
カントリー-ハウス…… 199
カンピドリオ広場… 172, 175
規矩術………………… 63, 92
ギザの三大ピラミッド……98
キジ=オデスカルキ邸
………………………… 189, 196
北野神社……………………79
几帳…………………………28
記念建築……………………8
木鼻…………………………45
吉備津神社…………………50
キューブ………………… 298
京都会館………… 283, 284
ギリシア建築…………… 107
切妻屋根……………………3
キルクス………………… 123
キルクス-マキシムス… 123, 124
木割り………………………50
木割書………………………59
金閣…………………………54
キングズ-カレッジ礼拝堂
………………………… 157, 158
近代建築運動…………… 224
近代建築国際会議……… 245
杭上住居………………… 4, 5
クイーンズ-ハウス…… 184
空中庭園………………… 104
九体阿弥陀堂………………31

索引

グッゲンハイム美術館… 260
クノッソス宮殿…… 107, 108
クライスラー－ビルディング…………………… 253
倉敷アイビースクエア… 297
倉敷紡績工場………… 297
グラスゴー美術学校…… 226
グラナダの修道院……… 201
グラバー邸…………… 264
グラン－アルシュ……… 316
繰形…………………… 45
クリスタル－パレス…… 222, 223
クリュニ修道院…… 145, 146
クリュニのベネディクト会修道院……………… 130
車宿………………… 26
曲輪………………… 60
クロイスター…… 144, 157
グロスター大聖堂… 156, 157
黒門………………… 67
軍人会館…………… 279
群馬県立近代美術館…… 298
クーンレイ邸………… 230
慶応義塾塾宿舎……… 275
ゲル………………… 2
ケルン大聖堂………… 158
間………………… 13, 85
建築十書…………… 129
建長寺……………… 43
建仁寺……………… 43
コア－シャフト……… 293
工芸運動…………… 224
光浄院客殿…………… 64
構成派……………… 238
格天井……………… 80
講堂………………… 15
興福寺…………… 19, 47
興福寺北円堂………… 48
高欄………………… 17
虹梁………………… 45
国際建築…………… 243
国際連合本部………… 257
国際連盟本部案……… 245

国分寺……………… 18
国立古代ローマ博物館 315
国立第一銀行………… 265
国立代々木屋内総合競技場
………………… 284, 285
御座の間……………… 66
ゴシック建築………… 149
ゴシック様式………… 307
ゴシック－リヴァイヴァル
………………… 212
五重塔……………… 17
古代メソポタミア…… 102
国会議事堂…… 277, 278
コートハウス………… 292
コーニス…………… 109
古墳………………… 5
コモンシティ星田…… 302
コリント式…… 110, 115
コルドバの大モスク… 137, 139
コールブックデールの鋳鉄橋………………… 222
コロセウム…… 117, 126
コンクリート－シェル… 305
権現造……………… 78
金剛峯寺…………… 30
コンスタンティヌスのバシリカ……………… 123
金堂………………… 15
コンポジット式……… 126

【さ行】

斉藤邸……………… 285
サーヴァント－スペース
………………… 308
サヴォア荘………… 250
サーヴド－スペース… 308
棹縁天井…………… 71
桜台コートビレッジ… 296
桜台ビレッジ………… 296
座敷図……………… 90
挿肘木……………… 40
叉首………………… 20

サッカラの階段ピラミッド
………………… 97
茶道………………… 68
実肘木……………… 45
侍所………………… 54
さら斗……………… 41
サン－ヴィターレ…… 133
桟唐戸…………… 41, 45
サン－カルロ教会堂… 188
桟瓦葺……………… 76
ザンクト－エリザベート教会堂……………… 159
ザンクト－ガレン修道院
………………… 142
サンクンガーデン…… 296
サンス……………… 152
サンタ－マリア－デルレ－グラーチェ教会堂…… 170
サンタポリナーレ－イン－クラッセ………… 128
サンタンドレア教会堂… 168, 169
サンタンブロジオ教会堂
………………… 146
サンティ－ヴィンチェンツォ－エド－アナスタシオ教会堂…………… 188
サンテチェンヌ教会堂… 144, 145
サンテュルバン教会堂… 156
サント－シャペル…… 154
サント－ジュヌヴィエーヴ図書館……………… 215
サント－スピリト教会堂
………………… 166, 169
サン－ドニ修道院…… 150
サン－ピエトロ……… 127
サン－ピエトロ大聖堂… 185, 186, 187, 194
三仏寺投入堂………… 29
サン－フロン教会堂… 144
サン－マクルー教会堂… 156
サン－マルコ教会堂… 134
シアーズタワー……… 312

シアム　245	浄瑠璃寺本堂　31	ストローベリーヒル　211
シエナ大聖堂　160	ショッピングモール　298	スービーズ公爵邸　203
ジオデシックドーム　311	ジョンソンワックス会社　256	スフィンクス　99
紙管構造　305		角屋　76
式台　74	シーランチ-コンドミニアム　310	住吉大社　12, 13
式年造替　36, 37		住吉造　13
ジグラット　5, 103	白木屋本店　273, 274	スモークスタッフ　296
シーグラムビルディング　262	白の家　296	スラスト　134
仁寿殿　25	神宮寺　35	スレイマニエ　136
慈照寺の銀閣　54	新古典主義　207	スレイマン1世のモスク　140
紫宸殿　25	神社　12	生活最小限住居　247
閑谷黌　83	新宿計画　293	清涼殿　25
下地窓　69	新宿副都心計画　293	セヴィリア市庁舎　180, 181
漆喰　76	心心制　88, 89	世界貿易センター　314
四天王寺　15	寝殿　26	セキスイハイムM1　292
シドニー-オペラハウス　313	寝殿造　27, 28, 52	セキスイハウスA　292
蔀　27, 55	新東京計画　293	軟障　28
ジードルンク　246	神仏習合　35	ゼツェッション　229
四分一　69	神明造　13	折衷様　49
持仏堂　54	身廊　127	雪隠　70
4分ヴォールト　153	随身所　26	セプテミウス＝セヴェルスの記念門　121
ジャコビアン式　181	垂直式ゴシック　157	セブラ装飾　145
ジャック＝クェール邸　162	水平ルーバー　295	ゼブラ模様　138, 160
社務所　294	スーパーストラクチュア方式　304	セメント館　253
シャルトル　152	スカラ-レジア　185, 187	迫り　86
シャンボールの城館　166, 177	スキップ-フロアー方式　292	善光寺　81
住居ユニット　312	透塀　79	禅宗様　46
集中形式　164	数奇屋造　72	セント-スティーヴン教会堂　195
シュタイナー邸　229	数奇屋風　59	セント-ポール大聖堂　188, 194, 195, 198
シュッセンリート修道院　206	スキンチ　131, 132	セントローレンス教会堂　142
聚楽第　63	スゴン-タンピール式　215	泉布観　267
書院造　64	朱雀大路　22	草庵　29
城下町　73	筋違　50	草庵茶室　58, 69
正倉院　19	厨子だな　28, 56	装飾式ゴシック　157
浄土寺浄土堂　40	スタッコ工法　114	僧坊　19
常寧殿　25	スタラクタイト　138	相輪　16, 30
正福寺　46	捨子保育院　166	ソーク研究所　310
正福寺地蔵堂　47	ステンドグラス　149, 153	側廊　127
匠明　63	ストア　112	礎盤　45
昭陽舎　25	ストックホルム市庁舎　232	
	ストックレー邸　229	
	ストラップワーク　173, 179	

索引

ソーラーリフレクター……315
反り……25
ソールズベリ大聖堂……155

【た行】

ダイアフラム……316
待庵……69
大安寺……19
第一生命館……277, 278
第一帝政式……210
大英博物館……209
大オーダー……172, 189, 190, 196
台がんな（台鉋）……51
代官山集合住居……296
大極殿……22
第三インターナショナル記念塔……239
大社造……13
大嘗会……12
台子……69
大内裏……22
大斗……17, 20
大徳寺……45, 46
大斗肘木……20
第二帝政式……215
対の屋……26
タイバー……166, 171
大仏様……41
大へい束……45
大報恩寺……51
台目畳……71
内裏……24
台輪……45
鷹取教会……303
高窓……150, 153
高床形式……4
竹格子……69
タジ・マハル……140
畳……55
畳床……71
脱構築主義……318
塔頭……55

竪穴住居……1
建水分神社……50, 51
田の字形……87
束ね柱……145
多宝塔……30
ダマスカスの大モスク……136, 139
ドラム大聖堂……144, 148, 149
棰木……3
断面パースペクティブ……306
チェルトーサ……169
違棚……55
千鳥破風……80
粽……45
チャンディガーの高等裁判所……260
チュイルリイ宮……179
中京郵便局庁舎……299
中銀カプセルタワービル……297
中尊寺……33
中尊寺金色堂……34
中堂……30
中門……15
中門廊……26, 54
チューダー式……181
チューブ構造……312
町……23
長安……22
超高層建築……295
超高層ビル……305
帳台構……55
聴竹居……280
朝堂院……24
長堂形式……164
ちょうな……52
千代田生命保険相互会社本社ビル……294
チリー・ハウス……238
地割……75
鎮守社……35
ツヴィーファルテン修道院……206
ツヴィンガーの楼閣……198

蹲踞……70
つくばセンタービル……300
付け書院……55
土壁……29, 69
常御所……53
妻入り……14
詰組……45
釣殿……26
庭園……53, 68
ディオクレティアヌスの宮殿……125
ディオクレティアヌスの浴場……119, 123
帝国ホテル……272, 275
ディコンストラクティヴィズム……318
デ・スティール……240
TWAターミナル……305
デトロイトのトラック工場……255
点前……69
天蓋……17
天竺様……41
天守……60
殿上……26
テンピエット……170
伝法堂前身建物……25
土庇……25
塔……15
東京朝日新聞社……273
東京海上ビルヂング……270, 271
東京改造計画……291
東京計画1960……291
東京国際フォーラム……304
東京国立博物館……279
東京ゴルフクラブハウス……275
東京市高輪台小学校……277
東京女子大学チャペル……275
東京中央電信局……273
東京中央郵便局……274, 275
東京帝室博物館……268, 279
東京通信病院……275, 276

東京都庁舎………… 283, 302
東京放送会館………… 277
東宮御所……………… 269
洞窟住居………………… 1
トゥーゲントハット邸 249
同潤会江戸川アパート 277
唐招提寺…………… 19, 21
唐招提寺金堂…………20
塔状都市……………… 291
同仁斎…………………69
藤村記念堂…………… 286
東大寺…… 18, 19, 40, 42, 81
塔の家………………… 293
東福寺…………………44
燈籠……………………70
通り庭…………………75
とがりアーチ… 139, 145, 150
床……………………55
床柱…………………71
土佐神社………………50
図書印刷原町工場…… 283
トスカナ式…………… 126
土蔵造………………76, 77
飛石…………………70
飛控え……………… 150
土間…………………29
富岡製糸所…………… 266
トライアヌスのバシリカ
…………………… 124
ドラム………………… 134
ドリス式…………… 109, 115
トリフォリウム… 150, 153
トレサリー…… 149, 153, 154, 157
ドレスデン歌劇場…… 214
トレド大聖堂………… 201
登呂遺跡………………… 3
トロンプ………… 131, 132

【な行】

中板…………………71
長岡京………………22
中奥…………………65
中島…………………26
中柱…………………71
長屋門………………74
流造……………… 36, 49
長押…………………50
名護市庁舎…………… 299
名古屋城………………61
難波京…………………21
双堂…………………31
縄張…………………60
南大門…………………15
丹……………………16
二階桟敷………………86
二階棚……………… 28, 56
ニケ-アプテロス神殿… 111
ニコライ堂…………… 268
西本願寺………………66
二重殻のドーム……… 187
二重虹梁………………20
二条城…………………65
躙口…………………70
日光東照宮……………79
ニッチ……………… 122
日本銀行本店………… 269
日本歯科医学専門学校… 275
日本住宅公団………… 290
日本住宅公団晴海アパート
…………………… 290
日本生命日比谷ビル… 285, 286
日本相互銀行本店… 282, 283
ニュー-ブルータリズム建築…………………… 306
ニュンフェンブルク宮… 205
仁徳天皇陵……………… 6
貫……………… 41, 50
塗家造…………………76
ネオクラシシズム… 207, 208
ネオルネッサンスの建築
…………………… 299
ネイブ……………… 127
ネオバロック……… 216
ネオルネサンス…… 214
根来寺多宝塔…………30

農家…………………86
能舞台…………………65
軒支輪…………………20
ノートル-ダム…… 152, 153
野屋根…………………34
ノルマン建築………… 148

【は行】

ハイデルベルク城…… 181
拝殿…………………38
パイミオのサナトリウム
…………………… 252
パイロン………………99
バウハウス…… 240, 241, 243, 244, 250
パエストウムのバシリカ… 109
包……………………… 2
秤肘木…………………20
階……………………36
橋掛かり………………84
階隠…………………36
バシリカ…………… 122
バーゼル-シグナルボックス…………………… 319
八幡造…………………36
バットレス………… 152
はつり仕上げ……… 306
馬頭町広重美術館…… 306
花道…………………86
埴輪家屋……………… 5, 6
桔木…………………51
ハビタ'67集合住宅…… 310
ハファジャのだ円形神殿
…………………… 102, 103
ハーフチンバリング…… 161
バベルの塔………… 104
浜床…………………36
パラッツォ………… 164
ばら窓……………… 154
パリ改造計画案……… 248
パリ大聖堂………… 152
パリ地下鉄駅入口…… 225
張付壁…………………69

索引

パリの大改造計画 ……… 215
パリ万国博覧会日本館 … 281
バルセロナ国際博覧会ドイツ館 ……… 249
パルテノン ……… 110
パルマノヴァの都市計画 ……… 175
パルラディオ主義 ……… 199
パレスサイドビル ……… 293
バロック建築 ……… 184
バロックの都市計画 …… 193
パンテオン …… 117, 122, 135, 207
バンドルチューブ構造 … 312
燧梁 ……… 62
比叡山寺 ……… 30
ピエルフォン城 ……… 162
控壁 ……… 152
東山 ……… 23
東ローマ帝国 ……… 131
飛鳥舎 ……… 25
ピクチャレスク …… 207, 211
ピサ大聖堂 ……… 147
ビザンチン建築 …… 128, 131
ビザンチン－ドーム …… 133
肘木 ……… 20
非対称 ……… 15
PTS ……… 303
一手先 ……… 20
ピナクル ……… 159
姫路城 ……… 59, 61
表現主義 ……… 238
表現派 ……… 238
平等院 ……… 32
平等院鳳凰堂 ……… 32
びょうぶ（屏風）……… 28
平入り ……… 14, 29
平庭 ……… 26
ピラミッド ……… 5
ヒルサイドテラス ……… 296
ビルバオ－グッゲンハイム美術館 ……… 320
ピレリー－ビル ……… 305
広重美術館 ……… 306

ピロティ ……… 242
広間 ……… 63
広間形 ……… 86
桧皮葺 ……… 25, 34
ファグス製靴工場 ……… 232
ファルネーゼ邸 ……… 171
フィアツェーンハイリゲン巡礼教会堂 ……… 199
フィレンツェ大聖堂 …… 165, 171
フォード財団 ……… 310
フォルクヴァンク博物館 ……… 226
フォルム ……… 120
フォルム－ロマヌム …… 121
フォンテンブローの城館 ……… 178
藤沢市湘南台文化センター ……… 301
伏見城 ……… 61
藤原京 ……… 18, 22
ふすま障子 ……… 55
仏寺 ……… 11, 15
ブライトン離宮 ……… 211
フライング－バットレス ……… 150
フラウエンキルヘ … 199, 200
ブラジリアの大統領官邸 ……… 260
プラテレスコ様式 ……… 180
フランクリン街のアパート ……… 235
フランクリン－コート … 313
フランス国立図書館 …… 318
ブランデンブルク門 …… 208
フランボワイヤン式 …… 156, 157
フリーズ ……… 109
プリエネの住宅 ……… 113
ブリュッセル裁判所 …… 216
プリロマネスク建築 …… 141
ブルックザール宮 ……… 200
プレキャスト－コンクリート ……… 310

ブレスロウの世紀ホール ……… 235
ブレニム宮 ……… 196
プレファブ住宅 ……… 290
フロアーブロック ……… 295
ブロワの城館 …… 178, 189
分離派建築会 ……… 273
平安京 …… 22, 23, 24, 25
平城京 …… 18, 22, 23
戸主 ……… 28
ヘッセン大公成婚記念塔 ……… 228, 229
ペディメント ……… 110
ペデスタル ……… 126
ベネチアの総督宮 ……… 161
ベネディクト会修道院 … 148
ペーパードーム ……… 303
ペリスタイル ……… 118
ペルセポリスの宮殿 …… 105
ベルリン大劇場改築 …… 238
ベルリンの劇場 ……… 209
ヘレニズムの建築 ……… 113
ペンデンティブ－ドーム ……… 132, 133
ヘンリ7世礼拝堂 ……… 158
坊 ……… 23
方形 ……… 30
豊国廟 ……… 78
方丈 ……… 44
法成寺 …… 31, 32, 48
ボーヴェー大聖堂 ……… 153
法隆寺 …… 12, 16, 17, 18
北円堂 ……… 47
法勝寺 ……… 48
北斎館 ……… 301
ポスト－モダニズム …… 300
保田窪第一団地 ……… 303
掘立て柱 ……… 24
ボッテガ ……… 165
ポートランド－ビル …… 314
ほり ……… 60
ホワイホール宮殿のバンケッティング－ハウス … 183
香港上海銀行 ……… 315

ポンピドゥーセンター … 315
ポンペイ … 118
本棟造 … 88

【ま行】

前庭 … 18
曲屋 … 88
マグサ式構造 … 101
斗 … 20
枡形 … 60
マスタバ … 96, 98
町並み集景計画 … 303
町屋 … 29, 75
町割り … 28, 74, 75
マッシーミ邸 … 173
松本城 … 60
マディナト-ハブ … 99
マティニョン邸 … 204
窓格子 … 149
マニエリスム … 172, 173, 176, 177, 185
丸岡城 … 60
丸の内ビルヂング … 271
丸窓 … 84
回り舞台 … 86
マンサード屋根 … 215
万福寺 … 80
ミケナイのアトレウスの宝庫 … 108
ミケナイの獅子門 … 109
簾 … 28
ミゼットハウス … 292
密教建築 … 30
密庵 … 72
三井ハウス … 292
三斗組 … 20
三菱一号館 … 268
三手先組 … 20
ミナレット … 136
ミヒラーブ … 136, 139
未来派 … 238
ミラノ大聖堂 … 160
ミンバール … 136

棟持柱 … 4, 13
室生寺五重塔 … 29
明治神宮宝物殿 … 279
明治生命館 … 277
メガストラクチャー … 317
メゾネット形式 … 298
メゾン-カレ … 122
メゾンの邸館 … 190
メタボリズム … 293
メッカ … 136
メディチ邸中庭 … 167
メルクの修道院 … 197
裳階 … 30, 47
モスク … 136
モニュメンタルな建築 … 6
モニュメント … 5
母屋 … 27
モントリオール万博アメリカ館 … 311

【や行】

薬師寺 … 18, 19, 20, 21
櫓 … 60
屋根裏 … 69
ヤマトインターナショナル … 302
山梨文化会館 … 297
やりがんな … 52
遺戸 … 55
ユーゲント-シュティル … 227
湯島聖堂 … 84
ユダヤ博物館 … 322
ユートピア都市構想 … 309
ユニット工法 … 292
ユニテ・ダビタシオン 259, 260
洋風建築 … 264
吉村邸 … 87, 88
四つ間取り … 87
夜御殿 … 27
ヨハン-ネポムク教会堂 … 200

【ら行】

ライデン市庁舎 … 180
礼堂 … 30
ラ-ヴィレット公園 … 319
洛中洛外図屏風 … 53
羅城門 … 23
ラ-トリニテ教会堂 … 144, 145
ラ-マドレーヌ教会堂 … 146
ラメセウム … 99
ランス大聖堂 … 152
ラン大聖堂 … 151
リージェント公園団地 … 212
リーダーズダイジェスト東京支社 … 282
リブヴォールト … 145, 150
リュシクラテスの記念碑 … 112
綾綺殿 … 25
臨春閣 … 72
ルーヴァン市庁舎 … 161
ルチェルライ邸 … 168, 173
ルネサンス … 163
ルーフトップ-リモデリング … 320
ルーブル宮 … 178, 179, 191
ルーブル宮新館 … 215
ルーブル美術館改修計画 … 319
ル-ランシーのノートルダム … 236
霊廟 … 78
レークショア-ドライブ-アパート … 258
レスター大学工学部棟 … 308
レッティ蝋燭店 … 311
連子窓 … 16, 55
連続ガラス窓 … 244
楼門 … 38
ロカイユ … 201, 203, 206
鹿苑寺舎利殿 … 54
6分ヴォールト … 151

鹿鳴館・・・・・・・・・・・・・・・・・・・・・ 268
陸屋根・・・・・・・・・・・・・・・・・・ 100, 244
ロココ建築・・・・・・ 202, 204, 206
ロココ装飾・・・・・・・・・・・・・・・・・ 201
露地・・・・・・・・・・・・・・・・・・・・・・・・・70
ロックフェラー‐センター
・・・・・・・・・・・・・・・・・・・・・ 253, 254
ローマ会議場・・・・・・・・・・・・・ 255
ローマ建築・・・・・・・・・・・・・・・ 114
ロマネスク建築・・・・・・ 141, 142
ローマの大格納庫・・・・・・・・ 253
ロレンツォ図書館控室・・・ 172
ロンシャンの教会堂・・・・・・ 259
ロンドン再建計画案・・・・・・ 193

【わ行】

若草伽藍・・・・・・・・・・・・・・・ 15, 17

若狭邸・・・・・・・・・・・・・・・・・・・・ 281
ワグナーの建築理論・・・・・・ 227
渡殿・・・・・・・・・・・・・・・・・・・・・・・・26
輪棰木・・・・・・・・・・・・・・・・・・・・・・84
和様・・・・・・・・・・・・・・・・・・・・・・・・19
わら座・・・・・・・・・・・・・・・・・ 41, 45
割束・・・・・・・・・・・・・・・・・・・・・・・・17
ワンルーム‐マンション
・・・・・・・・・・・・・・・・・・・・・・・・・ 299

人名索引

【あ行】

I. M. ペイ ・・・・・・・・・・・・・・・・ 319
アウト ・・・・・・・・・・・・・・・・・・・・ 241
アーキグラム・・・・・・・・・・・・・ 309
アザム兄弟・・・・・・・・・・・・・・・ 200
アスプルンド・・・・・・・・・・・・・ 251
東孝光・・・・・・・・・・・・・・・・・・・・ 295
アルドアン＝マンサール
・・・・・・・・・・・・・・・ 191, 192, 197
アールトォ・・・・・・・・・・・ 251, 252
アルド＝ロッシ・・・・・・・・・・・ 313
アルベルティ・・・ 166, 167, 168,
169, 173, 174, 175, 176
安藤忠雄・・・・・・・・・・・・・・・・・ 300
アントニオ＝ダ＝サン＝ガル
ロ・・・・・・・・・・・・・・・・・・・・・・ 177
アントニン＝レイモンド
・・・・・・・・・・・・・・・・・・・・・・・ 275
石本喜久治・・・・・・・・・・ 273, 274
磯崎新・・・・・・・・・ 293, 300, 302
伊東忠太・・・・・・・・・・・・・・・・・ 278
イニゴ＝ジョーンズ・・・ 167,
182, 198
ヴァン＝デ＝ヴェルデ・・・ 226
ヴァンブラ・・・・・・・・・・・・・・・ 196
ヴィオレ＝ル＝デュク・・・ 213
ヴィトルヴィウス・・・ 129, 169,
173

ヴィニョーラ・・・・・・・・・・・・・ 169
ウィリアム＝モリス・・・・・・ 224
ウェッブ・・・・・・・・・・・・・・・・・ 224
ウォートルス・・・・・・・・・・・・・ 267
ウォルポール・・・・・・・・・・・・・ 211
内井昭蔵・・・・・・・・・・・・・・・・・ 298
浦辺鎮太郎・・・・・・・・・・・・・・・ 299
エストベリ・・・・・・・・・・・・・・・ 232
エッフェル・・・・・・・・・・・・・・・ 223
エーリッヒ＝メンデルゾーン
・・・・・・・・・・・・・・・・・・・・・・・ 238
エルンスト＝マイ・・・・・・・・ 248
A. レーモンド ・・・・・・・・・・・ 295
エレーラ・・・・・・・・・・・・ 167, 182
エーロ＝サーリネン・・・・・・ 307
オヴ＝アラップ・・・・・・・・・・・ 313
大高正人・・・・・・・・・・・・・・・・・ 293
岡田信一郎・・・・・・・・・・・・・・・ 279
オースマン・・・・・・・・・・・・・・・ 215
オット＝ワグナー・・・・・・・・ 227
オップノール・メッソニエー
・・・・・・・・・・・・・・・・・・・・・・・ 202
オルタ ・・・・・・・・・・・・・・ 225, 226
オルブリッヒ・・・・・・・・ 228, 229

【か行】

ガウディ・・・・・・・・・・・・・・・・・ 227
片山東熊・・・・・・・・・・・・・・・・・ 269
葛飾北斎・・・・・・・・・・・・・・・・・ 303

神谷宏治・・・・・・・・・・・・・・・・・ 293
ガルニエ・・・・・・・・・・・・・・・・・ 216
カルロ＝スカルパ・・・・・・・・ 309
カーン・・・・・・・・・・・・・・・・・・・ 255
康炳基・・・・・・・・・・・・・・・・・・・ 293
ギィマール・・・・・・・・・・・・・・・ 225
菊竹清訓・・・・・・・・・・・・ 293, 294
ギリー・・・・・・・・・・・・・・・・・・・ 210
隈研吾・・・・・・・・・・・・・・・・・・・ 306
黒川紀章・・・・・・・・・・・・ 293, 299
グロピウス・・・・・・ 233, 234, 241,
242, 243, 246, 247, 250
ケヴィン＝ローチ・・・・・・・・ 312
ゲルトナー・・・・・・・・・・・・・・・ 214
コープ＝ヒンメルブラウ
・・・・・・・・・・・・・・・・・・・・・・・ 320

【さ行】

坂倉準三・・・・・・・・・・・・・・・・・ 281
坂茂・・・・・・・・・・・・・・・・・・・・・ 305
坂本一成・・・・・・・・・・・・・・・・・ 305
佐野利器・・・・・・・・・・・・・・・・・ 271
サリヴァン・・・・・・・・・・ 227, 230
サン＝ガルロ・・・・・・・・・・・・・ 171
ジェームス＝スターリング
・・・・・・・・・・・・・・・・・・・・・・・ 308
ジオ＝ポンティ・・・・・・・・・・ 307
篠原一男・・・・・・・・・・・・・・・・・ 296
ジャン＝ヌーベル・・・・・・・・ 318

シュート……………… 169
シュジェール…………… 150
ジュール＝アルドアン＝マン
　サール……………… 191
ジョサイア＝コンドル… 268
ジョーンズ………… 183, 184
ジョン＝ディンケルー… 310
シンケル……………… 209
スカモッツィ………… 175
スフロ………………… 207
スミスソン…………… 183
清家清………………… 285
関野貞………………… 278
セルリオ……………… 169
千利休………………… 58, 69
ゼンパー……………… 214
ソーン………………… 210

【た行】

武野紹鷗………………… 68
立石清重……………… 265
辰野金吾……………… 269
ダニエル＝リベスキンド
　……………………… 320
谷口吉郎……………… 286
丹下健三… 283, 284, 285, 291,
　295, 302
チャールズ＝ムーア…… 308
重源……………………… 40
ティッターリン……… 169
テクトン……………… 251
デ＝トレド…………… 182
デュ＝セルソ………… 169
テーラーニ…………… 255
デ＝リャーニョ……… 181
デル＝ポルタ………… 186
ド＝ケイ……………… 180
トニー＝ガルニエ…… 234
ドミニク＝ペロー…… 318
ド＝ムーロン………… 319
トメー………………… 201
ドロルム……………… 169
ド＝ロルム……… 178, 179

【な行】

内藤多仲……………… 271
ナッシュ………… 211, 212
ニコラ＝ピノー……… 202
西沢文隆……………… 292
ニーマイヤー………… 260
ネルヴィ………… 252, 253
ノイマン………… 199, 200
ノーマン＝フォスター… 315

【は行】

パクストン…………… 222
バスチャン…………… 266
長谷川逸子…………… 301
バックミンスター＝フラー
　……………………… 309
バーナード＝チュミ… 317
林昌二………………… 293
原広司………………… 300
バリイ………………… 214
パルラディオ… 169, 174, 176,
　177, 198
ハンス＝ホライン…… 309
ピーター＝クック…… 307
ピエール＝ルイージ＝ネルヴ
　ィ…………………… 305
ピエール＝ルポートル… 202
ピュージン…………… 213
ファイヒトマイア…… 201
フィラレーテ… 167, 169, 175
フィリップ＝ジョンソン
　……………………… 314
藤井厚二……………… 280
ブラマンテ…… 166, 170, 176,
　177, 194
フランク＝O＝ゲーリー
　……………………… 320
フランク＝ロイド＝ライト
　……………………… 230
フランソワ＝マンサール
　………………… 189, 190, 197

プランタウァー……… 197
ブルネルレスキ
　………………… 165, 166, 176
ブルーノ＝タウト…… 281
ブーレー……………… 210
フレーデマン＝ド＝フリース
　……………………… 169
フロリス………… 179, 180
平内家………………… 63
ベータ＝ベーレンス… 232
ペッペルマン………… 198
ベール………………… 199
ヘルツォーク………… 319
ペルッツィ…………… 173
ベルニーニ…… 187, 189, 191,
　195, 196
ベルラーヘ…………… 231
ペレ兄弟…… 234, 235, 236
ベーレンス…………… 233
ベロー………………… 191
ホフマン……………… 229
堀口捨巳……………… 280
ホル…………… 180, 181
ポール＝アンドリュー… 316
ポール＝ルドルフ…… 306
ボルロミーニ……… 188, 195

【ま行】

マイ…………………… 247
マイケル＝グレイヴス… 314
マイヤール……… 252, 253
前川國男……… 283, 284, 290
槇文彦………… 291, 296
マチュカ……………… 182
マッキントッシュ…… 226
マデルナ…… 186, 187, 195
ミケランジェロ…… 166, 171,
　172, 175, 177, 185, 187, 194,
　195
ミケロッツォ………… 167
ミノル＝ヤマザキ…… 312
宮本忠長……………… 301
村田珠光……………… 68

村野藤吾……… 275, 286, 294
メッソニエー…………… 202
メンデルゾーン…………… 239
モシェ＝サフディ ……… 310
モリス…………………… 213
モンドリアン…………… 240

【や行】

山下寿郎………………… 295
山田守………………… 273, 276
山本理顕………………… 303
吉田鉄郎………………… 274
ヨハン＝オット＝スプレッケルセン ……………… 316
ヨハン＝ミヒャエル＝フィッシャー ……………… 201
ヨルン＝ウッツオン…… 311

【ら行】

ライト………… 256, 260, 272
ラスキン………………… 213
ラファエル＝ビニオリ　304
ラファエル＝モネオ…… 315
ラファエルロ……… 166, 177
リチャード＝ロジャース
　………………………… 313
リートフェルド………… 241
ルイス＝カーン………… 308
ルヴォー………… 190, 192, 197
ル＝コルビュジェ… 242, 243, 244, 245, 246, 248, 250, 257, 259, 260
ルドゥー………………… 210
ル＝ノートル… 190, 193, 197
ルンギ…………………… 188

レイモンド……………… 282
レオナルド……………… 166
レスコー…………… 167, 179
レム＝コールハース…… 319
レン… 192, 193, 194, 195, 198
レンゾ＝ピアノ………… 313
ローエ… 249, 250, 258, 262
ロース…………………… 229
ロバート＝ヴェンチューリ
　………………………… 313
ロン＝ヘロン…………… 307

【わ行】

ワグナー………………… 228
渡辺定夫………………… 291
渡辺仁…………… 278, 279
ワルター＝グロピウス … 232

地名索引

【あ行】

アグラ…………………… 140
アテネ…………………… 136
アッソス………………… 113
アブ－シンベル………… 100
アーヘン………………… 141
アミアン…………… 152, 153
アルビ…………………… 155
アングレーム…………… 145
アントワープ…………… 180
イスタンブール…… 128, 132
イスファハン…………… 140
イラク…………………… 136
インド…………………… 136
ヴィチェンツァ………… 174
ヴェズレー………… 145, 146
ウォルムス……………… 148
エジプト………… 95, 135, 136

【か行】

カイロ…………………… 139
カタロニア……………… 147
カン……………………… 145
ギリシア………………… 134
グラナダ………… 138, 182, 201
グリニッチ……………… 184
クリュニ………………… 146
クレタ島………………… 107
ケルン…………………… 158
ケンブリッジ…………… 157
コルドバ………………… 137
コンスタンチノープル… 128

【さ行】

ザンクト－ガレン……… 142
サンテチェンヌ………… 145

サン－ドニ……………… 150
シエナ…………………… 160
シリア…………… 135, 136
スパラト………………… 125
セヴィリア……………… 181
セントローレンス……… 142
ソールズベリ…………… 155

【た行】

ダマスカス……………… 136
ダラム…………………… 149
中国……………………… 136
ツールーズ……………… 144
トスカナ地方…………… 146
トルコ…………………… 136
ドレスデン………… 198, 199
トレド…………………… 201

【な行】

ノワイヨン…………………… 152

【は行】

パヴィア……………………… 169
パエストゥム………………… 109
バグダード…………………… 140
パリ………………………… 152, 248
バルカン半島………………… 134
パルマノヴァ………………… 175
パレスチナ…………………… 135
ピサ…………………………… 147
フィレンツェ………………… 147
ブルージュ…………………… 162

ベネチア……………………… 134, 161
ペリグー……………………… 144, 145
ペルシア……………………… 132, 136
ポワチエ……………………… 159

【ま行】

マルセイユ…………………… 259
マールブルク………………… 159
マントヴァ…………………… 168
ミュンヘン…………………… 200
ミラノ………………………… 146, 160

【や行】

ユーゴースラビア…………… 125

【ら行】

ライデン……………………… 180
ラヴェンナ…………………… 128, 133
ラン…………………………… 151
ランス………………………… 152
ルーアン……………………… 156
ル－ピュイ…………………… 145
ロシア………………………… 134
ローマ…… 117, 119, 120, 121, 122, 123, 127
ロンドン……………………… 183
ロンバルディア……………… 145

「現代建築」写真提供

(1)日本建築

- 大和ハウス：ミゼットハウス
- 積水ハウス：セキスイハウスM1
- 藤木竜也：出雲大社庁の舎，群馬県立近代美術館
- 「汐留ミュージアム」より（建築家「坂倉準三」）：正面のない住宅
- 新建築社：日本住宅公団晴海アパート，東京計画1960，塔状都市，海上都市，白の家，住吉の長屋，熊本県営保田窪第一団地，コモンシティ星田，山梨文化会館，神戸の鷹取教会と仮設住宅
- 河東義之：桜台コートビレッジ，中京郵便局庁舎，ヤマトインターナショナル，パレスサイドビル，塔の家，霞が関ビルディング，代官山集合住居第一期，中銀カプセルタワービル，倉敷アイビースクエア，名護市庁舎，つくばセンタービル，小布施町並修景計画，藤沢市湘南台文化センター，東京都庁舎，東京国際フォーラム，広重美術館

(2)西洋建築

- 河東義之：ピレリー・ビル
- 片山律：レスター大学工学部棟
- 平井聖：レッティ蝋燭店，バーゼル・シグナルボックス
- 丹羽譲治：フランス国立図書館，ユダヤ博物館
- 松本淳：ビルバオ・グッゲンハイム美術館
- "THE SEA RANCH" Princeton Architectural Press, 2004：シーランチ・コンドミニアム
- "Aldo Rossi Buildings and Projects" Rizzoli, 1985：ガララテーゼ集合住宅
- "Skidmore, Owings & Merrill" Electa, 2006：シアーズタワー
- "Manhattan Skyscrapers" Princeton Architectural Press, 2005：世界貿易センター
- "MICHAEL GRAVES 1966-1981" Rizzoli International Publication, 1982：ポートランド・ビル
- "Norman Foster Works 2", Prestel Verlag, 2005：香港上海銀行
- "Rafael Moneo 1967-2004" El croquis, 2004：国立古代ローマ博物館
- 新建築社：イエール大学芸術建築学部棟，モントリオール万博アメリカ館，ハビタ'67集合住宅，フォード財団，シドニー・オペラハウス，フランクリン・コート，ポンピドー・センター，AT＆T本社ビル，アラブ世界研究所，グラン・アルシュ
- 齊藤哲也：ケネディー空港TWAターミナル，カステルヴェッキオ美術館，ソーク研究所，ルーブル美術館改修計画，ラ・ヴィレット公園，エデュカトリアム

［建築史］　藤岡　通夫
　　　　　　渡辺　保忠
　　　　　　桐敷　真次郎
　　　　　　平井　聖

［増補改訂版　現代建築］
　（監修）　平井　聖　東京工業大学名誉教授
　　　　　　　　　　　昭和女子大学名誉学長
　（執筆）　河東　義之　小山工業高等専門学校名誉教授
　　　　　　齊藤　哲也　明星大学教授

建築史　増補改訂版

1967年3月18日　初版発行
2010年3月25日　初版第63刷
2010年10月20日　増補改訂版　発行
2025年2月15日　増補改訂版　第14刷

　　　　　　　　　　　　著者　藤岡通夫・渡辺保忠
　　　　　　　　　　　　　　　桐敷真次郎・平井聖
　　　　　　　　　　　　　　　河東義之・齊藤哲也
　　　　　　　　　　　　発行者　澤崎　明治

　　　　　（印　刷）星野精版印刷　（製　本）三省堂印刷

　　　発行所　株式会社　市ヶ谷出版社
　　　　　　東京都千代田区五番町5番地
　　　　　　電話　03−3265−3711（代）
　　　　　　FAX　03−3265−4008
　　　　　　http://www.ichigayashuppan.co.jp

Ⓒ 2010　　　ISBN 978-4-87071-002-3